天下文化
BELIEVE IN READING

社會人文　BGB432

走兩岸鋼索

馬紹章——著

謹以本書

紀念我的父母並

獻給家人！

目次

第二章 觀念的囚徒 61

第三章 八字不合的民共兩黨 95

第四章 溫水煮國民黨 149

推薦序

諍言議國是，寸心繫民情

徐立德

民國八十二年本人接任行政院副院長一職時，與同在行政院服務的紹章一起工作，相識至今二十餘年。這期間大部分的時間我們一起工作，瞭解到紹章不但在工作上深具內涵，而且為人方正、誠實，是一位處事謹慎的謙謙君子。公事上，我非常倚賴他的協助；私人領域方面，我們更是無話不談、互相照顧、情逾兄弟。

二〇〇九年，他轉調海基會擔任副祕書長一職，展其所長，尤其是兩岸關係，他做了許多的努力與貢獻。看了他的新書，主要是表達了他個人對於兩岸關係的關切與展望，這不禁使我回想起從二〇〇〇年開始，我們一起推動兩岸交流過程中所做的點點滴滴。

追求雙贏的兩岸關係

二〇〇一年五月，睽違逾半世紀後，我踏上大陸的土地，重返家鄉探望親友，除了在上海舉辦第一屆「兩岸中醫藥學術研討會」，也到北京參訪，期間當然也會見了多位中共政治高層人士。當年五月二十五日我在中南海拜會當時擔任副總理的錢其琛先生，這也是我與錢先生首度會面。談話過程中，錢副總理首先肯定了台灣經濟發展的經驗，他認為兩岸在經濟上是互補的，也是可以合作的。若再從民族的觀點來看，兩岸都是中國人，兩岸關係可以在和平中尋求發展。言談中，他並未提及「一國兩制」，也未表達兩岸統一的急迫性。由於他提及了兩岸可以在和平中尋求發展，並且也提到兩岸都是中國人，因此我回答他說，我認為目前和平發展涉及兩岸人民對主權的認識，因為絕大多數的台灣同胞都認同我們的憲法所顯示的主權。令我非常驚訝的是，他立即說，你們憲法中所規定的中華民國領土還包括蒙古的全部領域，這不就是你們所認識的一中原則嗎？

與這些中共領導高層官員接觸後，感受到對岸的領導人是務實的，大陸並不具有種僵化的急統立場，他們認為兩岸關係和平發展是可以談的。回台後，我向中國國民黨連戰主席報告此事，從擔任行政院長時開始，連主席就認為兩岸應該追求雙贏，因此兩岸之間也應該建立溝通管道，尋求共識。

二〇〇四年大選後，依連先生指示，與指定的幕僚們開始著手安排訪問大陸事宜。經過縝密的幕僚作業之後，二〇〇五年四月二十六日，連戰先生飛抵大陸，正式展開為期八天的和平之旅，之後進行兩黨會談，並發表新聞公報，達成五點共同願景：一、在「九二共識」的基礎上促進恢復兩岸協商；二、促進終止敵對狀態，達成和平協議；三、促進兩岸在經貿交流和共同打擊犯罪等方面建立合作機制，推進雙向直航、三通和農業交流；四、促進擴大台灣國際空間的協商；五、建立國共兩黨定期溝通平台。

連戰先生此行破冰之旅獲得國內與國際極大之肯定與回響，也降低了當時兩岸緊張情勢，化干戈為玉帛。回想起這段往事，我必須說明，多年奔波穿梭兩岸，紹章是非常盡心盡力的。

值得新政府三思的兩岸戰略思考

目前新政府上任，我認為中共方面對於民進黨的台獨立場，以及對蔡總統內心真正想法，是有所疑慮的，這點，蔡總統當能理解。因此，我認為連戰先生當初與中共達成的五點願景，以及馬英九總統就任後根據兩岸共識的原則下，陸續簽訂二十餘項協議，可以說為兩岸關係奠下良好之基礎。在此基礎上，新政府應該排除意識型態，以台灣人民為重、經濟發展為先，方是人民之福。

此次，紹章以學術的眼光、穿插個人敏銳與專業之觀察，例如本土化是假議題、九二共識新賽局觀察，以及別具心裁整理的表格……等等，寫下十八萬字巨作，非常值得關心與研究兩岸發展人士參考。尤其是第七章節「台灣的戰略思考」，言之有物，可謂「諍言議國是，寸心繫民情」，值得新政府官員三思。我與紹章並肩工作兩岸事務多年以來，本人爰以這段回憶，對於他巨著中所表達的憂國愛土情懷深表敬意。

（本文作者為孫運璿基金會董事長、前總統府資政）

推薦序

透視兩岸根源的好書

蘇起

在一般的民主社會裡，任何重要議題必然會成為政府及民間研究討論的焦點。譬如在美蘇冷戰時期，美國的文字與電子媒體經常大幅報導與蘇聯相關的事務，而政府與民間智庫及大學也投注大量經費在蘇聯研究上。眾多卸任的政府官員與資深記者或作家執筆為文、著書立說的熱情一點都不會輸給在學院裡教書的學者。

現在中國研究當道，我們看到美國的學媒界出現同樣強度的悸動。除了媒體報導外，許多高層官員在離職後紛紛發表回憶錄，公開回顧他們如何處理包括美中關係在內的重大議題。有的媒體甚至還允許駐北京記者在調離原職後繼續帶職留薪一段時間，專心寫下他在中國大陸採訪的所見所聞。隨著美中民間交流的熱絡，其他領域的人士也開始書寫他們的大陸生活經驗。這些深度研究不但提升美國公民政策討論的品質，也替華府的政策制定提供深厚的思考基礎。

反觀台灣，一方面幾乎所有人一致認為兩岸關係對台灣的現況及未來最為關鍵，但另一方面與兩岸有關的研究卻貧乏得難以想像。大部分人好像都只「討論」，而沒有「研究」兩岸關係。儘管我們掌握同文同種及大量民間交流的絕對優勢，但學術界相關的著作明顯不足，而退休官員及資深媒體人或作家也大多惜墨如金。正因為沒有以「研究」做為基礎，兩岸關係及大陸政策的「討論」很容易就被片面局部的甚至根本錯誤的資訊所誤導。在沒有足夠資訊的情況下，我們看到與台灣安危榮枯這麼直接相關的兩岸議題卻經常被感性牽著走，而不是根據理性來思考，著實令人擔憂。所幸海基會前副董事長馬紹章的新書《走兩岸鋼索》為我們彌補了部分的缺憾。

全方位的理解兩岸矛盾

紹章兄出身於基層貧寒的芋頭番薯家庭，憑著自身的努力，後來不僅擁有美國名校的博士學位，受過完整的學院訓練；更重要的，他還曾在連內閣與馬政府核心參贊機要，並親自操刀許多重要文件、聲明與領導人講話的起草。他的宏觀見解、對大局的掌握、對問題輕重的拿捏、對事實精確性的講究、對中外典故的熟悉、對文字技巧的靈活運用，再加上不時帶有感情的筆觸，使得他起草的文稿備受青睞。不誇張的說，過去二十年台灣政壇許多一再被人引用的重要文件，其實都是他深夜絞盡腦汁的成果。難得的是，他具有強烈的奉獻家國的情懷，及謙沖自抑的性格。因此除了極少數人外，很少人知道紹章兄其實一直是連馬時期有實無名的「首席文膽」。

轉任海基會的那幾年，他由幕後走到台前，與對岸及國內不同黨派的人士頻繁接觸。他思慮縝密及溫和圓融的特質，讓他每次都很順利完成長官交付的任務。同時他也得以近距離觀察中國大陸的方方面面，以及台灣內部不同勢力與對岸交往的實際過程。這些難能可貴的工作歷練，加上他的深厚學養，使得這本新書不僅接上地氣，也具備獨特的廣度及深度。

《走兩岸鋼索》從台灣不可移動的客觀定位，談到流動不居卻力大無比的主觀意識；從民進黨的DNA談到溫水煮青蛙渾然不覺的國民黨，再深度剖析「你所不知道的中國大陸」；最後還從中共對台政策的五大邏輯，談到台灣應有的戰略思考。全書雖長，但因文筆流暢，讀來頗有一氣呵成之感，絲毫不覺吃力。在台灣特殊的政治與人情生態下，全書還不時出現一般看不見，或看見卻不敢直言的論點，更讓人深感佩服。

其中占據全書篇幅四分之一的中國大陸專章最能看出紹章兄的學養功力。他不是一般定義下的大陸研究專家，但他融合西方基本學術訓練、實際政府工作的閱歷、親身參與兩岸眾多事務的第一手觀察，以及中外典籍資料的廣泛閱讀，再以心平氣和的態度寫出他對中國大陸的昨天、今天與明天的全方位觀察。除了文筆一流外，無論架構、鋪陳或論點都屬上乘，非常值得一讀。

紹章兄說的對，就像人不能選擇他的出生家庭，台灣也不能選擇它的地理位置。換句話說，除非把台灣島向太平洋移動一千公里，否則不管你喜不喜歡，都必須處理好兩岸關係。這是台灣立身處世的必要條件。

紹章兄做為深度參與的過來人，撰此新書協助台灣處理這個重大課題，並提供了大量思考研究的養分。敬佩之餘，樂意大力推薦，以饗「天下文化」眾多高水準的讀者。

（本文作者為台北論壇基金會董事長、前國安會祕書長）

自序
思索台灣的未來

這是第一章，卻是最後動筆的一章；雖是最後動筆，卻也是一開始就在心中時時縈繞徘徊。

朋友的小孩從美國唸了文法科的博士回國，到某學術機構謀職，面試時被問的第一句話竟是：「你是哪裡人？」聽朋友講述這件事時，我感到震驚，沒想到街頭巷尾與學術殿堂的距離如此之近！突然間，我想起當兵時站衛兵，看到有人接近，立刻問口令。口令，就是暗號的意思，答對就是自己人。

面試，難免會問哪裡人，但不應該是第一個問題。第一個問題就問哪裡人，在台灣，會讓人有不知如何回答的不知所措，因為每個人對答案的定義和想像並不相同。如果是你，如果是我，那要怎麼回答？在國外，被問到是哪裡人，很容易回答；在台灣，也曾多次被問到是哪裡人，卻很難回答，我總是要先確定問者的意思。這個問題，對某些人而言，或許有簡單的答案，但至少對我個人來說，答案並不複雜，卻非三言兩語就能說得清楚。

朋友小孩的遭遇讓我想到，在台灣，想要談兩岸，或許得先自我交代自己是哪裡人。

我是哪裡人，得從我的父母親談起。我的家庭是兩岸關係的歷史悲劇的縮影。我的父親，山東牟平人，現在劃歸煙台市，民國三十六年來台灣，應該是二二八事件前沒多久。來台灣之前，他先回山東老家一趟看已經懷孕的妻子，離開時太太尚未生產。臨走時，妻子縫了一件棉套和一雙鞋子，讓他隨身帶著，他也一直帶到了台灣。

來台灣前，他人在上海，大概是和人做小買賣，因為時局日壞，山東是不敢回去了。也不知是什麼原因，或者聽了什麼朋友的話，他決定從上海到台灣。出發前，聽鄉人說妻子生了，但莫可奈何，只能買奶粉和衣物寄回老家，能不能寄到都不敢說。到了台灣，從此未見過妻子，至於兒子，連一面之緣都沒有，更不知其情況了。來台後，他改了名字，改了籍貫，連出生日期也變了。這是一個什麼樣的時代，要讓一個人如此割斷自己的過去！民國六十五年底他離開了人世，當時兩岸仍然敵對，互不往來，當然，大陸的妻子和兒子也不知他人在何方，是生是死。對雙方來說，那是日日夜夜的煎熬，滴滴血淚的思念。

每逢過年過節，都會看到父親獨自一人在屋角默默拭淚。小時候，不知其意，等有歲數了，才能體會那是椎心之痛。類似的悲劇，多少的遺憾，那不只是歷史的一頁而已。這樣的悲劇和遺憾，不該再重演。

我的母親，瑞芳人，出生在一個貧窮的鄉村家庭，外公是礦工，外婆生了十二個小孩，其中幾人夭折，但家中小孩依然食指浩繁，母親於是被賣到鄰村去當童養媳，曾度過一段還算幸福的短暫歲月。但動盪的大時代，小確幸消失得很快。中日戰爭時，先生被日本人徵召去當兵，在東南亞受傷，傷及肺部，回台灣半年後就去世了，留下兩個女兒和一個家庭的經濟重擔。母親的繼父經商失敗，欠了一大筆債，母親日夜操勞，既要養家，又要還債，不幸還得了肺結核。

父親到台灣後，根本沒有成家的打算，也沒有置產的計畫，因為心中總想著反攻大陸，回去老家。然而，一等再等，十年過去了，直等到放棄希望。父親曾開一家餐廳，母親在裡邊當會計，後經人介紹，父親答應幫母親家還債，且幫母親治療肺病，兩人於是結婚。父親經商不算成功，最後是在市場擺地攤。從我有記憶開始，家在二條通一個大雜院內，租一間大概只三坪大的通鋪，有一個共同的廚房和共用的傳統浴廁。父親在台沒有親戚，鄰居和親朋，都是台灣人，但相處十分融洽；所有鄰居對我父親都極友善。小時候，我從未感受到省籍問題。其實，父親極少和我提起他老家的事，但他和姊姊很親，視如己出，尤其是二姊。二姊結婚時，他的眼眶比母親還要紅腫。

一邊是兩岸鬥爭的海峽悲劇，一邊是日本殖民的時代創傷。看著他們承受如此沉重卻又無可奈何的傷痛，反而讓我更想了解悲劇的原因，也讓我走上了研究社會科學之路。

時代的悲劇，背後常是時代的瘋狂，那是近乎一種吸毒後的狀態。我警惕自己，不能相信政治人物，不能相信政黨，任何美麗的政治語言背後，總藏著權力與利益的魔鬼。當一個人失去獨立思考的能力與自由的人格，很容易吸食魔鬼的毒品，成為魔鬼的俘虜。以前上課時，第一堂課總會對學生說：公民無偶像。有了政治偶像，就像談戀愛一樣，只看優點，不見缺點，被騙死也甘心；有了政治偶像，就會有雙重標準；有了政治偶像，主客就易位，自己反而成了工具。獨立而自由的公民，愈來愈多，由量變而質變，不僅是避免悲劇，更是促進台灣進步的力量。但這一切，我仍然感覺好遠好遠！

你再問我是哪裡人，但我要問，你又期待我怎麼回答呢？

兩岸問題，離不開統獨的糾葛，或者說「中國意識」與「台灣意識」的糾結。自從二〇一四年三月太陽花學運之後，民進黨主席蔡英文說台獨已是年輕世代的天然成分，但我們從時代的演變來看，所有看似天然的東西，幾乎都是加工而成的。人生來就是一張白紙，是在成長與教育的過程中形成了種種的意識。但這種意識有些是自覺的，有些是非自覺的；個人認為，討論台灣的未來時，應以自覺的意識為基礎，才能形成理性的討論。換句話說，台灣的未來不能是天然選擇，應是有意識的理性選擇。正是基於這樣的理念，才有本書的誕生。

三一八太陽花學運，讓我動了寫書的念頭。這個學運，出乎各方意料，包括學運參與者在內，都沒有料到會有如此的規模和影響力。朋友的兒子在大陸唸大學，後來也留在大陸工作。他的高中要好同學，在三一八學運後，竟稱他是人民幣的走狗。這是特例嗎？但至少不會只是少數個案而已！這個學運，堅定了個人一些對兩岸關係的看法，同時也加深了對兩岸關係發展的一些憂慮。

兩岸關係是一種互動與學習的關係。在這段期間，剛好經歷三次的政黨輪替；前兩次政黨輪替提供我們一個很好的機會來觀察兩岸關係的互動與變化，二〇一六年出現第三次政黨輪替之時，時空條件又異於以往，兩岸關係將會峰迴路轉，還是再度輪迴呢？面對兩岸關係，個人最為關心者，還是台灣對於自己前途的戰略選擇問題。面對大陸，台灣應該採取什麼戰略，在經歷十餘年的互動之後，似乎愈來愈清晰。本書主要是圍繞著這兩個面向在鋪陳。

台灣就像是走在兩岸的鋼索上，底下又沒有防護網，非常困難，也非常危險。台灣手上有一根平衡桿，一端是美國，一端是大陸，這兩端並不是靜止不動，都有主動性，因此也增加台灣在平衡上的難度。平衡桿兩端的力量在變化，互動在變化，台灣必須謹慎因應，才不致失去平衡。除了平衡桿的變化之外，台灣自己本身也是搖擺不定，統與獨的糾纏讓台灣舉步維艱。

台灣腳下的鋼索，並不是固定不變的。陳水扁政府、馬英九政府所踩的鋼索並不一樣，一個比較容易搖晃搖晃，一個比較穩定。選擇什樣的鋼索，就像決定什麼樣的兩岸關係，就必須承擔其風險。

或許有人認為這樣的形容是危言聳聽，但台灣沒有犯錯的本錢。走鋼索的人，又怎麼可以走錯一步呢？個人生於斯、長於斯、老於斯，看著台灣幾十年所走過的路，有今日之成就，非常不容易，卻也讓人感到十分惋惜，因為台灣可以更好。寫這本書的目的，是想如實呈現台灣走鋼索的困境，讓更多的人能夠面對殘酷的事實，思考我們真正在乎的東西，然後在這個基礎上，透過對話而團結，進而形成未來的願景與戰略。

本書共分為七章。第一章談台灣必須面對的殘酷事實。台灣是一艘不能移動的航空母艦，尤其在海權時代，對大陸具高度戰略安全意義，大陸很難容許台灣獨立。台灣是一個小國，而小國的命運有哪些？這是值得台灣思考，並從中找到自己出路的問題。本章也從中美關係的變化談台灣這個籌碼的價值。台灣曾遭美國背叛，而隨著中美實力的接近，台灣又能靠美國多久？從現實主義的角度來看，台灣又有多少選擇？本章最後則是從兩岸經貿角度切入，說明兩岸經貿已經實質上無法切割。這些現實，是我們思考戰略的起點。

第二章從探討太陽花學運背後的心理因素開始，因為太陽花事件可以說是兩岸關係的一個分水嶺。自從兩岸開始交流接觸，關係愈來愈密切，但台灣也因而被兩岸議題深深困住，有如陷在泥淖之中。本章指出一些兩岸常有的觀念誤區，希望透過觀念的澄清，能讓讀者跳脫統獨的泥淖。九二共識是台灣最具爭議性的概念之一，但很多人忽略了它的歷史脈絡，而馬英九政府也忽略了它的積極意義，這些都在本章中有清楚的交代。

第三章到第六章主要是討論兩岸藍綠紅三個主要力量。台灣是民主政體，就像一個競技場一樣，藍綠紅三方皆在這個競技場中競爭，為自己謀取利益。在成熟的西方民主體制，政黨有趨中的傾向，但在台灣，這種趨中理論的解釋力隨時空而變。從二〇〇〇年後，台灣政黨不是被動趨中而已，民進黨的策略是主動去創造多數，國民黨則是想恢復過去的多數，而共產黨，雖不角逐政權，卻仍在競技場內形塑對自己有利的多數，並創造實現統一所需要的戰略條件。

第三章的焦點是民進黨，從民進黨的發展歷史說明對其自我限制，以及其在競技場中如何成功執行創造永遠多數的策略。陳水扁執政期間推動創造永遠多數的策略，卻也因此難以和中共建立信任，此二者可以說是背道而馳。本章說明了建立信任的條件，解釋為何綠紅之間信任難以建立，以及其建構的困難度。雖然蔡英文完成了執政的最後一哩路，但還有兩岸的最後一哩路在前。對於民進黨執政後的兩岸關係，本章提出了三種和平狀態：停滯型和平（stagnant peace）、對抗性和平（hostile peace）以及生產型和平（productive peace）。這三種和平可能的發展路徑，就看民進黨如何定義兩岸關係了。

第四章的主角是國民黨。本章說明國民黨如何在本土化與民主化的過程中迷失自我。李登輝稱國民黨為外來政權，讓國民黨腦震盪，此時的國民黨需要論述，但從連戰到馬英九，都未致力於論述的建構，因此即使二○○八年之後兩岸關係大為改善，卻無法轉化為民眾的支持，反而使民眾更遠離國民黨。本章簡短回顧過去這一段歷史，探討未建構論述的原因，也可以做為國民黨如何再起的參考。此外，二○○五年連戰的和平之旅，的確是信任建構中所謂「黑暗的一躍」，對兩岸關係具有相當意義，更是二○○八年以後馬英九政府兩岸交流協商的基礎。個人相當程度參與了這個過程，對這個過程的理解，希望對民進黨的執政也能有所助益。

第五章和第六章探討的是中共。中共就像房間裡的大象，但很少人能完整了解其全貌。更讓人擔心的是，台灣的新世代對於認識大陸的興趣並不高，把它當成選修課，而不是必修課。第五章的重點是大陸本身，希望能夠以最短的篇幅，讓讀者了解大陸在改革開放期間的變化，包括思想解放、領導模式改變、正當性（legitimacy）基礎的改變、多元利益的誕生、發展失衡、愈來愈複雜的國際安全問題、被壓縮的戰略機遇期。這些變化是內部的變化，但有其內在的邏輯，也會影響到兩岸。大陸未來的走向也是不少人關切的議題，本章特別針對大陸是否會崩潰、大陸能否買下全世界、大陸是否會走向民主化等問題，提出正反的分析。

對台灣來說，要了解大陸的對台政策，根本上還是要從其對台的政策邏輯著手，才不至於有所誤解。這就是第六章的主題。本章以歷史事實為基礎，將大陸的對台政策邏輯區分為五：（一）政權存亡邏輯：政權存亡是中共最高的核心利益，中共會採取預防措施，避免兩岸關係進入此一邏輯範疇，以免自身也需付出相當代價。（二）民族主義邏輯：為中共正當性的基礎，也是主張對台統一的合理化基礎。（三）發展優先邏輯：大陸改革開放後，以爭取發展為重要戰略目標，和平統一及和平發展都是這個邏輯下的政策。（四）實力邏輯：是指發展並運用某些能力，以達到限制敵人的選項，最後使敵人屈服的邏輯，這是兩岸關係最終發展的關鍵。（五）成本效益邏輯：對大陸而言，就是以成本最低的方式來達成統一的目標。這個成本，考慮的不只是統一的成本，也會考慮到治理的成本。

第七章是本書最後一章，以前六章為基礎，本章提出台灣應對大陸的戰略。台灣面對大陸五大政策邏輯應採取的對策為：（一）迂迴政權存亡邏輯：以時間思維來應付空間思維；（二）逆轉民族主義邏輯：以公民民族主義化解原生民族主義；（三）利用發展優先邏輯：共同延長戰略機遇期；（四）回歸實力邏輯：聚焦台灣優勢；（五）計算成本效益邏輯：趨吉避凶。最後則是借用企業界的SWOT分析來探討台灣的戰略。台灣應該掌握機會，減低劣勢，並把優勢轉化為實力，避免大陸威脅的產生。SWOT分析的好處是可以反觀自己，反省自身的弱勢，客觀認清機會與威脅，然後聚焦於自己的優勢上。實力是最終解決兩岸關係的關鍵，沒有實力，任何憤怒都無意義可言，而唯有將優勢轉化為實力，才能為台灣創造更多的選擇空間。

兩岸問題，其實是心態問題。禪宗曾提到修行的三境界：第一境界，看山是山，看水是水；第二境界，看山不是山，看水不是水；第三境界，看山還是山，看水還是水。第一境界是分別心，第二境界是超越，第三境界則是既超越又現實，才是最高境界。台灣社會談兩岸，還在分別心的階段，以本土意識及台獨意識來看兩岸，台灣是台灣，大陸是大陸；現在，我們應該從第一境界進入第二境界，也就是拿開統獨的濾鏡來看問題；最後，我們才進入第三境界，此時台灣是台灣，大陸是大陸，卻已不是原來的台灣和大陸，而且未來有更多的可能選項。從第一境界到第三境界，是台灣的解脫之路，也是作者個人對兩岸未來的期望。

不曾經歷地獄的折磨，不會知道人間的可貴；經歷悲劇，而後從悲劇中提升，是人類面對自己苦難應有的態度。兩岸都曾經歷刻骨銘心的折磨與悲劇。列強侵略、中日戰爭、國共內戰、文化大革命，讓大地翻覆，人間哭泣；日本殖民、二二八、白色恐怖，讓台灣人也少不了悲情。每一個人的覺醒，每一個人的提升，兩岸才有未來。

本書的誕生，首先要感謝內人無怨無悔的支持，還有二姊一家人的關心，讓我可以心無旁騖的寫作。要感謝的人實在太多了，但特別感謝徐立德資政、蘇起祕書長，還有高希均教授，從他們身上，我努力學習視野的開拓、格局的提升以及文字的運用，但總覺望塵莫及。本書初稿承蘇起、黃銘達、李綉媛、徐珮君、彭顯鈞、陳虹瑾、翟思嘉等先進、好友提供許多寶貴意見，在此一併致謝。當然，最後文責皆在於我。

在海基會服務期間，能和江丙坤董事長、林中森董事長、高孔廉祕書長以及海基會同仁，共同在前線見證兩岸關係的變化，是我職涯中最值得紀念的一段時光。雖然離開了海基會，但依然心繫台灣、心憂兩岸，午夜夢迴，但望天眷蒼生而已！

第一章　殘酷的事實

兩岸問題，歸根到底是戰略問題，而戰略問題，本質上就是觀念問題。柳暗花明或坐困愁城，一念之間而已。但談觀念問題，必須在事實的基礎上，尤其是殘酷的事實。

一、不能移動的航空母艦

人不能選擇出生家庭，台灣也不能選擇它的地理位置。然而，同樣的位置，在不同時代，卻有不同的命運。

台灣不能決定它所處的地理位置。然而，它的重要性卻隨著海權時代的來臨而日益重要，命運也日益坎坷。當歐洲靠著船堅砲利來到中國，也把中國帶進海權時代，但清朝一直到末期才開始意識到海權的重要性，可惜爲時已晚。

一八八五年中法戰爭結束後，清政府才眞正意識到台灣在地緣戰略上的重要性，將原本隸屬於福建省將近兩百年的台灣獨立出來，改設爲行省，並任命劉銘傳爲首任台灣巡撫。

其實，美國與日本比中國更早發現台灣的戰略價值。一八五四年，打開日本鎖國政策的美國東方艦隊司令伯里（Matthew C. Perry），即派艦登陸基隆考察，隔年伯里致書華盛頓當局，主張占領台灣。除了物產外，還有兩項戰略的理由，一是台灣可作爲探索中國大陸的基地，就像當年西班牙人利用古巴一樣；二是能占領台灣，就能對抗占領主要貿易通路的歐洲。然而，他的建議並未被華盛頓當局接受。

日本比中國更早進行海上貿易，且與西班牙有所衝突。對日本而言，台灣剛好位在日本與東南亞貿易的中間，有如控制其咽喉；馬關條約日本最大的收穫就是拿到了台灣。

早在一九四一年日本發動太平洋戰爭的時候，就把台灣稱為「不沉的航空母艦」。時間再往前推四年，也就是一九三七年，民國二十六年，中日戰爭開打那一年，日本轟炸上海的飛機，便是從台灣起飛。這不就是航空母艦重要的功能嗎？麥克阿瑟將軍後來也曾形容台灣是一艘不沉的航空母艦。不過，那是在二次大戰之後，美國正在決定亞太戰略之時，麥克阿瑟對杜魯門發出的不同意見。歷史證明，麥克阿瑟是正確的。在韓戰爆發之後，冷戰格局形成之時，台灣在第一島鍊上扮演著防堵中共的重要角色。在那個時空，這樣的說法，相當安慰人心。但決定台灣命運的，不是台灣會不會沉，而是台灣根本不能移動，是一艘永遠緊靠著大陸的航空母艦，距離大陸最遠只有兩百多公里而已。

台灣的地緣戰略價值不僅隨著海權的重要性而提升，也隨著科技的進步而增加。過去，不會有人用航空母艦來形容台灣，而這樣的形容，恰好顯現台灣地理位置的戰略意義。從過去的歷史來看，美軍部署台灣，台灣即具有航空母艦的功能，可以攻擊，可以偵察，更可以補給。更重要的是，隨著科技的進步，台灣與大陸的距離愈來愈近，對大陸的安全意義也愈來愈高。

從歷史的角度來看，古巴危機正是台灣戰略地位的最佳詮釋。美蘇對抗期間，美國非常在意共產主義在中南美洲的發展，而古巴就位在佛羅里達州的下方，距離也是兩百公里左右，因此當卡斯楚在一九五九年革命成功並與蘇聯結盟後，即成為美國安全的一個威脅。一九六一年美國對古巴實施經濟制裁，並利用古巴流亡分子發動豬玀灣事件。蘇聯最高領導人赫魯雪夫為反制美國，乃於一九六二年在古巴部署彈道飛彈。對美國而言，這無異於在自家後院生事，因此美國總統甘迺迪表示不惜動武也要堅持蘇聯撤除飛彈。這是二次大戰後歷史上最接近核子戰爭的一次危機。這個故事說明了，台灣與古巴都因地理位置以及現代戰爭科技的進步，具有高度的戰略意義。

台灣對大陸，除了軍事上的安全威脅，還有政治上的安全威脅。從清末至抗日，民族主義一直是驅動中國大陸內政與外交的一股力量，長期以來，大陸也一直教育其民眾，台灣是屬於中國的一部分，因此絕不允許台灣獨立，再加上西藏與新疆等問題，台灣獨立必然直接威脅大陸政權的安危。另一方面，台灣的體制與生活方式也可以說是一種潛在的政治威脅，就像當年康熙容不下明鄭一樣。

除了威脅的意義之外，台灣對大陸而言，也是走向西太平洋的一個重要門戶。大陸要發展海權，台灣的戰略意義更顯重要。最近這段期間，大陸不論是在東海與南海，都希望有所突破，因爲這是大陸周邊海域，既具有維護主權與安全的意義，更是她想成爲區域霸權必須要走的一條路。台灣的地理位置，又剛好扼住了大陸走向太平洋的一個咽喉。

從胡錦濤時代開始，胡錦濤就常將中華民族的偉大復興與兩岸統一連結在一起，甚至說，兩岸統一成爲中華民族偉大復興的前提條件。最近習近平的講話，也是同樣一個調子。很多人不解，台灣問題與中華民族偉大復興有什麼因果關係。這個問題，必須把它放在中國近代史以及大陸的大戰略中來理解。

清朝末年以來中國所受到的屈辱，一直是民族主義動員的源泉。大陸近年來更將民族主義做爲正當性的重要基礎之一，而台灣正象徵了外國勢力對中國的干預。對中國大陸來說，中華民族偉大復興的潛台詞，至少是成爲區域的強權，尤其是與美國分享整個太平洋。習近平提到太平洋夠大，應能容下中美兩個大國時，代表中國至少在西太平洋要有主導力量，而他強調新型大國關係，代表大陸並無意全面挑戰美國，而且不會用武力方式來崛起。從這個角度來看，兩岸統一代表大陸突破了第一島鍊，有了台灣，大陸才可以在太平洋擁有廣大進出的自由與活動空間。此外，兩岸統一，代表外國勢力對中國主權問題干預的結束，唯有此時此刻，中華民族的恥辱才算是洗刷乾淨。換言之，沒有兩岸統一，就沒有中華民族的偉大復興。

其次，我們從許多大陸學者的言論中可以推斷，發展海權，將美國逐出西太平洋，是國家的戰略目標，而解決台灣問題是這個戰略目標最具體的里程碑。大陸近年來開始發展航空母艦，二〇一四年更首度參加環太平洋軍演，其想要走出去的意圖已十分明顯。

其實，不僅台灣的地理位置，中華民國更握有南海主權的證明文件，這是大陸要走國際法庭必須有卻沒有的文件。台灣獨立，大陸可能也失去其在南海確立主權的正當性。

總而言之，台灣與大陸如此接近，大陸最擔心的就是台灣與其他國家結盟，有如一艘不沉的航空母艦，直接威脅大陸的安全；而大陸一旦擁有了台灣，就等於直接進入西太平洋，才有可能成為區域海權霸主。台灣是一艘不沉的航空母艦，也是一艘不能移動的航空母艦，注定了台灣的前途離不開大陸的安全考量。

二、小國的命運

國際社會基本上是無政府狀態，雖然聯合國有憲章，但沒有國家憲法所擁有的權威，力與利往往勝過理與義。在這種情況下，國之大小（size）就有差別了。如同希臘史學家 Thucydides 所說：「強者爲其所能爲，弱者忍其所必忍。」以現在的中華民國來說，只能算是小國，而小國在江湖中，往往命不由己。小國會有什麼命運？台灣人不能不知。

小國的九種命運

從歷史上來看，小國往往因其戰略價值的不同，以及內部的分裂與否，而有不同的命運。戰略價值愈高的小國，如地緣位置，或擁有重要資源等，自然成爲大國控制或覬覦的對象。小國內部如有分裂情況，那更容易爲大國所利用。小國的命運，不外以下九種情況：

（一）**成爲中立國**。中立國有其國際公約規定的權利與義務，如大家熟知的瑞士。但成爲中立國，並不保證就不會被占領，例如盧森堡、比利時、荷蘭曾在二戰期間宣布中立，但都被德國因爲戰略需要而占領。從歷史上來看，中立要成功，除了自己有相當強的防衛力量外，最重要的條件就是相關大國之間願意接受或者強迫其中立；很不幸，台灣並不具備這樣的條件。

其實，台灣也有不少人主張中立國，例如「台灣永久中立國推動聯盟」的成員、前副總統呂秀蓮等等。二〇一四年，前副總統呂秀蓮主張推動台灣成爲永久中立國的公投，她說：「台灣海峽目前不屬任何一個國家，如果台灣也向全世界開放，不是很好嗎？」二〇一五年二月她又到日本「日本戰略研究論壇」（JFSS）發表專題演講，返國後召開記者會，宣稱她的和平中立理念得與會人士高度興趣與支持，但該論壇理事、日本海上自衛隊退役少將川村純彥投書《自由時報》，駁斥其說。投書指出：「我們認爲台灣的中立化不僅不實際，也與日美在亞太地區安全防衛上的戰略相左……台灣只有在已成爲國際社會所承認的法理主權獨立國家後，中立才可能成爲選項，但即或如此，中立也不是自己一國可以決定的。中立必須得到關係諸國的承認。對此，我相信中國及周邊國家同意的可能性都相當低……在中國仍是一個擴張軍力的獨裁國家之時，主張中立不僅對台灣有害，也無法得到美日的支持。此不顧亞太地區安全保障的偏安心態，不只會讓台灣失去友人的尊敬，也可能爲台灣帶來更大的危機。」[1]

此外，還有另一種中立的主張，如范疇認爲，「中國應該找美國簽署一個『台灣永久中性化協議』（Agreement on the Permanent Neutralized Status of Taiwan），將台灣因素排除在中美兩國的戰略競爭之外。」[2]他並列舉了對中美的三大好處，但最大的好處是解開台海軍事衝突的引信，這是中美都不願見到的事。這是創見，卻也不見可行性，至少對大陸來說，兩岸之間是內部事務，根本不可能和美國簽這樣的協議。

那些主張台灣宣布爲中立國的人士，以爲只要讓大陸認爲台灣不會對其構成安全上的威脅，就可以成功。這種想法實在天眞，完全不了解大陸的戰略思維[3]，更何況，大陸本來認爲台灣就屬於它的一部分，怎麼可能會容忍台灣離開她成爲中立國。大陸不可能接受，國際社會也不贊成，中立國就只是個幻想而已。

（二）**淪爲大國之間的戰場**。所謂的代理人戰爭，就是這種情況，例如韓國、越南、阿富汗、安哥拉，乃至於現在的烏克蘭等等。尤其是在冷戰期間，美蘇這些核子大國不願冒風險直接開戰，於是在其他國家打有限戰爭。這些國家，大部分都是自己內部有了分裂，各投一邊，才會形成代理人戰爭。在自己家裡打代理人戰爭，家毀牆倒，死傷遍地，不論怎麼看，都是輸局。以台灣情形而論，不會出現代理人戰爭，但美國與大陸如果因台灣而有衝突，爲了避免核子戰爭，戰場很可能局限在台灣與海上，那也是台灣的悲劇。

（三）**成爲大國的禁臠或附庸**。當一個大國對小國有所謂主權要求或極大的控制意欲時，小國的選項之一是當其附庸，學者稱此爲扈從。[4] 如同蘇聯時期許多周邊小國一般，外交上一切皆唯蘇聯之命是從。戰國時期各國分別與秦交好的連橫，也是扈從的策略選擇。

（四）**結盟抗衡**。這是小國面臨大國威脅時的一個選擇，不過這個選擇也有風險，因爲結盟可能會刺激大國採取行動，而且也要看結盟方的實力、意願等。小國之間的結盟，是因爲彼此有需要，但小國之間彼此的信任度有多高，結盟後的力量有多大，也是問題之一。華沙與北大西洋兩大聯盟實力相當，可以達成平衡；戰國時期，六國之間彼此信任度不夠，也沒有任何一國能扮演美國或蘇聯的角色，彼此的結盟自然被秦國破壞。台灣不可能走小國結盟的路線，因爲台灣是一個孤懸的海島，沒有結盟的對象。台灣如果要採結盟政策，唯一的選擇就是實力足以讓大陸顧忌的美國。一般學者認爲，台灣基本上是走結盟抗衡的策略。這聽起來好像是主動的選擇，但實際上是因爲台灣具有戰略價值，美國把台灣納入其國家利益的定義中，並非眞正的結盟關係，等到美國對國家利益的定義發生變化，對台承諾也會隨之起變化。過去半世紀的歷史，就是最好的說明。

（五）左右逢源。小國想要左右逢源，有幾個條件，一是和大國有相當距離，二是有戰略價值，三是有外交手腕。新加坡就是一個例子，和美中都有一定距離，二是地處麻六甲海峽要衝，三是從李光耀到李顯龍，都擁有高度的外交手腕，因此能在美中之間左右逢源，兩方都不得罪。

（六）被併吞。當一個小國對某一大國具有戰略價值，尤其是地緣安全的戰略價值，而且雙方實力差距很大，小國又失去了結盟的對象（或者被拋棄），最終的命運很可能就是被併吞。例如戰國時期許多小國被大國併吞，又例如一九四〇年波羅的海三小國立陶宛、拉脫維亞、愛沙尼亞被蘇聯併吞，二〇一四年蘇俄併吞克里米亞。

（七）被瓜分。小國因爲其戰略價值，大國之間於是共謀將其瓜分。例如波蘭在歷史上被瓜分四次，分別是一七七二年沙皇俄國、普魯士、奧地利三國的第一次瓜分，一七九三年一月二十三日，俄國、普魯士在聖彼德堡簽訂協定的第二次瓜分，一七九五年一月三日，俄、奧的第三次瓜分，同年十月二十四日，普魯士也在協定上簽署。最後一次則是一九三九年，二次大戰開始時，德國和蘇聯的占領瓜分。台灣不用擔心被瓜分，因爲台灣是一個孤懸的海島，旁邊只有中共這個大國，沒有其他大國想要與其瓜分台灣，而大陸也不會容許台灣被瓜分。

（八）**孤立**。這類小國往往地處大國之偏隅，且無戰略價值，對大國而言，有如雞肋一般，故能維持孤立之地位。

（九）**小而強**。除了前述七種命運之外，有一個例子，也是目前歷史上唯一能找到的例子，它又小又強，那就是以色列。論國土面積和人口，與其周遭的國家相比，以色列都算是小國。以色列面積只有兩萬零七百七十平方公里，人口只有八百萬左右，比台灣還小，周圍淨是充滿敵意的穆斯林國家。以色列也是民主國家，有十幾個政黨，然而她自一九四八年建國以來，和阿拉伯國家打了五次大戰，戰無不勝，至今仍衝突不斷。

以色列是小國，但不是弱國，是強國，她具備幾個條件：(1)全球猶太人團結一致，出錢出力出命；(2)美國長期強而有力的支持，這當然與猶太人在美國具有的強大影響力有關；(3)強大的軍事力量，軍事預算占GDP約七%左右，且擁有核子武力；[5] (4)以色列是高科技大國，二〇一六年全球排名第七；(5)全民皆兵，上下團結一致。

中華民國撤守台灣之後，只能算是小國，甚至是危國，它的命運會是這八種中的哪一種呢？中立國，是幻想；大國戰場，太悲慘；附庸，太卑賤；結盟，風險高；左右逢源，不現實；被併吞，不甘心；被瓜分，不可能；孤立，沒條件。向以色列學習呢？可惜台灣一方面沒有以色列本身所具足的條件，且以色列面臨的是比它弱而分散的中東國家，但台灣面臨的卻是一個強大的大陸，更何況台灣只有二十二個邦交國，在聯合國也無席位。儘管如此，台灣能有什麼其他選擇嗎？年輕人喜歡高喊，台灣的命運要由台灣人民來決定，卻不知道，決定是奢侈品，而且都有代價。兩岸關係，在無政府狀態的國際社會中，基本上就是隨著國際政治結構的變化而跌宕起伏。從一九四九年到現在，台灣基本上是在美國的保護傘下生存發展，可以說是結盟抗衡，但其形態卻隨美中關係而改變。雖然台灣的生存與發展受到國際政治結構的保護、制約與限制，這是現實，但在這個現實中，台灣仍應居安思危，從戰略上尋找其他突破口。

三、形勢比人強：國在江湖，命不由己

國民政府一九四九年撤退到台灣的時候，已是命在旦夕，連美國都不抱希望，袖手旁觀。一九四九年八月五日，美國國務院發表「中美關係白皮書」，嚴詞批判蔣介石，認爲國共內戰的失敗，是國民政府本身的領導問題，與美國無關。美國總統杜魯門在隔年一月五日更落井下石，發表「不介入台灣海峽爭端」聲明。當時的國務卿艾奇遜明指自由世界的防衛圈是「沿著阿留申群島到日本，然後到琉球群島……從琉球群島再到菲

律賓群島」。[6]看到沒有，台灣根本就被排除在外。

那時候，毛澤東已向蘇聯請求海空軍事援助，準備攻台，幸好同年六月韓戰爆發，美國政府驚覺錯誤，立即下令第七艦隊巡防台灣海峽，並重新考慮對華政策，決定把台灣納入西太平洋防禦體系。之後美國更在一九五四年和中華民國政府簽訂《中美共同防禦條約》做爲新的對華政策。[7]

如果沒有韓戰，國民政府在台灣能獨自撐多久？如果大陸不是先打韓戰，而是先打台灣，美國會支持台灣嗎？這是假設性的問題，但以當時的美國的意向來看，恐怕很難有樂觀的答案。

韓戰之後，冷戰格局已定。兩岸關係，從此被崁入了國際冷戰的格局中，台灣被這個格局保護，但選擇空間也被限縮。在這個格局內，台灣被拋棄過一次，證明國際上只有永恆的利益，沒有永遠的敵人與朋友。尼克森，台灣人大概永遠不會忘記這個名字。

一九六七年，大選前一年，尼克森在《外交》雜誌上撰文表示：「我們這個小小星球，不容十億人群活在憤怒的孤立狀態中，中國若不改變，世界不會安全。」[8]等到一九六九年上台之後，他就有心要拉攏中共。當時的國務卿季辛吉在他的回憶錄《白宮歲月》中提到，尼克森在一九六九年二月一日給了他一個備忘錄，上面寫著：「我注意到一月三十一日來自東歐一些有意思的看法。我認為，對於探討與中國人和解的態度，我們應該給予肯定。當然，這只能私下為之，無論如何不能公諸於世。不過……我仍將持續孕育這個想法。」。[9]

一九七一年七月十五日，尼克森宣布季辛吉已祕訪北京，他本人也已受邀訪問中華人民共和國。為了向北京示好，同年十月二十五日，我國被迫退出聯合國，原有的席位由大陸取而代之。當時的台灣人都有被背叛的感覺；那時候流行一首歌「風雨生信心」，為自己壯膽，說明了那是一個飄搖的年代。隔年，一九七二年二月，尼克森訪問大陸，雙方簽署了上海公報，彼此承諾會為外交關係的完全正常化努力。公報中，美國認知到海峽兩岸都堅持一個中國，並對此不表異議，支持和平解決兩岸問題，將逐步減少在台美軍設施和武裝力量。從此，一個中國原則成為美國奉行不渝至今的政策。除了上海公報之外，尼克森還表示「他願意犧牲台灣，因為一旦美中開始合作，台灣對美國就不再具有戰略重要性。」[10]同時他也承諾在他的第二任期內，將切斷和台灣的外交與軍事關係。

共和黨的尼克森雖然沒機會和大陸建交，引憾終生，但後來的民主黨總統卡特在一九七九年一月一日與大陸正式建交，並與中華民國斷交。卡特政府同意了大陸斷交、廢約與撤軍的條件，並保證與台灣在非官方的基礎上往來。然而美國也發表一份聲明，宣示美國對兩岸問題的和平解決有永久的利益。到了一九八二年八月，共和黨的雷根總統又和大陸簽署八一七公報。

當美國國家利益調整時，或者說中美之間實力差距愈來愈近時，台灣就有被背叛的危機。隨著大陸崛起，美國棄台論的聲音也似乎愈來愈多。雖然棄台論目前並非美國學界與政界的主流意見，但反映的是中國崛起的過程中，美國為了自身利益所可能出現的政策選項。

所謂棄台論，有從經濟觀點出發者，如哈佛大學研究員保羅．肯恩（Paul V. Kane）；也有從安全觀點出發者，如前國家安全顧問布里辛斯基、卡內基國際和平基金會（Carnegie Endowment for International Peace）的史溫（Michael Swaine）、季禮（Bruce Gilley）、美軍前參謀長聯席會議副主席歐文斯（Bill Owens）、喬治．華盛頓大學格拉瑟（Charles Glaser）等等。[11] 其中以格拉瑟在二〇一一年三月，美國《外交事務》期刊中說得最具代表性：「基於這些風險，美國應當考慮從它對台灣的承諾中後撤，這樣就能消除美中之間最明顯和爭議性最大的衝突點，為兩國今後幾十年更好的關係鋪平道路。」二〇一五年他在 *International Security* 期刊上說得更直白具體。他認爲面對中國大陸的崛起，爲降低兩國戰爭的風險，美國應該與中國協商，他稱之爲「Grand Bargain」，亦即美國終止防衛台灣的承諾以換取中國同意和平解決東海及南海上的爭議，並且接受美國在東亞長期的軍事存在。

當然，棄台論只是一種簡稱，不能簡單地理解爲「放棄台灣」。事實上，不同學者內涵各有不同，例如終止防禦台灣的承諾、停止軍售、檢討台灣關係法等等，但不論如何，都對台灣有很大的心理與實質影響。固然棄台論現在不是主流，但爲什麼棄台論近年來提出者愈來愈多？個人認爲，這與二〇〇八年來兩岸關係的改善沒有太大關係，它實際上意味著：（一）大陸對美國的學界影響力可能愈來愈大，但有些棄台論者來自軍方，例如 Bill Owens；（二）大陸實力大幅增強之後，爲了避免雙方形成軍備競賽或避免核戰風險，主張放棄台灣的學者可能會愈來愈多，像 Charles Glaser 即指出：「當對手只有有限的領土目標，讓步並不會使他們要求更多，而是滿足於新的現狀並且降低緊張」；[12]（三）中國大陸的崛起使其在全球治理上的角色愈來愈重要，如果沒有中國的合作，很多問題都無法有效處理；（四）兩岸關係長期的和緩可減少美國對台政策調整的需要，而兩岸關係愈緊張，可能棄台論會愈來愈多，畢竟大多數的美國民衆並不支持干預兩岸之間的軍事衝突。當然，美國亦有鷹派，認爲中共是以取代美國爲目標，且目前也看不出美國政策有大轉向的可能，然而台灣應該對此保持警覺，同時也應避免製造棄台論占上風的條件。

從一九四九年到現在，美國政府對台政策以其國家利益爲主，美國社會也是一樣。美國有份民調，針對美國十二個海外可能派兵的地方，其中包括大陸入侵台灣，只有二六％的美國民眾支持政府派兵，排在最後。顯然美國民眾不願台海發生衝突，也不支持美國干預，因爲他們知道與大陸開戰的代價爲何。[13] Denny Roy 也指出，美國新世代對台灣的支持正在淡化中，儘管美國國會對台灣仍有很強的支持，但已有民意主張中斷對台灣的保證，因爲：（一）中國對美國的重要性與利益大於台灣；（二）隨著大陸國力的增加，美國干預台海問題的成本會愈來愈高；（三）台灣對美國的安全而言是負債，不是資產。[14] 所以他說：「中國反對台灣獨立會比美國保護台灣自主的承諾撐得更久。」[15]

根據美國杜克大學與政大選舉研究中心二〇一五年共同執行的「台灣民意與國家安全」問卷調查，所謂鐵桿台獨，是即使大陸攻台，也支持台灣獨立的民眾，這些人從二〇〇二年的二成二上升到二〇一五年的三成二。然而，讓我們驚訝的是，這些鐵桿台獨竟然有四成七認爲即使台灣宣布獨立，中國也不會攻打台灣；如果中國攻打台灣，有七成認為美國會出兵幫助台灣。[16]這種主觀願望與現實之間的差距，才是台灣的危機。美國維護台灣免於被大陸侵吞，是基於其自身的國家利益；同樣地，美國與大陸改善關係也是基於其國家利益。即使是現在，美國不希望兩岸之間以非和平方式解決問題，但也不支持台灣獨立，這同樣是基於其國家利益。

長期以來，美國不論共和黨或民主黨總統，都不支持台灣獨立，多少表示美國不願冒這個險來測試大陸的這一條紅線。而且台灣只要稍微往紅線靠近，美國就會用各種方式來表態。一九九八年六月三十日，美國總統柯林頓在上海提出新三不，即：「我們不支持台灣獨立、兩個中國或一中一台、我們不認為台灣可以成為任何以國家為資格要件的組織之會員」。陳水扁推動公投立法以及公投綁大選時，小布希也多次公開宣示不支持台灣獨立。二〇〇四年十月二十五日，美國國務卿鮑爾在北京接受媒體專訪時，更直接表明台灣不是獨立的，不享有作為國家的主權。

順著這個邏輯思考，未來中美關係的變化必然會再度影響台灣的命運。西藏達賴喇嘛的哥哥嘉樂頓珠在二〇一五年曾經出版了一本書 *The Untold Story of My Struggle for Tibet*，道盡他接受美國中情局資助的悔恨之情。他發現中情局的目標從來都不是西藏獨立，只是想利用西藏人來製造中國和印度之間的誤解與不和。他說：「如果我早知道

CIA的支持是如此卑鄙的話，我絕對不會派那些年輕年人去接受（CIA的）訓練。毛澤東不是唯一欺騙西藏的人，CIA也是一樣。」[17]尼克森的自傳記載了巴基斯坦總統Ayub Khan對他說的一段話：「把美國當朋友是一件危險的事，保持中立要付出代價，而做敵人有時反而有益。」[18]說實話，美國總有靠不住的一天，我們如果不能心中時時刻刻謹記這一點，未雨綢繆，到時再多的抗議，丟再多的雞蛋，也無助於事，而台灣恐怕只能任人魚肉了。

現實主義的警告

美國攻勢現實主義（offensive realism）理論大師John Mearsheimer曾在二〇一四年三月份的《國家利益》雜誌上撰文，標題是〈告別台灣〉（Say Goodbye to Taiwan）。他曾事後解釋標題不是他下的，但文中的論點值得我們省思。[19]他認為在數十年後的未來，大陸的實力如果不斷上升，必然將成為區域霸權（regional hegemony）。Mearsheimer也知道，在理想的世界中，台灣人的自我認同在過去幾年內不斷強化，但台獨是大陸所無法容忍的，因此維持現狀是台灣最佳的選擇。

Mearsheimer根據攻勢現實主義理論指出，大陸會盡力成為亞洲地區的主導力量，就像美國主導西半球一樣，亦即成爲區域霸權，以確保其力量大到地區內沒有一個國家足以威脅到其安全。他認爲，台灣對美國仍然具有軍事上的戰略意義，而且也與美國對其他盟國承諾的信譽有關。但長期而言，當大陸軍事力量增強到美國的軍事力量已不足以防衛台灣時，情況即有變化。「我個人堅信持續崛起的中國將對台灣有巨大的影響，而且幾乎都是壞的一面。」他也講白了，台灣的戰略地位沒有重要到美國要與大陸發動核子戰爭。

Mearsheimer 認爲，雖然台灣在未來十年內要維持現狀不會有太大問題，但一旦大陸的軍事力量過了門檻，台灣未來只有三個可能選項：

（一）**發展核子嚇阻武器**。Mearsheimer 認爲，台灣擁有核武的確可以嚇阻大陸的攻擊，而台灣也曾在七〇及八〇年代嘗試發展核武，但都被美國阻止。不論是美國或大陸，基於自身利益的考量，皆不會容忍台灣發展核武。這一條路是行不通的。

（二）**發展傳統的嚇阻武力，讓大陸的攻擊付出龐大的代價**。然而，台灣本身要付出的代價更高，且美國也不願捲入這樣一場注定要輸的戰爭，更何況武器競賽也是台灣難以承受的。換言之，發展不對稱武力，或許會增加大陸要付出的代價，卻改變不了結果。這兩條軍事對抗之路，對台灣而言，都行不通。

（三）**香港策略**。亦即台灣接受必然會失去獨立性且成為大陸一部分的事實，然後爭取過程是和平的，並從北京那裡得到最大限度的自主性。實際上，Mearsheimer 的文章暗指台灣只有這個選項，台灣再怎麼不喜歡，也無可奈何。

當然，現實主義只是理論之一，不少學者認為從此理論看中美關係可能失真，因為大陸是當前體系的獲利者，且中美關係錯綜複雜，不是純粹的大國競爭關係。[20] 然而，就大陸視台灣為核心利益而言，現實主義的觀點仍值得我們警惕，更必須有戰略思維，否則前途不堪設想。想想烏克蘭，她也可以高喊「烏克蘭的前途由烏克蘭人民決定」，但事實如此嗎？一國內政不修、朝野混亂、經濟不振，只會有黯淡的前途。大國競爭有如大象角力，旁邊的小動物都要小心翼翼，以免遭池魚之殃。對小國來說，與其將焦點擺在決定權的口號上，不如將重心擺在促進朝野理性問政的共識上，以修明內政、提振經濟，並善用國際結構來強化自己的實力。

四、切不斷，理還亂的兩岸經貿

台灣只是一個三萬六千平方公里的小島，資源有限，大部分能源仰賴進口，本身內需市場也有限，長期以來經濟成長的主要動力是對外貿易。早期台灣利用進口替代政策，累積資本，並開始藉出口來帶動投資與經濟成長，創造了七〇至八〇年代的經濟奇蹟。只要出口衰退，台灣的經濟成長就受到顯著影響。不少實證研究幾乎一致證實出口與台灣經濟成長的關係。

貿易是一個古老的現象，但自由貿易則是二次大戰後世界資本體系的一個目標，一直到今天，都還在進行當中。至於全球化，與交通及資訊科技的進步，以及跨國企業的蓬勃發展有關，形成了一種在規模與深度上，前所未見的貨物、人員、資金、技術、服務、與文化的流動，也從而改變了全球經濟的結構。過去，一家銀行的倒閉，其影響範圍非常有限，現在則可能形成全球金融風暴。

在這樣的架構下，我們要如何來思考兩岸關係？這當中有兩件大事，不能不提，因爲其影響太大，太深遠。

第一件事是大陸的改革開放。所謂改革，就是經濟體制的改革，由姓社開始走向姓資；所謂開放，就是走向世界資本主義的經濟體系。這兩件事是彼此關聯的，沒有改革，就無法走進世界資本主義的經濟體系，沒有開放，就無法提供改革足夠的支撐。在大陸參與世界資本主義的經濟體系之前，台灣的經濟可以和大陸完全脫鉤，事實上也是如此。台灣早年的經濟奇蹟，並不倚靠大陸。

大陸走進世界資本主義體系，可以說是美國尼克森總統因應國際關係結構性轉變的大戰略。一九六〇年代，中蘇關係惡化，此一情勢提供了創造結構性轉變的契機。一九七二年，尼克森訪問大陸，創造了所謂「戰略三角」的局面。黎安友指出，這個「戰略三角」給中國大陸帶來了三項利益：（一）「使中國第一次免於美國和蘇聯兩者進攻」；（二）「使得中國從外交孤立狀態進入外交主流」；（三）為中國「打開了衝破經濟孤立狀態的道路」。[21]

這個「戰略三角」一旦形成，台灣要遵守所謂「不接觸、不談判、不妥協」的三不政策，愈來愈困難。尤其是大陸逐漸融入世界資本主義經濟體系，而台灣又是在這個體系內運作，如何可能拒大陸於千里之外？在海基會服務期間，接見不少南韓的朋友，他們都很羨慕台灣與大陸自二〇〇八年以來的關係，也必然會追問其原因。

南韓有統一部，不像台灣還有獨立的聲音和支持獨立的政黨，但南北韓關係大部分都處於緊張狀態。從這些南韓朋友的口中，了解他們也很想和北韓建立互利雙贏的正常交流。我安慰這些南韓朋友說，這不是你們南韓的錯。我告訴他們，大陸如果沒有改革開放，兩岸之間也不可能有今日的情況。大陸的改革開放，產生了結構性的改變，尤其是大陸成為世界資本主義經濟體系的一員，對其體系的運作都產生了內部與外部的限制。在外部，大陸必須遵守這個體系的遊戲規則，也必須營造和平的環境；在內部，大陸必須集中資源與力量來改革自己的經濟體制。這些結構性的變化，打開了兩岸之間接觸的大門，也創造互利雙贏的機會。北韓仍然是一個封閉的體系，而且高度依賴中國大陸，在這種結構下，北韓根本沒有動機與南韓修好，因爲這反而可能危及其政權的安危。

第二件事就是蔣經國總統開放探親，原本打開的只是人道的小門，但經濟的力量一撞，就撞開了經貿交流的大門。我們回顧當時的台灣，勞力以及土地的成本上升，對環保的要求日益嚴格，再加上許多開發中國家以更低廉的成本加入了競爭的行列，台灣的傳統產業已沒有競爭力可言。

對那些傳統產業來說，轉型升級並不容易，而大陸這時正需要外來的資本注入，自然而然，傳統產業就大量外移到大陸。有一位企業家曾告訴我，這個選擇對企業來說是生與死的選擇問題，而不是競爭力高低的問題而已。台灣產業外移到大陸，除了大結構的環境變化之外，最主要是順著經濟的邏輯在運作；這個經濟的邏輯很簡單：哪個地方可以讓企業獲得最大利潤，就到那裡去投資做生意。

一九九〇年代上半期，大陸提供的是大量低廉的勞力以及土地，早一點去大陸的台商除了本業賺到錢之外，不少人在土地上也大賺一筆。這些台商大部分集中在東莞與深圳一帶，而這兩個地方至今仍是台商最多的城市。但隨著大陸的經濟發展以及愈來愈多的外資到大陸投資，對台灣的電子產業形成另一股的吸力。即使到了民進黨執政時期，儘管政府祭出「積極開放、有效管理」以及後來的「積極管理、有效開放」等作為，企業仍然依循經濟的邏輯在運作。

從一九九〇年代開始的兩岸經貿關係，已演變成為國際分工體系的一環，尤其是電子產業。台灣研發、接單，大陸組裝生產，然後外銷歐美的模式，從我們的貿易統計數據中即可清楚呈現。

這裡面有兩個觀念值得探討。兩岸之間的經貿既有政治的邏輯，也有經濟的邏輯，而政治的邏輯經常想干預經濟的邏輯。不論其目標為何，其結果可能都是對台灣的傷害。最明顯的例子就是亞太營運中心計畫。

亞太營運中心計畫是連戰擔任行政院長時推動的計畫，這個計畫最主要的目的就是藉兩岸關係的改善，以大陸為腹地，將台灣發展成亞太製造中心、航空轉運中心、海運轉運中心、金融中心、電信中心和媒體中心。當時的政府還花大筆鈔票委託國際知名的麥肯錫顧問公司來規畫，只是後來由於李登輝總統的「戒急用忍」而胎死腹中。當時在行政院負責推動此一計畫的高層人士即坦言，聽到李登輝的「戒急用忍」時，感到訝異與不解。以當時大陸的經濟發展情況，大陸需要台灣甚於台灣需要大陸，台灣有較高的籌碼，此時兩岸合作應可為台灣創造更有價值的戰略地位。這是台灣失去的第一個機會。

第二個例子是有關台灣的面板產業。兩岸貨物貿易協議談判中，面板一直是我方重大關切的產業之一，而大陸也堅持不讓步的立場，彼此陷入僵局。國台辦官員即曾私下表示，當初大陸希望台灣的面板到大陸來發展，但民進黨政府禁止，現在機會已經過了，大陸已有自己的面板產業。這個案例說明台灣的面板並非世界唯一，台灣不去，大陸可以向其他國家買技術，也可以自己發展技術。換句話說，某些限制，其實並未影響到大陸，反而限制了台灣自己。

這裡要說明的一個事實是，大陸已經逐步融入全球化的浪潮之中，大陸可以從各地吸引其所需要的資源以及技術來發展其產業。二〇〇四年左右，曾與大陸某大銀行談到如何與台灣金融研訓院合作，來訓練其金融人才，但那個銀行行長一開口就是美國幾所一流大學已經和他們在談人才訓練合作的計畫，言下之意，就是「謝謝再聯絡」。

事實上，大陸在世界資本主義經濟體系內的角色愈來愈重要。大陸外匯存底已是全球第一，也是第一大貿易國、第二大經濟體。隨著大陸經濟成長，大陸的家庭可支配所得從一九九八年至二〇〇七年成長了一七〇%，內需消費市場平均每年成長一四%，不論是手機、汽車、液晶電視，大陸都是世界最大銷售市場。每年十一月十一日已成了世界矚目的日子，不是因爲這一天是第一次世界大戰結束之日，而是因爲大陸購物網站淘寶網所創造的光棍節。二〇一五年的光棍節，根據媒體報導，開場九十分鐘的交易額就達到五十億美元，幾乎是前年同期的兩倍，而且接近前年美國「網購星期一」（Cyber Monday）全天交易額的兩倍。[22]根據經濟學人專刊的報導，「中國的電子商務成了大贏家，這一市場如今已大過美國……到二〇一九年，電商的年度成交總額將超過一萬億美元。」[23]由於經濟快速成長，中國大陸的中產階級也同樣是暴發性增長，經濟學人指出，「麥肯錫認爲到二〇二〇年，他們（中產階級）將占到一半以上。波士頓諮詢（BCG）認爲，城市私人消費將從如今的三點二萬億美元提升到二〇二〇年的五點六萬億美元。」[24]

蘋果公司也預期，中國大陸很快就會超越美國，成爲更大的蘋果產品消費市場；蘋果全球最繁忙的十家專賣店，有六家在中國。[25]蘋果總裁庫克（Tim Cook）之所以會出現在二〇一五年習近平訪美的企業家座談會上，足以說明蘋果對大陸市場的期待與重視。市場規模是大陸發揮影響力的最佳利器，當蔡英文提名陳建仁擔任副總統候選人時，他說他看好台灣發展生技醫藥產業的潛力，但他也指出，台灣最大的限制是人數太少，兩千三百萬人口的國家要成立大藥廠很困難，因此兩岸醫藥衛生合作就很重要。[26]為什麼世界各大公司都到大陸去投資或擴展市場，道理已不用再多說。當世界都要進入中國大陸的時候，台灣有什麼選擇？

二〇一〇年四月，馬英九總統與民進黨蔡英文主席進行了一場有關ＥＣＦＡ的電視辯論，蔡英文提出的觀點，相當具有代表性。她認為國民黨和民進黨的差別在於民進黨想和世界一起進入中國，國民黨則是想從中國走向世界。蔡英文認為這是一個選擇題，然而這是一個以上皆非的選擇題，並沒有看到問題的核心。

蔡英文主張要與世界一起走向中國，這個說法很有吸引力，但要如何做才能達到目標呢？如果說這是民進黨的路線，那民進黨在二〇〇〇年執政時期已經試了八年了，結果證明此路不通。那段期間，不論是美國商會或歐洲商會，幾乎年年都提出大三通的期望，但年年都落空。這些外商也一再警告，民進黨如果不調整政策，外商將會被迫離開台灣。例如歐洲商會二〇〇六年時就曾警告：「台灣如果不開放三通直航，有多達十五家歐洲廠商，將會集體從台灣撤資。」[27]事實上，不只有許多家外資撤離，就連台商都出走海外上市，例如鴻海集團子公司富士康國際控股有限公司即在香港上市，糖果商徐福記選擇在新加坡上市。

再從另外一個角度來看，台商早就走進大陸了，民進黨在二〇〇〇到二〇〇八年執政期間，台商到大陸的投資依然呈現成長的趨勢。換言之，台灣面臨的問題不是要不要走進大陸的問題，而是如何管理兩岸經貿交流的問題，也就是如何透過管理讓兩岸經貿交流更有秩序，更有效率，更有保障，也更爲安全。

至於國民黨，是否如蔡英文所說，是由大陸走向世界呢？依照蔡英文的說法，台灣好像既與大陸，也和世界沒有關聯，因此才有和世界走向大陸或者經由大陸走向世界的選擇問題。這樣的假設完全跳脫時空脈絡。事實上，台灣早就走向世界與大陸了。台灣過去是靠對外貿易來創造經濟奇蹟，在大陸還沒有加入世界資本主義經濟體系之前，台灣就已經是這個體系內活力充沛的成員。回顧一下歷史，在台灣早就走向世界的時候，中國大陸卻自我封閉，搞大躍進，搞文化大革命，視西方世界爲帝國主義。

然而，大陸在改革開放之後，已逐步融入世界體系，兩岸並且在二〇〇二年前後分別成爲世界貿易組織的會員國。換句話說，這個時候，兩岸同時納入一個全球貿易管理體系，更值得注意的是，大陸走向世界，世界也走向大陸。在這個新情勢之下，兩岸都與世界連結，而台灣與大陸卻缺少制度性的連結，增加了不少貿易成本。換句話說，台灣在整個全球化的布局中，如果缺少了大陸連結這一塊，必然會因爲不必要的交易成本，逐漸弱化台灣目前與世界的連結，削弱台灣在世界市場的競爭力，這才是台灣經濟的核心問題之一。

國民黨的兩岸政策是要補足這一塊制度性連結，使台灣的世界連結更爲鞏固；而民進黨對這一塊連結一直心存疑懼，深怕造成過度依賴的效果，反服貿即是最明顯的例子。這才是國民黨與民進黨兩岸政策最大的分野。

或許有人會問，如果台灣從早期就靠出口來帶動經濟成長，台灣本來就在全球化的浪潮中，台灣與大陸不發展經貿關係又有何影響。大陸在改革開放之前，台灣也有很長一段時間在世界經濟體系中走出自己的路。曾長期觀察兩岸三地的日本作家近藤大介說：「中國離開日本可以自給自足，而日本離開中國呢？日本離開中國會經濟崩潰。」[28]如果像日本這樣的經濟體都離不開中國大陸，台灣的經濟規模如此小，實力也不如日本，又如何能離開中國大陸呢？

這麼多台商到大陸經商，不僅辛苦，還有各種矇殺拐騙的風險，但爲什麼還是如過江之鯽？你可以說這是致命的吸引力，但你沒有抗拒的本錢；兩岸經貿關係既是威脅，也是機會，我們不能忽略威脅面，但也不應該小看了機會面，這才是執政者的責任與考驗。

1 陳慧萍，〈呂秀蓮提倡「台灣和平中立」　日本退役少將投書駁斥〉，《自由時報》，二〇一五年三月二十一日。http://news.ltn.com.tw/news/politics/breakingnews/1263539

2 范疇，〈和平公式中的台灣地位〉，《中國時報》，二〇一五年十二月八日。http://www.chinatimes.com/newspapers/20151208000414-260109

3 一方面台灣問題與西藏、新疆問題息息相關；另一方面，台灣是大陸通往太平洋的戰略門戶。

4 請參考吳玉山，《抗衡或扈從》，台北：正中書局，民國八十六年。

5 雖然以色列沒承認也沒否認其核武力，但國際上大都認為以色列具有此一能力。

6 黎安友（Andrew J. Nathan）、施道安（Andrew Scobell）著，《尋求安全感的中國》（*China's Search for Security*），何大明譯，新北市：左岸，頁一一五。

7 這段歷史可參考 Nancy Tucker, *China Confidential: American Diplomats and Sino-American Relations 1945-1996*, New York: Columbia University Press, 2001. 該書有非常詳實的記載。

8 涂成吉，《中華民國在聯合國的最後日子：一九七一年台北接受雙重代表權之始末》，台北：秀威資訊，二〇〇八年八月，頁四八—四九。

9 Henry Kissinger, White House Years, Boston: Little, Brown and Co., 1979, p. 169.

10 黎安友等，《尋求安全感的中國》，頁一五八。

11 Paul V. Kane, To Save Our Economy, Ditch Taiwan, *New York Times*, Nov. 10. 2011.
Bill Owens, America must start treating China as a friend, *Financial Times*, November 17, 2009.
Bruce Gilley, Not So Dire Straits, *Foreign Affairs*, January/February 2010 Issue.
Charles Glaser, Will China's Rise Lead to War? *Foreign Affairs*, March/April 2011 Issue.
Charles Glaser, A U.S.-China Grand Bargain? The Hard Choice between Military Competition and Accommodation, *International Security*, Spring 2015, Vol. 39, No. 4 , Pages 49-90.
Zbigniew Brzezinski, American and China in Critical Issues Seminar Series: Summary of Talk, March 26, 2014.

12 Charles Glaser, Will China's Rise Lead to War?

13 The Chicago Council on Global Affairs, *Foreign Policy in the Age of Retrenchment*, 2014, p. 29.

14 Denny Roy, Return of the Dragon: Rising China and Regional Security, New York: Columbia University Press, 2013, pp 205-212.

15 Ibid. p.221.

16 陳陸輝、朱銘實，〈鐵桿台獨年輕化　七成信美軍助台〉，聯合新聞網，二〇一五年五月十六日。

17 Gyalo Thondup，Anne F Thurston，The Noodle Maker of Kalimpong: The Untold Story of My Struggle for Tibet，New York, 2015，p.202.
John Perkins, Confessions of an Economic Hit Man，New York, Plume Book, 2004。書中對於美國利用金錢與美女的手法，有非常精采的描述。

18 Richard Nixon, *The Memoirs of Richard Nixon*, New York: Simon & Schuster Inc., 1990, p. 257.

19 儘管 Mearsheimer 否認他用「告別台灣」的標題，但愈來愈多的棄台論卻是另一個注腳。

20 Thomas Christensen, The China's Challenge, New York: W. W. Norton & Company, 2015.

21 黎安友等，《尋求安全感的中國》，頁一三二—一三三。

22 查爾斯．克洛弗，〈中國消費者在雙十一上演大『血拼』〉，二〇一五年十一月十一日，FT中文網。http://www.ftchinese.com/story/001064782?full=y

23 經濟學人專刊，《狂野東部》，二〇一五年。中產階級的興起正在造就世界上最具活力的消費市場。

24 同前注。

25 同前注。

26 何孟奎，〈陳建仁：生醫產業　兩岸要合作〉，聯合新聞網，二〇一五年十一月十六日。

27 孫明愷，〈台灣經濟退步　兩年五十家歐商撤資！〉，TVBS新聞，二〇〇六年十月二十七日。http://news.tvbs.com.tw/old-news.html?nid=346732

28 近藤大介，《台灣的兩面鏡子》，台北：野人文化，二〇一四年八月，頁二九九。

第二章　觀念的囚徒

兩岸關係，真正的核心在「關係」，不在「兩岸」。「關係」不是具體之物，只能透過概念去理解與認識。我們所認識的兩岸關係，其實是概念所建構的世界，而不是真實的世界。我們生活在觀念所限制的世界中，卻沒有自覺；觀念有時就像陽光、空氣、水一樣自然，於是，我們失去了反省的能力，成為觀念的囚徒。這一章，希望談一些兩岸的觀念誤區，開啟另一扇窗，另一個可能。

一、太陽花學運：幾根火柴與一地汽油

談兩岸，二〇一四年的太陽花學運——一場各方都感到意外的學運，是個很好的起點。太陽花學運其實就是幾根火柴點燃了一地的汽油，只是沒有人看到那一地的汽油而已。太陽花是一場必然的意外。必然，是因爲地上已經有了汽油；意外，是因爲不曉得何人何時會點著火柴。

在太陽花之前，大陸學者都還在談兩岸和平發展的勢頭大好，完全沒有意識到滿地易燃的汽油。至於國民黨，長期以來習慣於直線思維，認爲兩岸協議有利於兩岸和平與台灣經濟，而且從民調上看，民衆對於兩岸協商及各項協議，都有超過半數以上的支持率。換言之，在國民黨政府眼中，反對的只是少數人而已，何況馬英九才在二〇一二年大選中因爲九二共識而連任。即使我自己也沒有想到，太陽花竟能有如此規模。太陽花學運能占領立法院議場，民進黨立委的支持固然是原因之一，但太陽花學運並非民進黨所預先規畫。[1]

衝進議場的學生，就是這場運動的火柴。火柴一點燃，如果沒有汽油，燃燒的時間不會太長，就自然熄滅。學生們本來也是如此預期，當時他們也沒看到地上的汽油，可

以形成燎原之勢。

不論共產黨、國民黨、民進黨、學生，以及台灣社會，都有必要在紛擾之後沉澱下來，看清局勢，尋找出路。一般人可能會把焦點放在火柴身上，就像太陽花那些比較出名的學生，但眞正値得注意的，是地上的那一片汽油，究竟它的成分是什麼。

了解太陽花，是走出太陽花的第一步。太陽花基本上由四種成分所構成：（一）疏離感；（二）失落感；（三）剝奪感；（四）恐懼感。

疏離感源於兩岸過去歷史發展所造成的差異，包括社會形態、政治制度、生活方式與核心價値，有如南轅北轍，成爲雙方不同歸屬感的重要基礎。尤其是習近平上台之後，對內控制更爲強勢，在兩岸立場更爲強硬，更讓台灣民衆心生疏離。基本上，已經習慣自由民主體制的台灣民衆不會接受大陸體制下的統一。

大陸也必須了解，不論兩岸交流如何密切，不論大陸如何讓利，只要兩岸的體制差異存在一天，就很難說服台灣民衆接受統一。台灣人民不會接受「一國兩制」的安排，因爲台灣人民不會相信大陸能信守承諾，尤其近年大陸對待香港的態度，更讓台灣民衆心生警惕。其實這是兩岸統獨問題的最根本關鍵，但在這個體制差異未消除之前，爲了彼此的發展與利益，仍應尋求一個雙方都能接受的互動基礎與模式。

失落感源於兩岸經濟發展差距的縮小，以及台灣經濟對大陸的依賴。一九八八年，大陸 GDP 的規模約四千億美元，而小小的台灣就有一千三百億美元，大陸只有台灣的三倍。如果以人均 GDP 來算，一九八八年台灣爲六千三百五十七美元，大陸爲三百七十美元，台灣是大陸的十七倍。然而，三十年河東，三十年河西，二○一三年大陸 GDP 高達九兆兩千餘億美元，台灣只有五千一百餘億美元，差距近十八倍。至於人均 GDP，大陸近六千七百六十七美元，台灣爲兩萬兩千餘美元，台灣只有大陸的三倍多。二○一三年大陸也有六省市的人均 GDP 超過一萬美元，其中天津高達一萬六千美元。[2]

早期到大陸發展的台商告訴我，一九八○年代末以及一九九○年代初，即使在都市，眼睛看到的都是比台灣農村還要落後的景象，人民的穿著非常單調，那時候的新台幣眞的非常好用。從那些台商眼中，我看到的是那種 good old days 已經失去的悵然若失。

有雜誌如此報導兩岸薪水的變化：「一塊五十七倍大市場、起薪四年成長二三七%、工作機會年增一百萬個，是一個全球競爭的大舞台，但是也別忘記魔鬼考驗，三年前台灣是大陸薪資的三點七倍，但到了二○一四年，兩岸新鮮人起薪已接近一比一。」[3]除此之外，自二〇〇八年後，兩岸簽了不少經貿協議，政府一直強調兩岸經貿合作對台灣未來有多重要，在簽ECFA時，大陸不時傳出讓利說，這些都讓台灣人或多或少有失落感。

剝奪感與台灣薪資停滯有關。兩岸經貿關係的發展，其實是一次的經濟大洗牌。這個過程中，有贏者圈，有輸者圈，前者小，後者大。薪資水準本應隨著經濟發展相應增加，這才是正常健康的現象。美國競爭力大師麥可．波特（Michael Porter）二〇一四年十月來台灣演講，他指出，台灣總體競爭力在全球一百四十四個市場中排名十八，薪資水準卻落到六十名，顯示出台灣的產業競爭力沒有跟著提升。他對台灣薪資停滯現象也「百思不得其解」。[4]

剝奪感在新世代中感受最強烈。台灣薪資水準已有十餘年未成長，現在更流行所謂22K的說法。根據中研院黃登興的研究，「二〇〇一年的薪資還與韓國相當，月薪大約一千三百美元左右，到二〇一一年台灣薪資停留一千四百七十七美元的水準，而韓國則已經高達兩千七百三十八美元，幾乎是台灣的兩倍。若考慮物價水準的趨勢變化，則台灣的實質薪資甚至是倒退的。」[5]

再看另外一面。兩岸經貿交流，在一些人眼中，已形成了所謂的買辦經濟，並有

「跨海峽政商聯盟」、「祭司集團」之說。[6]二〇一四年九合一大選時，國民黨台北市候選人連勝文飽受此一攻擊，宛如買辦經濟的代理人。台南市長賴清德在九合一大選之後，接受三立電視台專訪，他批評像吳伯雄、連戰等人就是買辦、紅頂商人。如此話語，如此氛圍，大陸與其所謂買辦代理人自然成了新世代剝奪感的敵人，而服貿協議，也被當成只是對買辦階級有利的協議而已，棄之並不可惜。

太陽花學運的背後也是恐懼感。根據中研院二〇一五年的研究調查，「獨立」已是主流選項，有四六．四％的支持者，而選擇統一者只有一六．一％，然而卻有高達四九．七％的受訪者預期「台灣被中國大陸統一」。而選擇獨立的受訪者，也有三七％認爲未來會「被統一」，至於選擇中間立場的人，比例更高，達五一．三％，超過半數。[7]藏在這個落差背後的，就是恐懼感；而且落差愈大，恐懼感就愈深。

從客觀條件看，台獨前景似乎日漸黯淡。一方面大陸實力日增，國際影響力愈來愈大；另一方面，兩岸經貿交流已是不可避免的趨勢。台獨支持者始終擔憂，兩岸經貿關係愈密切，台灣離獨立就愈來愈遠，因此他們對於像ＥＣＦＡ以及兩岸服貿、貨貿協議特別敏感。這幾個協議，對他們來說，等於是賣身契，因此誓死反對。莎士比亞說：「我們仇恨我們常恐懼者。」這句話，似乎就是太陽花學運的注解。

疏離感、失落感、剝奪感、恐懼感這四種感受，是太陽花學運的心理根源，更將蔡英文推上了總統的高峰。這四種感受與理性背道而馳，讓人看不清楚事實，讓人深陷觀念的泥淖，最後只剩下自我安慰的口號而已，這是何其危險啊！

二、兩岸關係的觀念誤區

吃稀飯還是喝豆漿？

台灣有言論自由嗎？有人相信，有人懷疑。各項民意調查顯示，民眾對統獨的看法非常多元，然而每一次到學校去演講，問到同學對統獨的看法，敢於表態的人並不多，其中主張獨的人又比主張統的人多。這個現象說明了一件事，統獨立場在台灣依然是一個政治敏感的議題，甚至是政治正確的問題。當然，它更深一層的意義是，台灣的言論自由仍然有限制，不是來自法律的限制，而是政治的限制。二〇一五年十一月底，來台灣唸台大政研所的陸生張逸帆在其臉書上發表一篇有關反擊「反對陸生納健保」的文章，結果被廣大鄉民檢舉而被刪文，後來他在臉書上發表了一段話，值得我們省思。他說：「你們可以在ＦＢ肆無忌憚地罵４２６（編按：對大陸人的戲稱），我們就不能回嘴；這就是言論自由。我好不容易從一個鳥籠出來了，卻一頭扎進另一個鳥籠裡。感謝台灣讓我學到關於『民主』的一切，我現在要開始好好反思自己對於民主的信仰了。」[8]

早期主張台獨者在爭取台獨主張時，高舉的是言論自由的大旗，像自焚而亡的鄭南榕先生，他們要爭取的是百分之百的言論自由。可是等台獨得到言論自由時，反台獨者或統一論者卻失去了言論自由。歷史之諷刺，有時眞的令人啼笑皆非。

國民黨威權統治時期，獨尊統一論，禁止台獨言論，並以刑罰恐嚇，不少台灣人心理上自然產生仇恨；等到台獨成爲主流言論時，言論刑罰雖除，卻以道德正確的面貌來壓制反獨的言論，有時更利用政治的手段。爲什麼這樣的壓制會形成力量？過去，統一論者認爲台獨論者是「數典忘祖」，背棄祖先；現在，主張獨立論者，認爲反獨者是一種對台灣的背叛，是「出賣台灣」。雙方都是從道德的觀點出發，以道德爲刀劍，卻理直氣壯。然而，台灣民衆對統獨的看法很多元，如果我們以政治正確與否的態度來看待此一問題，最可怕的結果之一就是雙方無法進行溝通，而溝通是民主用以凝聚社會的重要機制。

馬總統自二〇〇八年執政以來，雖不斷強調憲法定位，但不提統一，不談反獨，不恢復國統會、國統綱領，甚至連學者多次建議的和平發展委員會都未獲採納，或多或少就是受到這種政治正確的制約。

道德選擇其實也意味著情緒以及立場的對立，自認爲對的一方，就會對錯的一方採取仇視的態度，而且藉此來合理化許多並不適當的行爲。從道德出發，結果就是立場決定一切，這是一刀切，沒有模糊空間。它的影響有多大？從選舉中即可看出來。

方文山是知名的作詞者，廣受歡迎，二〇一四年選舉時，推出了一支MV，本來欣賞者還不少，但一公布這是連勝文的競選MV，立刻引來大量負面批評。就像方文山自己在臉書上所預言：「等到出現顏色時，立場就會出現，排山倒海而來的網路冷血攻擊就會出現，無止盡的網路暴力語言就會出現……如果真的是這樣，我還可以肯定一點的說，一定會這樣！」[9]

個人認爲，統獨不是道德問題。這裡有幾個觀念性的問題請讀者思考：（一）主張統一的人難道就不愛台灣了嗎？（二）主張統一的人與主張獨立的人，難道就不能形成一個共同體（community）嗎？（三）主張統一的人難道不能反中共，反極權嗎？（四）難道統一就是被中共統一嗎？

統獨問題之所以具有道德屬性，其實是人爲加工。然而，愛不愛台灣，不必、不宜、也不能以統獨立場來判斷。不必，因為我們無需自我割裂；不宜，因為我們沒有本錢割裂；不能，因為愛不愛台灣沒有客觀的標準。如果主張統一的人也可以愛台灣，那主張統一的人又有何道德上的錯誤！任何議題一旦道德化，必然會趨於簡化，因為唯有如此，才易於分辨敵我以及動員群眾。個人認為，台灣的主體性應該建立在這個共同的假定上：生活在這塊土地上的人（國民），都是自己人，都支持自由民主的體制與生活方式，熱愛台灣，彼此也都擁有相同的權利。在這個假定上，我們才有可能建立生命共同體；在這個假定上，不論何種統獨主張，各種看法都有其考量與邏輯，基本上都不是道德問題，也與愛台灣無關。

我們再從歷史脈絡來看，過去威權時期反獨是為了維持政權，現在民主時期，重點不再是政權的正當性問題，而是如何與大陸相處的問題。如果我們從這個角度來看，各種主張只是途徑不同而已，而非道德選擇。選統或選獨，就像早餐選擇吃稀飯或喝豆漿一樣，如果能如此認識彼此，就跨出了擺脫統獨泥淖的第一步。

天然獨還是加工獨？

二〇一四年太陽花學運之時，從電視畫面可以看到學生面對鏡頭說：「我是

ＸＸＸ，我支持台獨。」這個現象，讓很多老台獨感到振奮。有一個朋友在太陽花結束之後告訴我，二〇一二年選舉之後，他的台獨朋友都對台獨的未來感到悲觀，現在則士氣大振，因爲台獨後繼有人，薪火不斷。林濁水曾經撰文指出，在太陽花學運發生前，老台獨者還在感嘆，「年輕這一輩不知跑到哪邊去，老的這一輩都過時了」，而有「老一輩獨得心虛，中生代不獨」之說。現在，連蔡英文等人都認爲台獨是年輕人的自然成分，而有「天然獨」之說。

如果我們把時光再倒回到二、三十年前，認爲自己是中國人以及支持統一的人都高於自認爲是台灣人及支持台獨的比率。在反抗國民黨威權統治時，台獨民族主義頂多像剛冒出芽的種子而已，但在民主化以及兩岸接觸之後，變成對抗大陸統一主張，此時台獨原生民族主義得到愈來愈多的養分。[10] 一方面，本土化及去中國化的教育，使得年輕一代與「中國」產生疏離感，沒有感情的共鳴；另一方面，大陸實力愈來愈強，獨立的難度愈來愈高，台獨鼓吹者愈來愈焦慮。

這些推動台灣民族主義者，就如 Benedict Anderson 所言，認爲民族是「想像的共同體」（imagined community）。想像，其實就是一種人爲心智的建構，或者說可以集體催眠，其目的就是要讓台灣人自認爲是一個不同於中華民族的台灣民族，而且應該有自己的民族國家，來追求自己的未來與福祉。Anthony D. Smith 認為：「民族主義是『一種意識型態的運動，俾獲取與維持一群人（a population）的自主、團結與認同，當中有人認為有組織實際的或潛在的『國族』之必要，且其最終目標在增進國族的福祉。為達此目的，應先行完成民族的自主、民族的團結與民族的認同。」[11] 驗之於台灣，絲毫不差。

台灣民族主義的發展，儘管是一個建構或實踐的範疇，卻因時空環境不同而有不同的概念依附，甚至在同一時期，如日據時期，就有不同的路線。一句「台灣是台灣人的台灣」，在蔡培火與李登輝口中，隨時空變化，涵義亦有所不同。基本上，日據時期下的台灣民族主義，是以反日本殖民為主，與中華民族或漢人的概念並不相斥，或者說，即使是當時的民族主義者，亦有祖國的概念，如林獻堂，而主張台灣人不同於日本人的蔣渭水，未必會認為台灣人不同於漢人。葉榮鐘先生以親身經歷撰寫《日據下台灣政治社會運動史》，亦稱《台灣民族運動史》，他在原序中說：「綜觀在此二十年的運動過程中，台灣同胞對日本人爭取自由民權，範圍廣闊、名目繁多，就中有兩種欲求最為熱切，爭取最力，用心最苦。其一是對祖國眷念之情，其二是對同胞進步的願望。」[12]

民族主義的發展或建構，離不開生活。莊佳穎指出，「台灣人在生活現場所實踐的

『一種不同的生活方式』（a different way of life），導致了發生於個人實踐與（中國（人）國族主義）國家敘事、公共敘事的，Homi Bhabha 所指稱的『斷裂』（split）。」這個斷裂，既指涉對中國疏離感與恐懼感的斷裂，也指涉兩岸生活方式不同的斷裂，從而滋潤了台灣民族主義的發展。換言之，她認爲台灣民族主義是從生活實踐中建構的現在進行式。這個過程，是與中華人民共和國、中華民國以及中國概念切割過程，它的確具有生活實踐的基礎，尤其是在新世代身上，更爲明顯而有力。但其本質仍是一種建構，一種生活實踐的催化與轉化，而催化與轉化的力量則來自於政治與知識份子。

主張台獨的學者認爲，過去統一的主張是自上而下，現在台獨的主張是由下而上。這種說法稍嫌簡化，因爲既然是建構，都離不開知識份子的角色，且陳水扁執政時種種去中國化的措施，與國民黨過去的統一教育本質上是一致的，只是前者因生活實踐而更容易得到共鳴。其實，從「天然統」到「天然獨」的演變，正說明了不論統與獨，都不「天然」，都是特定時空下的產物，因此也不具普遍意涵與道德意涵。

誠如 Ernest Gellner 所說：「是民族主義創造了民族，而非民族創造了民族主義」。[13]這個建構的目的，是爲了分別「我群」與「他群」，而最終則是要建立國家。所以，那些支持台獨的人，他們可以自然而然地喊出「中國豬，滾回去」。然而，眞正關鍵的問題是：台灣主體性是否必須仰賴台獨才足以存續？台獨對台灣主體性的維護是解藥，還是毒藥？恐怕還是要由歷史來回答。

既然統與獨都是加工品，任何公民都應從後設的角度來思考它的脈絡、條件、代價與戰略，而不是被人牽著鼻子走的跟屁蟲而已。

是切割，不是獨立

被殖民者，才有獨立問題，那「台獨」是一個正確的概念嗎？「獨立」的概念，其實就是視國民黨爲外來政權，視中華民國爲流亡國家。台獨民族主義的邏輯很簡單：兩岸之間的民族聯繫太過強烈，因此唯有台灣人自認爲是一個不同於大陸的民族，有如一刀切開臍帶，台獨建國才能有可長可久的動能。民族主義的台獨，與其說是獨立，不如說是一個切割或者說脫離的過程，因爲台灣不是殖民地，所面臨的不是自主性喪失的問題，而是主權重疊、文字相同、文化相通、經濟相連的問題，其中眞正的關鍵是主權重疊，或者說是中華人民共和國對台灣的主權主張以及中華民國對大陸的主權主張。這個切割或脫離，包括中華人民共和國，也包括中華民國，它既有空間上的意義，也有時間上的意義，更有文化上的意義。從空間上要與大陸切割，從時間上要與中華民國的成立切割，從文化上要與中華文化切割。

在切割或脫離的概念下，台獨民族主義者對於任何與「一中」有關的概念，不論是大屋頂理論、杯子理論、憲法一中、九二共識、一中各表、一中三憲、乃至於大一中架構，都無法接受。

本土化是假議題

本土化本是相對於全球化的概念，但在台灣，本土化卻是放在兩岸的架構下來理解。「本土化」將台灣與大陸對立起來，將台灣人與外省人對立起來，形成敵我勢不兩立的概念。

本土化，只有在強化社會的凝聚力的前提之下，才有意義。在一個多元的社會中，就像一些北歐的國家，如果各執己見，認為自己是本土而否定他人，則這個社會將分崩離析。因此，探討「本土」，界定「本土」的意義，必須站在尊重與包容的基礎上，才能找到屬於這一塊土地上的「本土」意義。一旦失去了這個認識，「本土」反而成為割裂社會的工具。

很顯然地，相當多數人下意識地從省籍的觀點來界定本土，例如「台灣總統要由台灣人來當」。但移民到外國的台灣人是本土嗎？原住民豈不更本土？八二三砲戰中死難的外省人，他們為這塊土地，連性命都犧牲了，他們不本土嗎？如果「本土」只剩下省籍的內涵，這樣的本土有何意義？

本土，是這塊土地上所有人努力的成果，不應歸由哪一人或一黨獨占；只要是透過一個全民可以共同參與機制所產生的，都是本土。簡單地說，透過民主機制產生的總統，就是本土總統；透過民主機制產生的執政黨，就是本土政黨。由這塊土地所孕育且為這塊土地而奉獻的人物，就是本土人物，換句話說，不論是蔣經國、孫運璿、王建民、郭泓志、陳水扁、馬英九、謝長廷、蔡英文，都是本土人物。總而言之，在民主的台灣，「本土」根本是個假議題。

統一不是單行道！

任何有關民眾統獨意向的民調，幾乎都不說明統一的定義，這種民調設計是有問題的，因為統一可以有各種不同的涵意。這些民調基本上都假定所謂統一，就是大陸統一台灣，是一條單行道。我所碰到的年輕人，他們所認知的統一，其實就是「被統一」，和民調的假定一模一樣。就以中央研究院二〇一五年的一項民意調查研究為例，所謂

「統一」即是「台灣被大陸統一」。這是刻意製造出來的盲點，而「被統一」，代表失去台灣現有的生活方式與價值；在這樣的認知下，年輕一代對統一自然充滿恐懼與抗拒。

在年輕人眼中，統一就是「被統一」的單行道。每當我說台灣也可以統一大陸時，他們就露出難以置信的表情，這個表情告訴我兩件事：（一）台灣統一大陸根本是天方夜譚，痴人說夢；（二）台灣爲什麼要統一大陸？這兩件事是相關的，也就是說年輕人認爲台灣不可能統一大陸，自然也質疑台灣爲什麼要統一大陸。有年輕人說，台灣統一大陸是天方夜譚，因爲兩岸的實力差距太大，尤其是軍事實力，再加上國際政治的現實，根本不可能。然而，如果這個說法可以成立，那也同樣適用於獨立，不是嗎？在這個邏輯之下，不論是台灣統一大陸或台灣獨立，都是天方夜譚。

面對學生有關統一的質疑，我常舉四個例子。一個是自然界的例子。海水嚐起來很鹹，但鹽份只占了三．五％左右，可見極少量的鹽就可以改變水的性質。一個是共產黨的例子。一九二一年共產黨剛成立時，只有五十七個黨員，十三位黨代表，但他們後來建立了中華人民共和國。當初，他們又何曾想到共產黨會有統治大陸的一天！

第三個例子則是聖經中記載的大衛打敗歌利亞的故事。那是一場非利士人與以色列人的戰爭，兩軍對峙，非利士人派出了他們最勇敢的戰士出來叫陣，這位勇士就是歌利亞。根據聖經記載，歌利亞有兩公尺高，他「頭戴銅盔，身穿鎧甲，甲重五千舍客勒，腿上有銅護膝、兩肩之中背負銅戟，槍桿粗如織布的機軸、鐵槍頭重六百舍客勒」。他對以色列軍隊說：「你們中間揀選一人，使他下到我這裡來。他若能與我戰鬥，將我殺死，我們就做你們的僕人。我若勝了他，將他殺死，你們就做我們的僕人，服事我們。」面對這樣一個巨人，以色列軍隊中沒有人敢出來應戰，結果出來應戰的是一個牧羊人大衛。這不是一場轟轟烈烈的戰鬥，牧羊人大衛出乎大家意料之外，用一顆石頭就打敗了巨人歌利亞。

最後則是基因改造的例子。基因改造食品這幾年是熱門話題，因爲大家都擔心吃了基改食物會不會影響健康。爲何會有基因改造食物，其主要目的，就是想透過基因改造，增加植物對病蟲害的抵抗力，加速其成長，或增加其產量。這個概念，我們也可以用在兩岸關係的思考上。

我們可以把一個國家，不論大小，想像成許多基因的組成，而基因皆有其特性。小國本身也是一種基因組合，當小國與大國交流，甚或融合時，如果本身基因夠強，夠有吸引力，就能造成大國內部基因的改變，從而讓自己的基因在大國內不斷地延續。有一位媒體朋友用另外一種說法，他說這是一種病毒策略，病毒雖小，可是一旦進入人體，往往帶動很大的改變。他認爲，我們可以把小國想像成病毒，進入大國後，讓大國受到感染，乃至於生病或滅亡。病毒策略與基因策略的差異在於病毒策略會引發抵抗，就像病毒進入人體，白血球馬上發動攻擊一樣，而基因策略不帶攻擊性。此外，病毒是破壞性的，而基因基本上是改良性的。所以個人偏向使用基因策略的概念。歷史上有沒有出現過這樣的情況呢？勉強要說的話，許多曾經占領中原的外族，最後都被漢文化同化，因此在理論上，即使不經歷戰爭，也應可行，也值得台灣一試。

統一是單行道的框框，讓年輕人失去了對統一的想像力。統一其實是彩虹橋，因爲統一可以有種種的內涵。統一不必然是中華民國與中華人民共和國誰吃掉誰的問題，只要看看企業界併購的種種型態就可以明瞭。統一，不必然是名稱的問題，它也是核心價值的問題。國統綱領所宣稱的自由民主均富的中國，就是以價值爲統一的內涵。統一也是一種過程，這個過程也可以有各種的安排。更重要的是，統一之後不見得就不能再獨立；男女都可以結婚再離婚，兩岸又何嘗不是。

對統一沒有想像力的人，對台獨也不會有想像力。台獨也被定性爲建立台灣共和國，然則這是最終的目標嗎？成立了台灣共和國，台灣人民就能永遠過著幸福美好的生活嗎？這些問題，比台獨本身還重要，可卻很少人思考。

內部問題或國際問題？

不少主張台獨者幾乎都假定台獨建國是一個內部的問題，只要台灣人民有共識，有決心即可，但「獨立」這個概念必須是在國際關係以及國際法的架構下來實踐。建立一個主權獨立的國家，首先就是要得到國際社會的承認，是國際公法上的國家，否則依舊無法參與國際組織及國際活動。台獨論者經常倒果爲因，認爲台灣之所以無法參與國際組織，就是因爲台灣沒有獨立，不是一個國家，自然無法參與國際組織。然而，連柯文哲也說了，「一個中國」不是問題，因爲世界上大部分的國家都採取一個中國的政策，也認爲台灣是中國的一部分。這是國際現實。台灣能否參加國際組織，根本與獨立無關。台灣獨立，對國際的和平、安全、穩定若是減分，就不會得到國際的支持。

就此而言，統獨根本是外部問題，而不是內部問題，既然台灣對國際關係無能爲力，又何必把外部問題內部化，造成自己內部的分裂呢？

其實就是選擇權

選擇權是商業的概念，基本上它談的是對未來的選擇。選擇權是有價值的，當然也就必須付出代價才能取得。未來的選擇權範圍愈廣，條件愈好，現在要付的權利金就愈高。例如買房子，還不能立即下決定，但又不想房子立刻被別人買走，買方可先付一定額的斡旋金，以保留在一定期間內買房子的權利；如果不買，斡旋金就會被沒收。實質上的選擇權更複雜。以企業投資爲例，選擇權可以包括擴大、縮減、延遲、轉換，乃至於終止投資等等。兩岸關係，也可以從選擇權的觀念來理解。[14]

統獨是明天以後的事，既是未來的事，就可以用選擇權來理解。如果是未來的選擇權，對台灣來說，能夠選擇的選項自然是愈多愈好，最好還包括獨立的選項。問題是如何才能爲台灣爭取到未來最佳的選擇權？個人認爲，台灣現在愈往獨的方向走，未來的選擇權空間就愈小，因爲中共會盡全力壓縮台灣的空間。反之，台灣現在如果願意支付不獨的權利金，不僅可以爭取到更多的戰略時間，也有可能得到更多的選擇空間。

二〇一四年蘇格蘭的公投應該可以給我們啓示。蘇格蘭於一七〇七年併入大不列顚，至今已有三百多年，在這三百年的時間中，蘇格蘭並沒有失去「蘇格蘭意識」或「蘇格格蘭認同」。三百多年後，蘇格蘭決定要執行其選擇權，亦即進行獨立選擇權的公投。台灣實在不必現在就急著要進行選擇獨立或統一，以致內部吵成一團。台灣需要的是選擇權，台灣的戰略，也應該以最適當的選擇權爲思考點。我們只要把時間拉長來

圖 2-1　多階段選擇

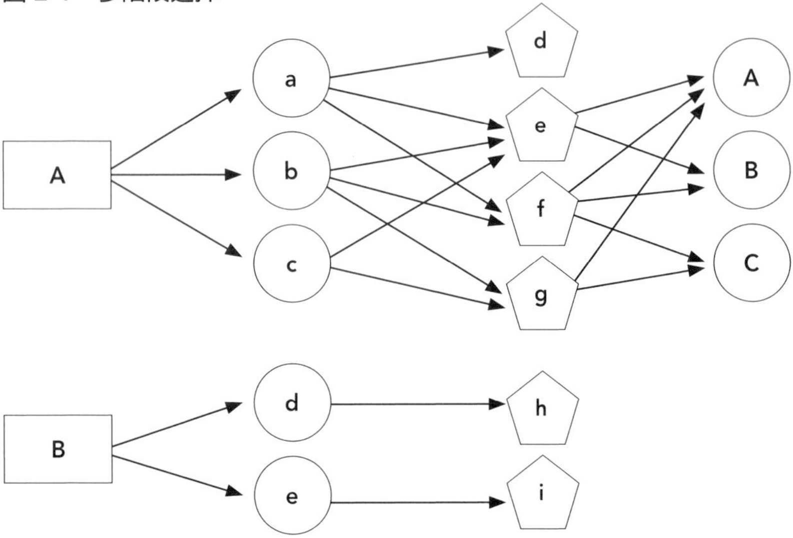

看，或許就能冷靜下來。蘇格蘭人都經歷三百年了，台灣又必何急呢！除此之外，依選擇權的角度來看，獨立不必是直線進程，它可以是曲線發展；或許一時看來是繞了遠路，但卻是可以到達終點的路。重要的是，我們要給後代留一條寬廣的路、有選擇權的路。

圖2-1是多階段選擇的說明，每一段的選擇，會影響到下一階段選擇的空間大小，而增加未來階段選擇的空間，也就是選擇權的多少。例如在第一階段有A與B兩個選項，一旦選B，下一階段則只有d、e兩個選項，一旦選d或e，則第三階段已無選項。但一旦選A，下一階段還有a、b、c三個選

項，到了第三階段，仍有兩個選項。除此之外，選A，還有第四階段選項，而這一層又有了A、B，甚至C的選項。從台灣的角度來看，我們應該選擇後續有更多選項的路徑，這樣台灣的主體性才有積極意義，也才能創造更多的空間與時間。

中國大陸是複合物

一般人談到中國大陸，就像談到統一一樣，都已有先入爲主的成見。這個成見就是將大陸視爲化學上的單一元素，而忽略了大陸其實是一個由許多元素組成的複合物，並且是一個變化中的動態複合物。某些偏激之士，因爲仇恨中共，連帶也仇恨中國文化、中國人民乃至一切與中國有牽連之事物，中國大陸有如集衆惡於一身。這種認知，不只是膚淺，更是不智，只會害台灣，且與台獨的方向背道而馳。

中國大陸的組成元素，除了中國共產黨之外，還包括學術界、企業界（又可分國企、民企）、知識份子、異議份子、少數民族、社會團體、一般人民等等。不同的元素，有不同的想法，不同的願景，不同的利益，自然應該給予不同的對待。例如開放陸生來台，本是具有戰略意義的政策，卻因一元化的仇中思維，出現了三限六不的主張。然而，陸生都是青年，對全民健保而言是收多於支，但不管他們是否有用到資源，這些資源都很有限，相對於未來所可能產生的龐大效益，根本微不足道。爲了那麼一點點資源與陸生製造對立感，對台灣而言並不划算。對陸配也是一樣，不少人對陸配懷有敵意，但他們嫁到台灣，爲我們生養兒女，也投入生產行列，不就是台灣人嗎？且不論從人權的角度來看，台灣人一直高唱普世價值，即使從戰略的角度來看，台灣也不應該與全大陸人民爲敵，而是爭取愈多的大陸民眾對台灣的認識、理解、欣賞乃至認同。

在兩岸交流的過程中，台灣不能把整個大陸各個元素都當敵人，而應有所區分，策略也應有所不同。反觀大陸，他們都知道台灣有不同元素（例如三中），要用不同的統戰方法，我們怎麼反而將大陸視爲一個單一元素呢！

台灣意識 v.s. 中國意識

台灣意識應該是一種自覺，它的核心是價值以及依其所發展出來的制度和生活方式，也可以稱之爲主體性，這才是我們最在乎的東西。然而，現在的台灣意識，因爲強調與中國意識的對抗，已被仇恨漸漸侵蝕。

西班牙哲學家加塞特（Jose Ortega y Gasset）曾說：「仇恨是一種情感，會讓價值滅絕。」近藤大介曾描述他與年輕人一場關於太陽花學運的對話。他聽了年輕人的有關論述後，問：「占據立法院，難道不是非法入侵嗎？……今天若是在日本，有學生占據國會，當場就會被警察逮捕，也會遭到日本國民冷眼以待。」當然，那些年輕人以馬英九政權強行通過服貿來辯解，但他又繼續問：「馬英九總統的政權……是經過你們投票選出來的總統。不是嗎？……從外國人的觀點來看，兩次投給他，如今卻嘲笑他的選民，才是最愚蠢的。」[15]當然，他最後發現自己和這些年輕人有如兩條平行線，無法溝通。其實台灣內部也經常出現這種情況。近藤大介的觀察，其實就是加塞特那段話最好的注解。

台灣意識必然不相容於中國意識嗎？二者之間可以有哪些關係呢？從統獨的架構來看，台灣意識與中國意識可以有以下五種關係。（參考下頁圖2-2）圖A的台灣意識是中國意識的異化，以民族主義為坐標，或者說就是「台獨意識」，彼此在政治上亦是獨立。既然是異化的中國意識，去中國化自然是理所當然的事了。圖B是政治統一的型式，但在意識上是台灣意識所內涵的價值、制度與生活方式擴充為整個中國意識的內涵，使二者成為二而一。也可以說，台灣的基因改造了中國的基因。圖C亦是政治統一的型式，但與圖B剛好相反，是中國意識壓縮台灣意識，這也是台灣人民最恐懼，最不願的結局。圖D則是政治上彼此獨立，但台灣意識的內涵同化中國意識的內涵。圖E亦

圖 2-2　台灣意識與中國意識的五種型態

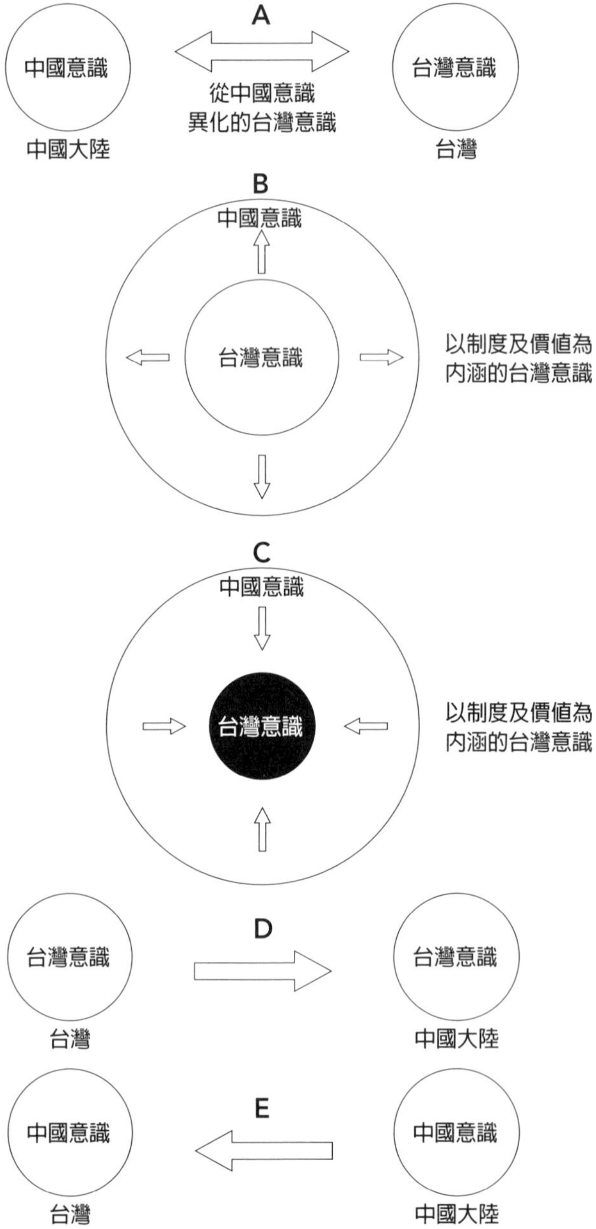

是政治獨立的型式，但方向上則是中國意識同化台灣意識。

舉出這五種型態，主要是說明台灣意識與中國意識關係的多樣性，以免陷入觀念陷阱，同時擴大我們的戰略思維空間。以當前情勢而言，民進黨偏好走圖A的型態，共產黨希望走圖C的型態，國民黨則因爲沒有論述而顯得猶豫不決。

三、打開天窗話九二共識

「九二共識」自二〇〇〇年之後，大概是最常被引用，也是最具爭議性的一個概念。「九二共識」的爭議，往往圍繞在兩個焦點上：（一）九二共識究竟存在與否；（二）接受九二共識是否就是投降。顯然，國民黨、共產黨和民進黨的看法南轅北轍。個人認爲，只有從九二共識的兩個歷史脈絡來觀察，才能讓我們跳脫這兩個爭議焦點，而對九二共識有一個新的理解。

「九二共識」的爭議並不在其名詞本身，而是在「一個中國」的內涵上。民進黨拒絕「一中」，因而否認「九二共識」的存在。二〇〇〇年陳水扁見亞洲基金會會長傅勒時提到九二共識，這也是民進黨唯一一次正面肯定九二共識。然而，陳水扁的說法立刻被黨內及時任陸委會主委的蔡英文所否定，以致於陳水扁以及民進黨後來皆全盤否認九二共識。二〇〇一年十月二十一日，陳水扁說：「絕不接受一中原則、一國兩制和九二共識。接受一中原則的九二共識，不但是要消滅中華民國，而且是亡國。」陸委會主委蔡英文也表示：「九二共識是解讀問題，而兩岸能否復談，不能簡化為承認九二共識與否的問題。」游錫堃於二〇〇二年擔任行政院長時也說：「沒有九二共識和一個中國各自表述，只有九二精神。」[16] 陳水扁在二〇〇七年與馬英九會面時，仍然強調九二共識並不存在。蔡英文在參與二〇一二年總統大選時，依舊遵循民進黨的立場，多次否認九二共識的存在。可以說，否認九二共識已是民進黨一致的立場，至今仍未改變。雖然二〇一六年大選時未聞否定九二共識之說，卻也始終迴避此一問題。

陳水扁也曾發表統合論，但獨派的台灣基督教長老教會隨即發表新聞稿，認為此項主張違背了陳總統的競選政見，違背了人民自決與維護台灣為主權獨立國家之立場。總統府資政彭明敏在與陳總統會晤後，雖然沒有明確表示反對，但指出所謂「統合是歐洲模式」，前提是自由、自願與主權。[17]

但如果回到一九九〇年代初，即可發現兩岸都主張「一中」，只是對一中內涵各有堅持而已。一九九〇年十月國統會成立，一九九一年二月通過國家國統綱領，一九九二年八月通過關於「一個中國」的涵義的決議，開頭就說「海峽兩岸均堅持『一個中國』

之原則，但雙方所賦予之涵義有所不同」，並分別說明雙方涵義的內容，且強調目前客觀事實為「兩個政治實體，分治海峽兩岸」。

不論國統會、國統綱領、或有關一個中國涵義的決議，放在今天來看，可能會被批得體無完膚。但當時會有這樣的發展，除了兩岸接觸的需要之外，台灣當時仍具有相當的自信，亦不可忽略。大陸在那個時候，仍處於發展起步階段，而台灣的實力相對來說，發展程度遠遠超過大陸，具有相當的自信。因此，提出的一個中國主張，是帶有自信與進取成分的，而這也是當初大陸對於國統綱領不買單的主因。

九二年的香港會談中，我方提出了三項方案，其中一項內容為：「在海峽兩岸共同努力謀求國家統一的過程中，雙方雖均堅持一個中國的原則，但對於一個中國的涵義，認知各有不同。惟鑑於兩岸民間交流日益頻繁，為保障兩岸人民權益，對於文書查證，應加以妥善解決。」這個說法，今天一定會被批為賣台，但當時大陸也不接受。可以說，大陸堅持簡單的「一個中國原則」，我方堅持的是複雜的「一個中國原則」；在彼此都無法同意形諸文字的情況下，出現了各自口頭表述的方式。從這個角度來看，雙方都有所退讓，但誰退得多，可能又是各自解讀了。

回顧歷史，會發現在二〇〇五年時，大陸為了反制台獨力量的成長，國民黨為了提供另外一個兩岸關係的選項，雙方在「反對台獨、九二共識」上形成政治互信的基礎。可是國共兩黨一旦達成這項共識後，反而對民進黨形成「門檻效應」。對民進黨來說，跨過這道門檻，就好像投降一樣。這或許就是民進黨的心理障礙吧！

「九二共識」不是存在與否的問題，而是效用的問題。台獨主張者不接受一中，所以反對九二共識，且認為接受九二共識，台灣的國際處境會更糟糕。然而，影響台灣國際處境的，不是台灣接不接受一中，主要關鍵還是國際現實。馬英九政府承認九二共識，但台灣的國際處境並沒有變得更壞，且兩岸還可避免外交的對抗。其次，九二共識雖是建立在一中基礎上，但一中的內涵並沒有界定，所以邏輯上還有各表的空間。在九二共識的基礎上，兩岸領導人於二〇一五年十一月七日在新加坡會面，具有兩岸相互承認治權的象徵意義，這是九二共識所創造的成果。雖然台灣沒有聯合國席位，但兩岸領導人在第三國會面，等於是宣告兩岸治權互不隸屬，而且表達在九二共識基礎上，兩岸治權對等交流的意願。大陸外交部長王毅二〇一六年二月訪問美國回答記者問題時，曾用「他們的憲法」來指涉中華民國憲法，其實就意謂著各表存在的空間，就看民進黨是否能體會而已。

截至目前為止，九二共識是兩岸唯一的共識，但因為民進黨始終不承認，在藍綠紅小三角中，總是缺一角，不足以建構穩定的兩岸關係。其實「九二共識」對台灣而言，具有高度的戰略意義，即使是馬英九政府，都未能充分利用「九二共識」的戰略價值。馬英九頂多只是用到「九二共識」的消極面，卻沒有看到九二共識的積極面，因而失去論述的力量。個人認爲，從賽局的觀點來看，「九二共識」可以積極爲台灣創造新賽局：

（一）從半場賽局走向全場賽局。[18]目前的兩岸，大陸是打全場，有攻有守，對台灣方面所下的功夫，用力極深，所謂「往南走、向下沉」、「三中一青」等等。以當前國際政經情勢，台灣沒有辦法阻擋大陸打全場，但台灣長久以來卻只打半場賽局，也可以說只守不攻。馬英九政府的半場賽局，一方面只冀望獲得利益以彌補論述之不足，另一方面又對大陸進來打半場予以較少的限制，最後引發反彈。過去民進黨的半場賽局又不一樣，即想要阻撓大陸進來打我方半場，卻又阻撓不了，結果造成緊張對立。大陸已經將局設好，就是一個全場賽局，台灣無可奈何，但如果只想打半場，恐怕事倍功半。當然，台灣要怎麼打全場，那又是另外一個問題了。

（二）從空間賽局到時間（機會）賽局。空間賽局是一種零和賽局，你空間多，我空間就少，但時間賽局可以是雙贏賽局。所謂空間賽局，就是主權對立的賽局，兩國論之下，兩岸極易進入空間賽局，這種賽局很難有雙贏的選項。所謂時間賽局，是指爭取更多的時間與機會，來強化自己的實力，創造維護主體性的條件。以大陸來說，時間（戰略機遇期）對其政權的穩定、國際的崛起，十分重要，兩岸在時間上均有共同的需求，在這個賽局中，兩岸可以創造雙贏。時間賽局下，九二共識反而爲台獨爭取到選擇權。這是一種曲線思維，亦即現在接受九二共識下的一中，未來反而有獨立的可能。蘇格蘭就是一個很好的例子。獨立，需要特定的時空條件，時間賽局則提供了條件的可能性。

（三）從硬實力賽局走向軟實力賽局。兩岸一大一小，但各有所長。台灣不能和大陸比硬實力，尤其是軍事力量，但台灣的優勢在軟實力。軟實力其實更爲根本，是支撐國家綜合實力可長可久的制度性力量，因此，這個賽局與時間賽局的結合對台灣最有利。

（四）從競爭力賽局到吸引力賽局。競爭力賽局基本上是一種對抗性的賽局，就像美中之間的關係一樣；這樣的賽局不穩定，也不利於較小的一方。吸引力賽局的重點，就像選美一樣，雖然是比賽，但比賽的重點在於強化自身的內外在之美，顯示其吸引力，從而獲得評審的青睞。吸引力賽局比競爭力賽局更全面，格局也更大，它必須巧妙融合硬實力與軟實力，而這正是台灣的優勢。兩岸人民就是兩岸吸引力賽局的評審，台灣把自己變得愈有吸引力，愈能在這場賽局中勝出。兩岸關係的本質和美中關係不一樣，應從競爭力賽局走向吸引力賽局。

現在，九二共識成為中共與民進黨之間一場意志力與實力的拉鋸戰。大陸沒有棄守的跡象，民進黨也沒有退讓的打算，有如零和賽局，而且是僵局。雙方都成了九二共識的俘虜。問題是，任何僵局都有破解的一天，只是要付出什麼代價而已！

1 誠如各家媒體所言，民進黨在學運中被邊緣化，連蘇貞昌在台上出現選舉語言，都被群眾噓下來。

2 參考維基百科，「中國省級行政區人均地區生產總值列表」。

3 洪嘉蓮、高嘉鎂，〈兩岸起薪首次近一：一〉，《30雜誌》，二〇一四年八月號，第一二〇期。http://www.30.com.tw/article_content_25871.html

4〈連麥可．波特都不解的台灣低薪問題〉，中央社，二〇一四年十月二十九日。http://www.cna.com.tw/magazine/3-1/201410290003-1.aspx

5 黃登興，〈台灣薪資停滯現象解析——全球化貿易與投資夥伴〉，《中央研究院經濟所學術研討論文》，二〇一四年三月。

6 李志德，《無岸的旅途》，台北：八旗文化，二〇一四年十月，頁一六二—一六五。

7 吳介民、廖美，〈被統一的張力〉，《自由時報》電子報，二〇一五年十月十九日。http://talk.ltn.com.tw/article/paper/924910

8 引自〈台灣人以言論自由為傲，卻用「臉書檢舉」讓這名陸生有話再也說不出〉，報橘，http://buzzorange.com/2015/12/03/fb-and-china-student/

9 引自方文山臉書，十一月十八日發文。

10 雖然施正鋒認為，「具有現代意義的台灣民族主義是在日治時期萌芽的，也就是在異族統治下的台灣人，特別是面對差別待遇的知識分子」，但畢竟只限於少數菁英而已。請參考施正鋒，《台灣民族主義的發展、現況、以及挑戰》，頁四。http://faculty.ndhu.edu.tw/~cfshis/conference-papers/20131207.pdf

11 Anthony D. Smith, Nationalism: Theory, Ideology, History, Cambridge: Polity Press, 2001, p. 9。

12 葉榮鐘，《日據下台灣政治社會運動史》，台中：晨星，二〇〇〇年八月，頁六七三—六七四。

13 Ernest Gellner, *Nations and Nationalism*, Ithaca: Cornell University Press, 1983, p.55.

14 周行一曾提出把大陸當成一個選擇權的概念。周行一，〈不要急著執行中國大陸選擇權〉，《聯合報》，二〇一一年八月二十五日。

15 近藤大介，《台灣的兩面鏡子》，頁二八八—二八九。

16 以上談話均參考〈九二會談、九二共識，扁政府態度轉變〉，聯合新聞網，二〇〇八年四月二十二日，http://mag.udn.com/mag/abian/storypage.jsp?f_ART_ID=36974

17 鄒景雯，〈陳總統：統合就是歐盟模式〉。http://www.libertytimes.com.tw/2001/new/jan/13/today-t1.htm

18 劉屏，〈台灣只想守半場，必敗〉，《中國時報》，民國一〇五年二月十八日。其觀點與個人相同。

第三章　八字不合的民共兩黨

民進黨的DNA中，台獨意識是最重要的元素；而統一則內建在中共的DNA中。這兩個政黨，注定八字不合。

一、民進黨的DNA

每一個政黨就像人一樣，都有它的DNA，民進黨DNA的密碼，就藏在她的歷史之中。民進黨的DNA中，台獨意識是最重要的元素；而統一則內建在中共的DNA中。這兩個政黨，注定八字不合。

台灣早期的民主運動，像雷震等人於一九六〇年以《自由中國》雜誌批判政府違憲，並積極鼓吹成立反對黨「中國民主黨」，最後被政府抓進監牢裡。當時參與的也有一些本省籍人士，如李萬居、郭雨新、高玉樹等人，但本質上是純粹精英階層的民主運動，沒有社會動員，沒有社會基礎，一被抓就瓦解。

雷震的民主呼聲，並未喚起社會迴響，但後來以本省人爲主幹的民主運動，就不一樣了。在解嚴之前，台獨仍是禁忌，仍會受到刑法的懲罰，因此反對運動人士不會明目張膽主張台獨，但他們的心目中早已視國民黨爲外來政權。根據艾琳達的觀察，她認爲：「新一代台灣知識份子投入傳統的地方選舉，相當程度改變了他們的觀點和行動，這表現在兩方面，一是明確的台灣民族主義，其二則是動員群眾的民粹方案。」[1]這樣的發展，可說是順理成章，不足爲奇，而且延續至今。

一九七〇年代是兩岸國際地位翻轉的年代，一連串的外交打擊造成人心不安，本省籍精英認爲，國民黨與中國大陸的關係對台灣不是資產，而是負債，因此只有民主是不夠的，還要獨立，徹底切斷與中國大陸的關係，才能保障台灣的安全。但更重要的是，在權力鬥爭的過程中，或民主化的過程中，民族主義是最有效、最廉價的動員工具，因此台灣人的訴求愈來愈清晰。[2]吳乃德在其研究中即指出，「民主運動中的參與者和領導者，也幾乎全爲本省人。一直到現在，由民主運動演進而來的民進黨，其參與者、支持者、甚至選民，幾乎全由本省籍的民眾所組成。這些都顯示了台灣民主運動的族群性質。」[3]

一九七八年，當時的黨外人士對於停止中央民代增額選舉十分不滿，於是在十二月二十五日發表「黨外人士國是聲明」，提出了十項呼籲，並且主張「台灣的命運應由一千七百萬人民自行決定。」[4]此一形同「民族自決」的主張正式見諸文字後，日後即成爲黨外人士一貫的政治主張，一直到民進黨成立。例如一九八三年的黨外中央後援會，以「民主，自決，救台灣」爲訴求之一；一九八六年民進黨建黨，黨綱中明文揭櫫「台灣前途應由台灣全體住民決定」。

如何面對中華民國、如何實現獨立、如何化解福佬沙文主義等等，一直是困擾民進黨的問題。民進黨自成立後，在不同的時機也針對這些問題，做出一些正式的決議，包括所謂〈台獨黨綱〉、〈台灣前途決議文〉、〈族群多元國家一體決議文〉、〈正常國家決議文〉。（如表3-1）

由以上文件可以看出：

一、民進黨不接受「一個中國」的理念可說是一以貫之，從未改變。[5]所有的正式文件都顯示，台灣與中國大陸互不隸屬，用民進黨的話說，就是「台灣是主權獨立的國家」。

二、民進黨對中華民國的態度是矛盾的，這是在心理上排斥，而實務上又必須依附的狀況下必然的現象。如果國民黨是外來政權，那中華民國這個國民黨所依附的國家又有何正當性可言？然而，現實上又無法脫下這個外殼，於是乎有時候接受「台灣，固然依目前憲法稱爲中華民國，但與中華人民共和國互不隸屬」，有時候說「台灣認同與中華民國認同，都是對國家認同的表達方式」，有時候又主張「建立主權獨立自主的台灣共和國」或「積極追求正名、制憲、加入聯合國」。

三、從時序上來看，民進黨對中華民國態度的變化，大多是因應政治情勢的需要。例如爲了二〇〇〇年大選的需要，在一九九九年提出〈台灣前途決議文〉，接受中華民國的國號，並主張「任何有關獨立現狀的更動，必須經由台灣全體住民以公民投票的方式決定。」及至二〇〇七年，爲了二〇〇八年的選舉，想要操作統獨議題，提出〈正常國家決議文〉，主張正名、制憲。

四、民進黨的「中華民國」與國民黨的「中華民國」不同，它並不包括中國大陸這塊土地，主權僅限台澎金馬。

民進黨以本土化爲民主化的基底，讓台獨意識成爲邏輯上順理成章的理念，但這一條路也是崎嶇坎坷，直到陳水扁執政，開始爲民進黨鋪路，最後則由蔡英文來剪綵。更值得注意的是，民進黨的DNA也限制了民進黨的選擇，既是它執政的優勢，卻也是兩岸上的弱點。

二、內外夾擊：永遠執政之夢

根據民主理論，政黨立場會有趨中的現象，以極大化其選票，一些學者也認爲台灣政黨在兩岸議題上也有趨中的現象。[6]但個人認爲，兩岸關係是一個動態不定的變化，而台灣的民主化與本土化也是一個持續中的進程，因此，二〇〇〇年以比較多數險勝的民進黨，其策略不是被動趨中，而是主動創造多數。這兩個概念是不同的，前者是依選

表 3-1　民進黨有關台灣地位的官方立場

時間	文件	內容
一九八六年十一月十日	黨綱	**台灣前途應由台灣全體住民決定**：台灣的前途，應由台灣全體住民以自由、自主、普遍、公正而平等的方式共同決定。
一九八八年四月十七日	決議	**台灣國際主權獨立，不屬於以北京為首之中華人民共和國**。如果國共片面和談、如果國民黨出賣台灣人民利益、如果中共統一台灣、如果國民黨不實施真正的民主憲政，則民進黨主張台灣獨立。
一九九〇年十月七日	決議	**台灣事實主權不及於中國大陸及外蒙**。我國未來憲政體制及內政、外交政策，應建立在事實領土範圍之上。
一九九一年十月十二、十三日第五屆第一次全國黨員代表大會	修正基本綱領	**基於國民主權原理，建立主權獨立自主的台灣共和國及制定新憲法的主張，應交由台灣全體住民以公民投票方式選擇決定。**
一九九九年五月八、九日第八屆第二次全國黨員代表大會	台灣前途決議文	**台灣是一主權獨立國家，任何有關獨立現狀的更動，必須經由台灣全體住民以公民投票的方式決定。** 台灣應揚棄「一個中國」的主張。 **台灣是一主權獨立國家，其主權領域僅及於台澎金馬與其附屬島嶼，以及符合國際法規定之領海與鄰接水域。台灣，固然依目前憲法稱為中華民國，但與中華人民共和國互不隸屬**，任何有關獨立現狀的更動，都必須經由台灣全體住民以公民投票的方式決定。
二〇〇四年九月二十六日第十一屆第一次全國黨員代表大會	族群多元國家一體決議文	中華民國主權既屬於全體台灣人民，而非其他政權，則**台灣認同與中華民國認同，都是對國家認同的表達方式**，不應被曲解為族群對立，而應相互尊重、理解和接納。

時間	文件	內容
二〇〇七年九月三十日第十二屆第二次全國黨員代表大會制定	正常國家決議文	**台灣是主權獨立的國家，與中國互不隸屬，互不治理**。 台灣至今仍沿用不當的中華民國憲法架構，導致民選政府無法正常運作，造成「憲政體制不正常」。 **外來威權統治**殘留的教育文化迷思和對本土文化的壓制與汙名化，阻礙台灣人民的國家認同，造成「國家認同不正常」。 應以「台灣」的名義申請加入聯合國、世界衛生組織等國際組織，且**早日完成台灣正名，制定新憲法**，在適當時機舉行公民投票，以彰顯台灣為主權獨立的國家。 民主進步黨認為，台灣要隨著時代進步，擺脫強權的宰制與不合理制度的束縛，**積極追求正名、制憲、加入聯合國**、落實轉型正義與建立台灣主體性，團結一致建立一個正常而偉大的民主國家。

來源：作者自行整理

民在固定議題上常態分配的結構力量而趨中，後者則是創造新結構的企圖。

陳水扁在二〇〇〇年大選以三九．三%的選票勝選，但在國會中依舊居於少數，而少數執政的局面，必然造成施政上的困擾。因此，利用執政優勢來「創造多數」，也就是擴增其支持力量的社會基礎，可以說是必然的選擇。

八字不合的兩岸格局：穩定與區別

陳水扁於二〇〇〇年贏得大

選是意外，而意外總讓人措手不及。這個意外，創造了一個前所未有的新局，迫使民進黨與中共必須面對彼此。一開始，中共也只能先「聽其言，觀其行」，至於陳水扁則忙著如何證明民進黨有處理兩岸關係的能力。本章嘗試從一個整體的角度來理解陳水扁執政這八年的兩岸格局，也可以說是兩個八字不合的政黨，彼此都難以逃脫的格局。

陳水扁執政八年，基本上有兩大挑戰：（一）如何證明民進黨有處理兩岸關係的能力；（二）如何在少數執政的情況下，創造多數，擴大執政的社會基礎。第一個挑戰是立即擺在眼前的挑戰，第二個挑戰則是長期的挑戰；但這兩個挑戰，並非各自獨立，而是彼此相互影響。

陳水扁兩岸政策的主要利害關係人可分爲四類：（一）國際社會，主要以美國爲主；（二）大陸；（三）非民進黨支持者；（四）民進黨支持者。前兩類屬外部利害關係人，後二類屬內部利害關係人。由於民進黨的台獨印記，他不得不在兩岸議題上表態，因爲這四類利害關係人都在看他如何說，如何做。陳水扁的兩岸政策可用兩個概念概括：「穩定」與「區別」，這兩個概念也可以用來說明民進黨執政下兩岸格局的特色：（一）對這四類利害關係人來說，陳水扁傳遞的訊息，重點各有不同；對民進黨支持者的重點在「區別」，其他三類的重點則是在於「穩定」；（二）「穩定」是爲了證明其有處理兩岸關係的能力，「區別」則是創造多數的策略；（三）執政初期是以「穩定」為主，隨著時間推移，「區別」的政策愈來愈凸顯；（四）「穩定」是虛是表，表現在不作為，「區別」是實是裡，表現在作為，因此是以虛掩實，以表蓋裡。

「穩定」與「區別」可以視為兩個政策集合，每一個集合內各有其元素，亦即各種政策作為。這兩個集合內的元素並非客觀、固定，而是隨著各類利害關係人的主觀認知以及彼此互動而有變化。換言之，由各利害關係人來界定這兩個集合的元素。例如某一元素，利害關係人甲可能視其屬於「穩定」之集合，利害關係人乙視其屬於「區別」之集合；而隨著時間演變，其元素也會隨之變化。此外，這些集合並沒有清晰的邊界，亦即有些元素是確定的，但有些元素則是模糊的。

個人認為：（一）民進黨的「穩定」集合是以前三類利害關係人的定義為主，而「區別」集合是以民進黨支持者的定義為主；（二）對民進黨或陳水扁來說，其「創造多數」的最佳策略是將其界定的「區別」集合內的元素成為其他利害關係人「穩定」集合中的元素，或者說創造民進黨支持者的「區別」集合與非民進黨支持者「穩定」集合的交集。這也就是媒體所稱的「切香腸政策」，逐步把原來屬於「區別」集合內的行為亦納入「穩定」的集合，如此可以擴大其政策選擇空間；（三）陳水扁除了前述作為，另一方面也會向其他利害關係人保證不會觸碰大陸「區別」集合內的清晰元素，例如宣布獨立或發動獨立公投這種明顯的動作。

在「穩定」方面，三月十八日勝選那一天，陳水扁發表的當選感言中，就對兩岸關係表示：「台海的和平與穩定，是雙方人民共同的期待。未來，我們願意以最大的善意與決心，進行全方位、建設性的溝通與對話。在確保國家安全與人民利益的前提下，我們願意就兩岸直接通航、通商、投資、和平協定、軍事互信機制等各項議題進行協商。」這一段談話多少呼應了大陸長期以來關注的議題，而且強調他了解人民對和平與穩定的期待。

二○○○年三月二十九日，陳水扁就宣布要成立兩岸議題的跨黨派小組，做爲總統在兩岸議題上的諮詢單位，並且由當時的中研院院長李遠哲負責籌備並擔任召集人。對民進黨支持者來說，陳水扁所要傳達的訊息是這個小組將取代國統會（否則何必另起此一爐灶），亦即屬於「區別」集合；但對其他利害關係人來說，「跨黨派」三個字傳達了陳水扁不會在兩岸議題上一意孤行的訊息，亦即屬於「穩定」集合。

陳水扁在就職演說中提出了「四不一沒有」的論點：「只要中共無意對台動武，本人保證在任期之內，不會宣布獨立，不會更改國號，不會推動兩國論入憲，不會推動改變現狀的統獨公投，也沒有廢除國統綱領與國統會的問題」。根據唐飛的自傳，陳水扁曾向他表示，講稿已事先給美國過目，換言之，也就是得到美國的認可，因此當陳水扁發表就職演說後，的確發揮了一時的穩定作用。[7]

陳水扁在就職滿月的記者會上更表示，兩岸領導人可以仿效南北韓高峰會模式，在不拘形式、不限地點、不設前提的情況下，坐下來握手和解。[8]

中共以「聽其言，觀其行」回應陳水扁的「四不一沒有」，但也暗示了雙方沒有互信可言，因此需要一段觀察時間，看陳水扁是否能言行合一，同時也爲自己保留一個彈性的政策空間。面對這個新情勢，加上顧忌美國的反應，中共不能不做一番軟硬兼具的表態。當時的總書記江澤民即在三月二十日說：「台灣不管誰當權，我們都歡迎他來大陸談。同時，我們也可以到台灣去。但是對話談判要有個基礎，就是首先必須承諾一個中國的原則，在這個前提下，什麼都可以談。」由此也可以看出，大陸對陳水扁並不信任，因此提出「一個中國的原則」作爲前提，也作爲試金石。

在台灣內部方面，陸委會當時所做的民調，有九成受訪者贊成陳水扁「四不一沒有」的主張。事實上，其他機構的民調，也呈現相同的情況（表3-2）。由此可知，陳水扁在就職時的宣示以及後來展現的善意，符合國內各方的期待。

表 3-2　陳水扁執政初期有關處理兩岸議題的民調

調查日期	調查題目大要	結果	調查單位
4.28.2000	對總統當選人未來處理兩岸關係的能力有無信心	69% 有信心	TVBS 民意調查中心
5.20.2000	是否贊成四不一沒有	71% 贊成	TVBS 民意調查中心
5.20.2000	陳總統就職演說是否具有緩和兩岸關係的作用	75% 具緩和作用	聯合報系民意調查中心
5.20.2000	陳總統就職演說對兩岸關係是否有幫助	64% 有幫助	山水民意研究公司
6.29.2000-6.30.2000	對總統上任一個月來處理兩岸關係滿不滿意	70.9% 滿意	中山大學政治所（東森民調中心）

資料來源：作者自行整理

除了四不一沒有外，陳水扁並沒有在就職演說中正面回應大陸「一個中國」原則，但在「六二○就職滿月記者會」上表示，一九九二年雖然有討論「一個中國」原則，但沒有共識，他並且稱之爲「沒有共識的共識」。陳水扁的談話立即引來中共的批判，緊接著在六月二十七日接見亞洲基金會會長傅勒時表示，願意接受海基會與海峽會當年達成的「一個中國，各自表述」的「九二共識」。陳水扁這一番談話，可謂重大轉變，只是隔天陸委會主委蔡英文就召開記者會否定了九二共識的存在；她認爲雙方沒有結論，只是各說各話。[9]

由於陳水扁與傅勒的談話內容與民

進黨的基本立場有距離，立即引來黨內的批判，包括林濁水、蔡明憲、張旭成、顏錦福等等，可以想見，來自獨派的壓力也不會太小，由此可見民進黨的台獨屬性對陳水扁的政策確有牽制作用。此時的陳水扁，雖然沒有再提「九二共識」，但他仍嘗試尋找一個恢復對話的基礎。

首先是在二〇〇〇年七月的記者會上，陳水扁提出「九二精神」來代替「九二共識」，他認爲「所謂『九二年的精神』，當然是指『對話、交流及擱置爭議』」。第二次是在二〇〇〇年十月十日國慶時表示，兩岸可以「九二香港會談爲基礎」，尋求「雖不完美、但可接受」的方案，作爲進一步推動協商談判的準備。第三次是在二〇〇〇年十二月三十一日的跨世紀談話中，提出「從兩岸經貿與文化的統合開始著手，逐步建立兩岸之間的信任，進而共同尋求兩岸永久和平、政治統合的新架構」。尤其是統合論，不僅民進黨內部不接受，而且由於具體的內涵並不清楚，所以大陸也不信任，仍不足以做爲展開兩岸對話、協商的基礎。

從陳水扁就職第一年的言論可以看出，他是想先開啓兩岸協商的大門，但大陸則是想先確定原則。這也不正就是二〇一六年的情況嗎！此外，陳水扁無法在內部形成兩岸政策的共識，也阻礙了兩岸互信的建立。

李遠哲做爲跨黨派小組召集人，確有意爲陳水扁解套。這個小組在二〇〇〇年九月二日成立，雖然國民黨及親民黨拒絕參與，但仍有新黨及各界人士共二十五位成員組成。李遠哲接受這項任務，代表他的確有心幫陳水扁在兩岸關係上與大陸展開對話。在開幕演講時他曾表明：「在尊重台灣兩千三百萬人民國際尊嚴與根本利益的前提下，我們應該回到一九九二年『各自以口頭聲明的方式表述一個中國原則』的共識，承認在此共識下達成的協議與結論，並在既有的基礎上恢復協商。」[10]只是李遠哲這一番談話與民進黨及陳水扁的距離太遠，[11]在跨黨派小組接下來的幾次會議中，各方立場南轅北轍，雖然都認爲要回應「一個中國」原則，但對於如何回應，始終無法達成共識。

這個小組後來向陳水扁建議的「三個認知，四個建議」，事實上，並沒有成爲陳水扁兩岸政策的依據。從這個成果來看，跨黨派小組的命運可以說是曇花一現，無疾而終。

在四組利害關係人中，有三方希望「穩定」，一方期待「區別」。所謂「區別」，是指有別於過去，有別於國民黨，一方面可以向黨內偏獨人士及支持者有所交代，另一方面才有可能創造多數。陳水扁有關「穩定」的重要談話大部分都是在執政的前兩年，因爲在這前兩年內，他的政權仍不十分穩固，故有必要證明其有處理兩岸關係的能力。

但所謂處理兩岸關係的能力，不能僅只限於單方面的語言層次，陳水扁顯然受到民進黨以及大陸的牽制。

就大陸而言，雖然陳水扁在前兩年有不少是屬於「穩定」性質的談話，但由於陳水扁在「穩定」與「區別」中擺盪，就像滑不溜丟的泥鰍一樣，很難抓牢，難與中共建立互信。在這段期間，筆者曾多次與國台辦官員有過接觸，在其言談中充滿對陳水扁的不信任，幾乎可以說是將其定性，因此中共並不想與之展開對話，亦即不讓其他利害關係人認為陳水扁確有處理兩岸關係的能力。

歷史的機會之窗總是一閃而過。二〇〇〇年陳水扁就職後，擁有社會極高的支持度，而且他相當善於操控話語權，如果能克服黨內雜音，利用此一契機，肯定並堅持九二共識，應該可以改寫歷史，或許兩岸在那時候就有可能復談。然而，民進黨內制衡的力量太強大，中共對陳水扁又極度不信任，對於陳水扁偏向穩定的談話，包括「九二共識」等等，無法適時給予正面的回應。總而言之，由於陳水扁以及大陸彼此的政策選項都受到限制，使陳水扁無法以處理兩岸關係能力來擴大其執政基礎，因此他也不得不走以「區別」來創造多數的途徑。

圖 3-1　民進黨內外夾攻策略示意圖

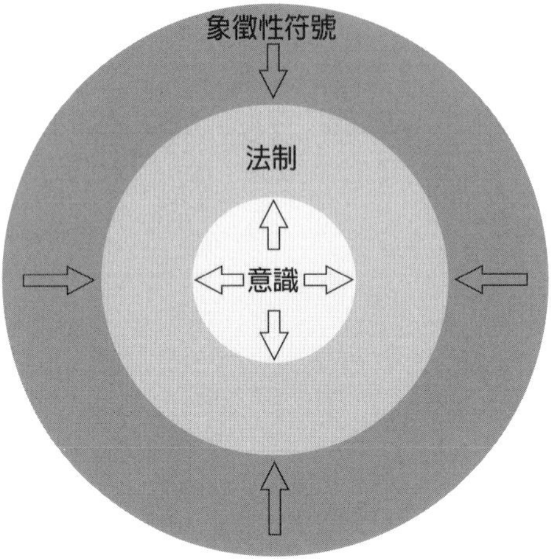

來源：作者自行繪製

創造多數的策略：內外夾擊

如前所述，陳水扁雖然在「穩定」與「區別」之間擺盪，但隨著時間的發展，民進黨政府愈來愈趨向「區別」。陳水扁有關「穩定」的部分，都止於語言的層次，而有關「區別」的部分，則有各種具體的政策在支撐。可以這麼說，「穩定」是表是虛，「區別」是裡是實。從另外一方面來看，「穩定」的部分是以「不作爲」爲基調，「區別」的部分則是以「作爲」來展現。

如前所言，民進黨必須創造多數，才得以維護其繼續執政的地位。要創造多數支持的社會基礎，民進黨必須重新設定議題。民進黨所設定的議題爲台灣意識以及民主意識的雙重強化。話說，誰敢不愛台灣？誰敢反民主呢？

本文將一個社會的認同分爲三個層次，一爲核心層面的認同或意識，中間則是法制，外圍則是象徵性的符號。（如圖3-1所示）就一般國家而言，這三個層次是內外一致，台灣在威權統治時期也是一樣，但從黨外到民進黨成立，民進黨已從核心層的意識開始解構這三層的一致性。等到陳水扁執政，更積極地採取內外夾攻的戰術，亦即一方面從核心確立台灣意識，另一方面在外圍做象徵性符號的變更，但對於法制層面的東西，則維持不動，等到內外條件成熟時，再一舉進行法制層面的變更。

這個策略，事實上也就是「穩定」與「區別」的格局。所謂的「穩定」，指的就是法制層面的穩定，是不作爲；所謂的「區別」，指的就是中間核心台灣意識與外圍象徵性符號，民進黨則是採取積極的作爲。

在外圍的象徵性符號方面，民進黨的作爲有如在切香腸，也就是一塊一塊把原與中華民國或中華有所聯結的符號，予以切離，或者在其上加進「台灣」的元素。從表3-3中可以看出，民進黨從二〇〇一年開始，就開始在各種象徵符號的領域動手。例如：在護照加注TAIWAN；外館更名爲台灣；國公營事業更名，包括中華郵政公司、中船

表 3-3 陳水扁政府切香腸作為

時間	談話	場合
2001. 3. 17	致詞時刻意脫稿，將「當選第十任總統」說成「當選台灣總統」	出席世台會年會
2001. 6. 20	護照加注台灣	行政院新聞局宣布
2001. 12. 29	新聞局廢「中國版圖」局徽	行政院新聞局宣布
2002. 1. 13	正式宣布在護照加注 TAIWAN，聲稱是作為 FAPA 廿週年慶賀禮	出席 FAPA 年會
2002. 8. 3	一邊一國	世台會致詞
2003. 5. 22	陳水扁總統提出「加入 WHO 公投主張」	民進黨中常會
2003. 7. 27	行政院通過「行政院辦理公民投票實施要點」並於9月4日成立「公民投票委員會」	行政院院會
2003. 9. 10	首度在軍方正式場合高喊「台灣人民萬歲」	陸軍官校結訓典禮
2003. 9. 28	陳水扁在宣示在　任後於「2006 年催生台灣新憲法」，並交由公民投票進行確認	民進黨黨慶晚會
2004. 5. 20	在 2008 年阿扁卸任總統之前，能夠交給台灣人民及我們的國家一部合時、合身、合用的新憲法。	第二任就職演說
2004. 5. 26	教育部長杜正勝「逆時鐘旋轉九十度看台灣地圖」	立法院質詢
2004. 11. 10	以台灣史為主	九十五學年度高中歷史課程綱要草案
2004. 11. 25	減少文言文	九十五學年度實施的高中課程暫行綱要

時間	談話	場合
2004. 12. 5	外館正名為台灣，國公營事業正名也去中國化，兩年完成	兼任黨主席之記者會回應台聯正名制憲主張
2005. 5. 7	身分證加注 TAIWAN	謝長廷宣布
2006. 1. 29	台灣不應該自我設限，應認真思考以台灣之名申請加入聯合國	春節講話
2006. 3. 14	陳水扁廢除國統會、國統綱領和公投新憲	接受華盛頓郵報專訪
2006. 3. 4	將推動一部根據法律程序制定的新憲	接受日本讀賣新聞專訪
2006. 9. 14	應認真思考透過公民投票方式，以台灣名義、新會員國身分申請加入聯合國	與「新世紀文教基金會」視訊連線
2006. 9. 28	將「以台灣名義加入聯合國」列為任內必須解決的三大問題之一	民進黨二十週年黨慶大會
2006. 10. 15	認真思考第二共和，凍結目前憲法，制定符合台灣現狀的中華民國「第二共和憲法」，並強調實施時機是「現在進行式」。	出席總統府前資政辜寬敏的八十歲壽宴
2007. 2. 10	中油中船同日通過改名為台灣中油公司與台灣國際造船公司	
2007. 2. 12	中華郵政改名台灣郵政	陳水扁及蘇貞昌揭幕
2007. 6. 18	將在明年大選時一併舉行以台灣名義加入聯合國的公民投票	會見美國傳統基金會會長佛訥
2007. 7. 13	入聯公投復活 半年內展開連署	行政院訴願會逕行認定公投提案合於規定。
2007. 7. 17	以台灣名義加入聯合國	陳水扁致函聯合國祕書長潘基文

時間	談話	場合
2007. 7. 21	中國時報報導教育部日前委託台灣歷史學會進行「教科書不當用詞檢核」計畫，並已完成，教育部隨即函轉各教科書出版社參考。據報導，國父、國畫、國劇等都是不適合用詞；應改為孫中山、中國水墨畫、中國京劇等詞。	台北市教育 e 週報
2007. 7. 28	以台灣名義加入聯合國	陳水扁二次致函聯合國秘書長潘基文與聯合國安理會主席王光亞
2007. 9. 10	台海的現狀就是台灣是一個主權獨立的國家，台灣一定要獨立、正名、制憲、加入聯合國。	日本大阪二〇〇七世台會
2007. 9. 30	1. 民進黨全代會通過〈正常國家決議文〉，決議文指出從「命運共同體」的台灣認同感出發，深化民主價值，強化台灣意識，並體認「中華民國」這個國號已很難在國際社會使用，因此應以「台灣」的名義申請加入聯合國、世界衛生組織等國際組織，且早日完成台灣正名，制定新憲法，在適當時機舉行公民投票，以彰顯台灣為主權獨立的國家。 2. 為順應世界潮流，我國應以「公元」紀年。 3. 政府應促進台灣國家認同，積極推動本土文化及母語，並落實教育台灣化於學校課程。	民進黨第十二屆第二次全代會

資料來源：謝志傳，國家政策研究基金會，http://www.npf.org.tw/post/3/3263

公司；以台灣名義申請加入聯合國等等，不一而足。在這些議題上，國民黨如果反對，則無異於反對台灣意識，如此一來，即有助於民進黨擴大其社會基礎。

本文必須在這裡指出的是，這種內外夾擊，也是一種內外強化。換言之，民進黨利用「台灣意識」來合理化它改變象徵性符號的作為，而改變象徵性符號的作為又進一步強化了「台灣意識」，這使得未來即使發生政黨輪替，也很難再調整回去。事實上，香腸切掉之後，又如何能再接回去？即使想接回去，恐怕成本也不小，這也就是二〇〇八年國民黨贏得大選後的情況。

在象徵性符號與法制面之間，不無模糊地帶，而公投法可以說是從象徵性符號準備往法制層面邁進最重要的一步。在兩岸關係上，公投法一旦通過，民進黨等於是又往前推進到一個新的里程碑，好像切了一塊大香腸，象徵一種勝利。

二〇〇四年的大選，國民黨與親民黨形成聯盟，由連戰與宋楚瑜兩人搭檔挑戰陳水扁與呂秀蓮，與二〇〇〇年的國民黨分裂情況大不相同，因此扁呂二人與民進黨面臨相當的壓力。面對國民黨與親民黨整合後的力量，民進黨必須更進一步強化其動員，推動公投法以及公投綁大選，就成了陳水扁與民進黨面對二〇〇四年大選的兩階段策略。

在二〇〇四年大選之前，民進黨既要挑釁中共，把「台灣意識」轉化為選舉動能，但又不能讓民衆以爲這是在挑釁，因此需要包裝，而民主則是最好的包裝。[12]在這種情形下，對民進黨來說，公投法幾乎可以說是必然的選擇了。簡單地說，民進黨面對二〇〇四年大選的操作，就是以公投來激化兩岸以及兩黨的對立，同時強化台灣意識，以鞏固其執政。

對民進黨的戰略目標而言，公投法可以說是最具關鍵性，也是最具象徵性的一道門檻。公民投票，在成熟的民主社會並不足爲奇，但在台灣，仍具有一定的敏感性。一方面，公民投票是對事的投票；另一方面，公民投票是一種人民意志的展現。因此，一旦兩岸事務成爲公民投票的議題，必然是兩岸關係一項很難掌控的變數。

對民進黨來說，「公投法」具有高度戰略層次的意義。「公投法」這個議題結合了「台灣意識」與「民主意識」，國民黨如果反對，那就成了既反自主又反民主，因此民進黨藉這個議題讓國民黨陷入一個兩難的處境；不管國民黨怎麼做，民進黨都會得利。如果國民黨支持，那等於是民進黨的勝利，國民黨只是拿香跟著拜而已；如果國民黨反對，那等於是反自主，也反民主。[13]

此外，有了公投法，民進黨等於手上隨時握有武器一般，只要抓到有利的議題，就可以藉公投來反對或動員。在台灣，由於民進黨長期以來的操作，統獨議題與族群議題糾葛不清。可以說，民進黨是交叉運作，互相強化這兩個議題。由於兩岸關係牽涉到的事務非常之多，民進黨在這兩個議題上，可以說是用之不盡，取之不竭。因此，民進黨只要有了公投法這項武器，幾乎只要選舉時，都可以使用。從二〇〇四年到二〇〇八年選舉都證明了這一點；二〇一〇年的五都選舉也曾想要推ＥＣＦＡ公投。

公投法通過後，國台辦官員曾在二〇〇三年十一月說：「現在潘朵拉的盒子是打開了，民進黨前進了一大步，取得了重大勝利。」他們了解公投法將是民進黨戰術運用的工具，但他們最擔心的是未來是否會拿國號、領土來做公投的題目。當初國民黨想要利用蔡同榮版本來逼民進黨表態，但中共反而怕假戲眞做。這名官員曾說：「現在維繫兩岸就是這麼一點點了——國號和領土。」蔡英文現在要在中華民國憲政體制下推動兩岸關係，可以說是掌握了關鍵的第一步，但仍不足以做爲建構互信的基礎。

民進黨在野時期，沒有實力推動公投法，但在執政之後，掌握了國家機器，同時利用民主來包裝，取得了相當的民意支持。在民主化初期的國家，訴諸直接民權，如公民投票，相當有說服力，台灣也不例外。民進黨就是利用這種帶有民粹式的手法來推動公投法。根據ＴＶＢＳ二〇〇三年六月二十七日的民意調查，四六％的受訪者同意公投可以讓人民表達意見、解決爭議，也有超過半數受訪者贊成公投決定台灣是否加入

WHO（五八％）、核四是否繼續興建（五四％）、以及立委席次是否減半（六九％）等議題。[14]

民進黨當時是執政黨，手握龐大資源，並且由陳水扁帶頭推動公投法，對國親陣營所形成的壓力不言可喻。二〇〇三年九月二十八日，民進黨在台中市體育館舉行十七週年黨慶時，以「國會改革、公投上路」爲主題。陳水扁當時身兼總統與黨主席二職，他在黨慶大會上表示，二〇〇六年民進黨將和兩千三百萬台灣人民共同催生台灣新憲法。二〇〇三年十月二十五日民進黨又緊接著在高雄市舉辦「全民公投、催生新憲」大遊行。最後則是陳水扁依據公投法，提出在大選時同時進行防禦性公投。陳水扁與民進黨這一連串的動作，形成一波波的壓力，一方面不斷動員其支持者，另一方面也讓國民黨無可迴避。

台灣仍然處於民主化的早期階段，民主尚未鞏固，一般民衆對民主概念的理解，往往將投票與民主劃上等號。因此，任何東西只要拿投票來包裝，就具有說服力，公投法正是如此。國親兩黨自然了解，陳水扁總統推動公投法，不是基於對民主的信仰，而是出自戰略以及戰術上的考量。爲化解其策略，國親兩黨不得不提出對策，並修正具有危險性的統獨公投。然而國民黨的做法，是在民進黨所設定的議題內作戰，討不到便宜。

如同美國學者 William Riker 所說，選舉時設定議題的能力，也就是藉議題將多數劃歸自己陣營的能力，是致勝的關鍵。民進黨在二〇〇〇年大選是向中間靠攏，但二〇〇四年大選則是透過民主與台灣意識的議題設定，來創造新的多數。他藉這兩個議題把民進黨設定為支持民主與台灣意識的政黨，尤其是在公投法的操作上，國民黨處處顯得被動，反對公投法就好像反民主，最後則是不得已讓公投法通過。而陳水扁此一議題的設定，也是他所創造的「穩定」與「區別」兩個集合最大的交集。

三、台灣意識的建構與運用

民進黨創造永久多數的策略是內外夾擊，但根本核心還是在於台灣意識的建構與強化。

台灣的「民主化」過程一直與「本土化」的概念有密切的關聯，並且從一開始的「本省人 vs. 外省人」概念架構演變成「台灣意識 vs. 中國意識」。這個過程與結果，對台灣的未來有著很深的影響。國民黨在兩次（二〇〇〇年及二〇〇四年）失敗後，因為陳水扁政權的貪腐而得以暫時迴避此一問題，但不面對的結果，就是二〇一四年以後兩次更慘烈的失敗，甚至於可能一蹶不振。

從一九四九直到一九九○年代初期，兩岸之間雖然對抗的程度開始緩降，但「中國意識」以及「大一統」思想一直還是社會的主流。然而在一九七○及一九八○年代的黨外時期，反對人士就開始以「族群議題」做爲追求民主化的核心價値，並且把二二八事件後在社會上形成的「台灣人」與「外省人」區分賦予政治上的意義，讓彼此對立。也就是說，民進黨把「外省人」視爲統治者，界定爲政治上的優勢族群，而本省人雖然在人口比例上最高，卻是被統治者，是政治上的弱勢族群。因此民主化就成爲「本省人」對抗「外省人」的威權統治了。

根據王甫昌的研究，一九八四年時，台灣一般民衆並不認爲「本省籍人士」相對於「外省籍人士」是政治上的弱勢者，但到一九九四年時，本省籍民衆主觀的政治權力相對剝奪感，反而大量增加。[15]王甫昌認爲，反對陣營對於國家定位的挑戰，以及「省籍不平等」議題的公共化，是促成族群不平等意識由政治精英散播到一般民衆的主因，尤其是政治精英出版各種書籍刊物，以及媒體對這個議題關注。[16]

在國會全面改選以及總統直選之後，原來的族群對立議題漸漸淡化，而另一個相關的「台灣意識 vs.中國意識」議題漸漸取而代之。[17]這兩者之所以相關，是因爲它們都是在「國家定位」的基礎上發展而來。從這個角度來說，民進黨所欲建構的「台灣意識」，是「中國意識」的異化，與「中國意識」互不相容。

就邏輯而言，「台獨意識」必然是「中國意識」的異化，但「台灣意識」不必然一定是「中國意識」的異化。就像陳昭英對日據時期的描述：「在日本以武力強行切斷中台關係，甚至以武力、以利益欲清除台灣人心中的中國時，台灣人反而以無比勇敢堅定的態度確立了祖國意識，我們能不承認祖國意識是台灣人主體性的充分表現與重大成就嗎?由於台灣人以中國為父母之國，台灣意識自然也是以中國意識為起源，中國文化、漢民族的特有生活方式在台灣的樣貌，是形成『中國式台灣意識』的文化基礎。」[18]

李登輝及民進黨所推動的本土化運動，既是一種文化運動，也是一種意識建構運動，更是一種以權力分配為主要向度的政治運動。[19]國家統治機器由誰掌握?在民主化之前，的確是掌握在「外省人」手中，雖然蔣經國執政時大量起用「本省人」，但主要仍是外省人為主。因此，政治上的本土化，某種程度而言，就是由「台灣人」來掌握國家機器，所謂「台灣人當家作主」，就是這個意思。

李登輝在一九九五年首次稱國民黨政權為外來政權，引起極大的震撼，因為這是第一次赤裸裸地把「台灣人」與「外省人」對立起來。[20]依此邏輯，國民黨政府由大陸撤退來台，以外省人為核心，是外來政權，只有以台灣人為主體的政府，才是本土政權。

從此以後，不論是李登輝或陳水扁，只要遭遇到政治上的挑戰，就常運用「外省人欺侮台灣總統」這種說詞來動員支持者。[21] 蔡英文擔任民進黨主席後，更進一步地說中華民國是「流亡政府」，其實是與李登輝等一脈相承。[22]

除了台灣內部的社會基礎外，兩岸的對抗結構也有利於民進黨的操作。中共以及中華人民共和國從未統治過台灣，卻宣稱擁有台灣的主權，主要的法理即在於中華人民共和國繼承了中華民國，因此中共難以接受中華民國，只可能和政府打交道。民進黨與蔡英文指出中華民國是流亡政府，即在於切割台灣與中華民國的關係。如果台灣屬於中華民國，那中華民國就不是外來政權，更非流亡政府。在自己擁有的土地上的政府，不會是流亡政府，只有跑到別人土地上的政府，才是流亡政府，就像西藏在印度的流亡政府。

民主化之前，兩岸關係雖然敵對，大中國意識仍然是主流。但在民主化的過程中，兩岸敵對的結構，就提供了強化台灣意識很好的議題素材，這樣的例子不勝枚舉。

在這個邏輯思維下，由於社會意義上的「台灣人」遠遠大於「外省人」，一旦這些台灣人也接受了政治意義上的區分，那民進黨將永遠是多數黨，也就是說，民進黨永遠是執政黨。

台灣意識的形成，本身就是一種識別系統，除了在內部區分之外，也可在外部區分台灣與大陸。民進黨執政後，掌握了執政優勢與資源，更積極地強化台灣意識，使內部區分與外部區分相互強化，這一切也都展現在去中國化的政策上。

雖然前總統李登輝在位時期，已開始逐步建立台灣意識，但並沒有積極地「去中國化」。民進黨執政後，開始進行「去中國化」的工程。民進黨執政時的教育政策及考試政策最能展現此一方面的企圖。例如減少文言文比例、九十五學年度高中史課程綱要採中國史與台灣史的對立，並減少中國史，增加台灣史。執掌國家考試權的考試院在民進黨執政期間，亦涉入所謂「去中國化」的政策，例如二〇〇三年國家考試曾出現閩南語試題而引起議論，考試委員林玉體於二〇〇四年主張國家考試只考台灣史地；二〇〇八年一月考試院甚至於院會中討論國家考試廢考國文的提案。[23]

除此之外，從民進黨執政後，學術機構開始成立以台灣研究為主的學系，包括國立政治大學、中興大學、國立台北大學、國立成功大學、國立彰化師範大學、國立清華大學、國立高雄師範大學、中正大學等等，有如一股風潮。[24]在學術界的這一番變化，有很深遠的意義，它象徵政治性的本土化已從政治的範疇走向了學術範疇。簡而言之，本土化已是沛之莫能禦的大趨勢。

圖 3-2

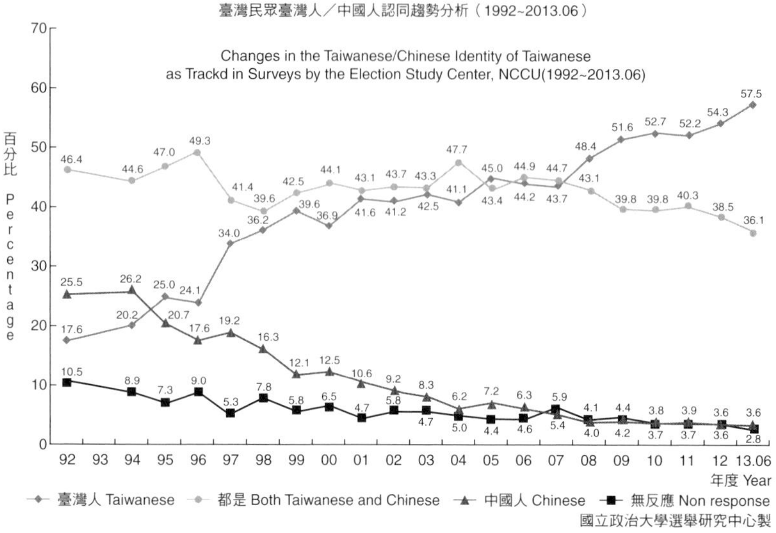

在學理上可以清楚分辨的概念，在實際政治中，往往因爲民粹的操作，而混淆不清。台灣的民主化只有短短十幾年的時間，然而社會並沒有深厚的民主文化與民主價值，因此很容易受到民粹的操作。

在民主化的過程中，以本土化來建構與「中國意識」對抗的「台灣意識」，並且做爲分化社會的工具，李登輝及民進黨的確取得了一定的成果。根據政治大學選舉研究中心長期以來所做的民調，可以發現這樣的變化。由圖3-2可知，認爲自己是台灣人的比率在一九九二年時爲一七・六%，一九九六年總統大選時上升到二四·一％，二〇〇二年超過了四成，達到四一％，二〇一〇年時則突破了五成。相反的，自認為是中國人者，從二五·五％降到三·九％。値得注意的是，自認為兩者皆是者，也就是「台灣意識」與「中國意識」可以並存的民衆，在一九九二年時為四六·四％，到了二〇一〇年時也仍有將近四成。

民進黨所建構的「異化的台灣意識」以及民衆在身分認同上的變化，無可諱言，已經形成了一個趨勢，這個趨勢變化，將是對國民黨的一大挑戰。事實上，歷次民調的變化正顯示出「台灣意識」是特定時空下建構的產物，可升可降。就像卜睿哲所說：「台灣意識十分複雜，但可以打造。」[25]對國民黨來說，必須在這裡找到一個能和民進黨有所區別的軸線，同時要思考如何去擴大這種非異化的「台灣意識」的群衆，否則將面臨極大的危機。

四、格局依舊，形勢更險

令人驚訝的最後一哩路

從黨外到民進黨，這一路發展下來，民進黨所強調的意識型態已深入其支持者心中，後來又透過去中國化的教育延伸到年輕人心中。從戰略的方向而言，反對一個中國，強調台灣是主權獨立的國家，可以說是民進黨內一致的共識。然而，民進黨在戰術層次上，也就是如何和大陸開展互動關係，始終無共識，而二〇一二年大選之後，更為凸顯。[26]

二〇一二大選時，蔡英文聲勢並不弱，但最後仍以約八十萬票的差距敗給馬英九。不少評論皆認為兩岸政策是敗選的主要原因，也是蔡英文邁向總統之路的最後一哩。根據童振源的分析，「兩岸經濟選民總計約七．〇五％。四．二五％的選民因為兩岸經濟因素轉向支持馬英九」，與大選結果相差不遠。[27]如何縮短這最後一哩路，似乎成為蔡英文與民進黨的挑戰，但由此一挑戰，也可看出民進黨內對此並無一致的看法。

自從二〇一二年敗選之後，民進黨內部即有再一次舉行「中國政策」辯論之議，但當時的蘇貞昌主席始終興趣不高。蘇貞昌在同年六月七日接見美國企業研究院（AEI）訪問團時表示，台灣是一個主權獨立的國家，台灣不隸屬於中華人民共和國，任何獨立或現狀的變更，都要經過全民公投的決定。他並且認為，立場上長期堅持是對的，但態度與方法上可以與時俱進。[28]

蘇貞昌的說法，可以說是一字不漏地引用民進黨在一九九九年通過的〈台灣前途決議文〉。在他主席任內，幾經周折之後成立了「中國事務委員會」。當時雖也有人建議用「大陸」或「兩岸」以取代具有兩國論意涵的「中國」，但未獲採納。其實，由蘇貞昌接見AEI時所講的話，這樣的結果並不令人意外。然而，這背後還有更深一層的原因。民進黨深知語言使用對於深層意識的影響；長期以來，「中國」一詞已被用來指涉大陸，以和台灣形成政治上的區隔，並已發生效果，民進黨怎麼可能在此時反而回頭去用「大陸」這樣的字眼呢！

蘇貞昌任主席時，謝長廷在兩岸政策上與蘇貞昌互別苗頭。謝長廷早在二〇〇〇年三月就提出「《中華民國憲法》也是一種一中」的說法。二〇〇五年五月二十日，他在行政院長記者會上說：「『憲法一中』這個名詞，我是贊成的。《中華民國憲法》有『一中』的架構……在未修改前，政府有義務遵守。」二〇〇七年謝長廷在民主進步黨總統提名選舉中，再次提出憲法一中，但民進黨內部並無迴響。[29]二〇一一年謝長廷投書《自由時報》，提出「憲法共識」的理論，「在台灣內部建立憲法重疊共識；對兩岸，則以『憲法各表』來取代『一中各表』」。他認為，「在民進黨否認有『九二共識』與『一中各表』的情況下，也應提出替代案，因此我提出『憲法共識』」。事實上，謝長廷的說法在民進黨內一直是邊緣的看法，而且常受到獨派的批判。[30]

儘管蘇貞昌對謝長廷的主張是採取冷處理的態度，謝長廷卻因此展開了與大陸的互動。謝長廷的主張是民進黨內與大陸距離最接近的主張，如果大陸對此一主張仍一視同仁地抵制，恐怕會扼阻了民進黨調整立場的可能性。二〇一二年十月，也是民進黨再度敗選而士氣低落的一年，謝長廷藉著所謂國際調酒大賽的機會到大陸參訪，與國台辦主任王毅及海協會會長陳雲林會見並餐敘，且會晤兼任「中共中央對台工作領導小組」祕書長的國務委員戴秉國，可見大陸的重視與用心。二〇一三年六月底，謝長廷到香港出席由台灣維新基金會和大陸中國社科院台研所共同舉辦的「兩岸關係的發展與創新」研討會，並於會後赴深圳以探訪台商之名，會見了新任國台辦張志軍主任。雖然謝長廷與大陸之間的想法仍有距離，但雙方的互動仍具有象徵性意義。

在這段期間，民進黨籍的縣市首長也藉各種機會到大陸參訪，包括陳菊、賴清德、蘇治芬等等。除此之外，蔡英文邀請大陸學者到小英基金會演講，不少民進黨卸任或現任的立委亦藉各種名目到大陸參訪。當然，不少大陸學者來台灣時，參訪民進黨也不再是禁忌，但彼此交往程度有多深，仍是問號。

這些現象有兩層意涵。第一，大陸積極與民進黨交流，希望能藉此機會有助於民進黨在兩岸政策上轉型，並爲兩岸一中框架的制度化打下基礎。第二，則是民進黨內有一部分力量希望藉這些交流打開民共交流的大門，或爲自己增加實力，或爲強化自身處理兩岸事務能力的形象。

就在謝長廷從深圳回來不久，即二〇一三年七月，民進黨開始舉行長達半年共九場的華山會議，會中亦針對兩岸政策進行討論，謝長廷依舊提出憲法各表的主張，但被蘇貞昌運作的憲政共識所取代。柯建銘還提出凍結台獨黨綱的建議，但也遭到批判。在這種沒有共識的情況下，最後通過的自然是不痛不癢的「二〇一四對中政策檢討紀要」。

二〇一二年大選之後謝長廷有關兩岸的言行，多少反映出一種對現實的認知，亦即民進黨如果不調整兩岸政策，可能成爲阻擋執政的大石，而且即使民進黨執政，也無法妥善處理兩岸關係。謝長廷在二〇一四年一月接受《中國時報》專訪，他表示：「民進黨兩岸政策要有逾六成滿意度才能叫台灣共識。換言之，這種共識不可能沒有國民黨的影子，否則就只是民進黨共識。」由此可知，謝長廷的觀察來自於大陸的變化，也來自於兩岸交流互動以台灣內部分歧的現實。然而，謝長廷的想法並沒有得到蘇貞昌以及蔡英文的支持。

面對民進黨內的獨派，謝長廷曾在二〇一二年表示，「保護台灣就是保護中華民國」，而且他主張在現行中華民國憲法的基礎上爭取台灣人民最大的利益，與大陸交流，讓台灣穩定。他也語重心重地指出，民進黨不能在未執政時，講重鹹的話，等到執政時再退讓，更重要的是，雙方都應在現狀下去發展、謀求幸福，等到後代有智慧，再去解決兩岸的問題，不要製造衝突及仇恨。謝長廷這一番話，如果不引述其名，恐怕很多人會以爲這是國民黨政府高層的講話。

然而，太陽花學運改變了這最後一哩路。民進黨內幾乎沒有人料到過去耕種台灣意識的努力，會在此時此刻突然以太陽花學運的形式開花結果。就像林濁水所說，「儘管在主權立場、對中國態度、經貿政策三個政策層次，兩黨在近三十年的角力中互有勝負，三個層次加總起來，直到二〇一四年六月以前，民進黨還是輸給國民黨，但是到了二〇一四年底選舉時終於全面翻盤。本來，依『華山會議』的調查結論是，在兩岸關係上，藍綠較勁，民進黨贏在國家定位、主權立場而輸在具體政策，換句話說，主權立場/具體政策，藍綠各擅勝場，二〇一四年底逆轉之後，國民黨已經立場和政策兩樣全輸了。現在儘管有人還在主張民進黨要在兩岸政策上找出轉型之道，讓民進黨走完執政的最後一哩路；但是實際上，兩岸議題已經從民進黨的罩門倒過來成爲國民黨的罩門，該煩惱執政的最後一哩路怎麼走的，已經輪到是國民黨了。」[31]

太陽花學運之後，謝長廷所代表的看法，基本上已經邊緣化，尤其是在二〇一四年底的九合一選舉後，更爲明顯。甚至於所謂的謝系立委，都不曾呼應謝長廷的主張，可見其在黨內的兩岸立場眞的是形單影隻。這個情勢，基本上促成了民進黨內意見的趨同性，原來的一哩路已經產生質變。

兩岸關係的輪迴

二〇一六年的總統大選，結果就像二〇〇八年的大選一樣，不令人意外，民進黨完全執政。未來的兩岸關係究竟會如何發展呢？其實，蔡英文所處的格局與陳水扁執政時幾無二致，有如兩岸關係的再度輪迴，然而形勢更爲險惡。

蔡英文仍然跳不出「穩定」與「區別」所構成的格局，亦即初期重穩定，但愈來愈走向區別；而且穩定爲虛爲表，區別爲實爲裡。然而，蔡英文比陳水扁更受到這個格局的制約。

陳水扁執政初期，曾嘗試跳脫格局，例如提到九二共識及統合論，但都遭到黨內反對，後來陳水扁爲了創造多數，反而走向強化格局之路，亦即以區別爲實，以穩定爲虛。至於蔡英文，則是乘著太陽花所代表的台灣意識浪潮，登上最高峰，很難想像她會接受「九二共識」或「兩岸同屬一中」這樣的說法。

民進黨的支持群衆，尤其是年輕世代，本質上希望藉這一次選舉來顚覆九二共識，讓台灣未來不再受九二共識框框的限制。對民進黨支持者來說，九二共識即使有「各表」，但「一中」兩字有如芒刺在背，早就希望將它徹底顚覆。陳水扁當年說九二共識就是投降共識，反映的正是民進黨支持者的心理。在這次選舉前，親綠學者認爲九二共識是騙術，《自由時報》在選前也一再否定九二共識，選後更發表「九二共識在台崩解」、「九二共識徹底死了」的評論。[32]蔡英文拿到六百八十九萬多票，又面對群衆、學界以及媒體反對九二共識的壓力，反而讓她在這個議題上更難讓步。

然而，蔡英文所面對的形勢比二〇〇〇年時更險，因爲：（一）兩面擠壓的壓力都比陳水扁執政時期更爲強大；（二）大陸的實力已非昔日吳下阿蒙。

太陽花學運出乎民進黨意料之外，大陸的強硬態度恐怕也出乎民進黨的意料之外。二〇一四年七月蔡英文接受《天下雜誌》專訪，談到兩岸關係時，她說：二〇一四年底的選戰「如果打好，連中國都會朝民進黨方向來調整。如果他們覺得，一六年最有可能贏的是民進黨的話，他們自動會去創造那個條件……中國一調整，美國人就沒有什麼好講的。」[33]但從二〇一五年開始，大陸就開始對九二共識強硬表態。

二〇一五年三月四日兩會期間，習近平藉機表示「九二共識」是兩岸共同的政治基礎，如果基礎不牢，將會地動山搖。同年五月朱習會，習近平又堅持「九二共識」、反對「台獨」是兩岸關係和平發展的政治基礎，其核心是認同大陸和台灣同屬一個中國。同年八月兩會會談後，國台辦主任張志軍在接見海基會協商代表團時也說，「如果沒有『九二共識』的共同政治基礎，在這一基礎上建立的政治互信以及相關制度化協商機制就會坍塌。」九月十六日國台辦記者上，發言人馬曉光再一次重述張志軍主任的講話，如果沒有「九二共識」的基礎，兩會協商的機制一定坍塌，而且在這一根本性問題上，任何負責任的政黨都必須做出明確回答。但最戲劇性的還是十一月六日的馬習會，習近平再一次強調九二共識與兩岸同屬一中是兩岸關係定海神針。

其實，九二共識對大陸來說，是過去十餘年來在兩岸關係中建立的灘頭堡，具有戰略意義。即使在大選結束之後，從習近平、俞正聲、張志軍到王毅等，口徑完全一致，不是九二共識，就是兩岸同屬一中的核心意涵。換言之，中共在九二共識上已付出了大量的政治成本，也可以說是難以承擔的沉沒成本，一旦失去九二共識的灘頭堡，內部的政治效應恐怕難以估量，相信這個後座力也不是習近平可以承受的。

在這雙重壓力的擠壓之下，蔡英文才會在選前說出「溝通、溝通、再溝通」的話，這多多少少反映她已了解，大陸不太可能因爲她的勝選而改變其政策。就在蔡英文勝選當日，國台辦即發表聲明：「我們的對台大政方針是一貫的、明確的，不因台灣地區的選舉結果而改變。我們將繼續堅持『九二共識』，堅決反對任何形式的『台獨』分裂活動。在維護國家主權和領土完整的重大原則問題上，我們的意志堅如磐石，態度始終如一。我們願意與所有認同兩岸同屬一個中國的政黨和團體加強接觸交流，與兩岸同胞一道，維護兩岸共同政治基礎，維護兩岸關係和平發展和台海和平穩定，共創中華民族偉大復興的光明未來。」這當然不會是臨時起意的聲明，而是代表大陸對蔡英文執政後的政策已經定調，難有轉寰的空間了。

除此之外，亞洲基礎設施投資銀行（簡稱亞投行）在大選後的隔日開業，行長金立群舉行上任記者會，有媒體問到台灣選舉對未來申請加入亞投行會有什麼影響，他回答：「亞投行協定第三條第三款規定，不享有主權或無法對自身國際關係行爲負責的申請方，應由對其國際關係行爲負責的銀行成員同意，或代其向銀行提出加入申請。」[34]這樣的說法，雖然與其二〇一五年十月的說法基本上並無差別，但語氣更重。老實說，這不是一個好的開頭。

「維持現狀」說有效嗎？

如同陳水扁當選之後採取穩定作爲一樣，蔡英文也釋放各種穩定訊息。一月二十一日自由時報刊載蔡英文的專訪，對於如何維持現狀，她提到了在既有政治基礎上維持現狀，而既有政府基礎包括四項元素：「第一，是一九九二年兩岸兩會會談的歷史事實，以及雙方求同存異的共同認知。第二，是中華民國現行憲政體制；第三，是兩岸過去二十多年來協商和交流互動的成果；以及第四，是台灣的民主原則以及普遍民意。」[35]這個說法其實並不令人意外，這是蔡英文在雙邊擠壓下所能提供的說法，然而，國台辦發言人隨後即表示，「『九二共識』是兩岸關係和平發展的政治基礎，其核心意涵是兩岸同屬一個中國，只有繼續堅持和維護好共同的政治基礎，兩岸關係和平發展才能行穩致遠。」[36]

但更值得注意的是張志軍在三月八日的談話，他指出：「不承認『九二共識』的歷史事實，不認同兩岸同屬一中的核心意涵，就是改變兩岸關係和平發展和台海和平穩定的現狀。」[37]換言之，大陸根本不容許在九二共識上有模糊空間，而且直接挑戰蔡英文的維持現狀。三月十七日大陸又與甘比亞建交，民進黨立委認爲是馬英九外交休兵的失

圖 3-3 民進黨執政後兩岸關係發展路徑圖

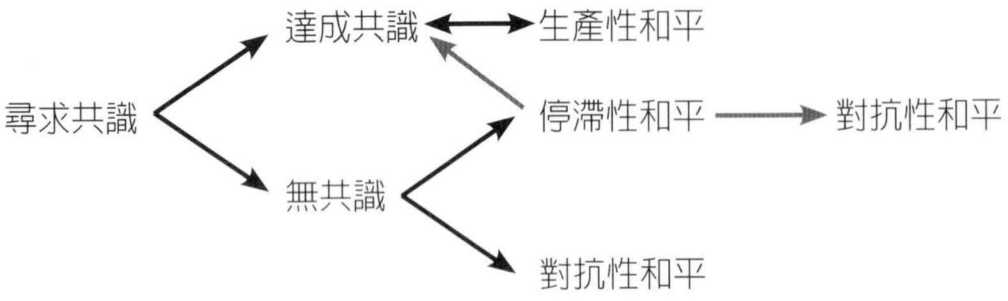

敗，但事實上，大陸傳達的訊息很清楚，就是希望民進黨能夠認眞嚴肅對待他們所說的話。卜睿哲也認爲，與蔡英文求同存異似乎不是北京的目標，包道格在四月時也認爲兩岸緊張是可能的結果。[38]由此可知，這一條路前途依舊未卜，現在互信問題與九二共識綁在一起，這個難解的結如何解開，將是蔡英文總統最大的考驗！

其實，大部分的民進黨菁英都了解兩岸經貿關係已密不可分，台灣已不可能自外於中國大陸的發展，但基本上對於主權分立的立場是一致的，他們也期待大陸能放棄一中原則與九二共識來與民進黨政府交流。[39]換言之，民進黨是抱著政經分離、擱置主權爭議的態度來面對兩岸關係，而以當前的情況來說，民進黨與大陸唯一的戰略交集是和平，但可能只是冷和而已。蔡英文已說過不會挑釁大陸，大陸也不至於因蔡英文不對九二共識表態而採取激烈的反制措施，但兩岸原有的交流合作，包括兩會協商、協議主管機關溝通、兩岸事務主管機關交流與熱線等等，可能會停頓。換言之，兩岸能維持和平的現狀，但究竟是停滯型和平（stagnant peace）、對抗性和平（hostile peace）還是生產型和平（productive peace），關鍵就在於九二共識了。

對抗性和平

大體而言，民進黨執政後的兩岸關係發展，不外如圖3-3所示的路徑圖。誠如蔡英文在選前所言，會與中國大陸尋求「溝通，溝通，再溝通」，溝通的目的當然是想處理九二共識的問題，如果雙方能達成共識（九二共識或新共識），那就能延續兩岸的交流合作，是一種生產性和平。如果不能達成共識，民進黨政府也不挑釁，那可能進入停滯性和平；大陸雖不至於文攻武嚇，但既有的各種協商管道與協議溝通機制將無法運作。如果雙方無共識，也可能進入對抗性和平（hostile peace），陳水扁執政時期大概就是這種狀況，包括外交戰場上的交鋒等等。值得注意的是，停滯性和平可能持續一段時間後，雙方能達成共識，但也極有可能因爲某些事件而發展爲對抗性和平。

這三種和平狀態，以對抗性和平對台灣最不利，因爲台灣目前的實力已不利於進行對抗性和平，而且在這種狀態下，台灣無法專注於提升自己，改善自己。從戰略的觀點來看，維持和平的現狀，對台灣來說，其實就是爭取時間。有人期待大陸未來出現質變，如民主化或崩潰，看台灣能不能從中獲得獨立的機會，但這種寄希望於大陸的期待畢竟還是消極的，最重要的是台灣如何利用時間為自己創造更大的效益。

民進黨創造永久多數的策略，在二〇一六年已可看到成效，讓蔡英文走完了執政的最後一哩路，但兩岸的最後一哩路，依舊是荊棘在前。

五、關鍵在互信

民共兩黨八字不合，如何開展對話，關鍵在互信。信任，就像一道大門，把民共之間隔開，問題是怎麼找到開門的鑰匙。或許有人認為，中共與美國共和黨也是八字不合，卻能在七〇年代展開對話，並進而開展合作，為什麼民共之間就不能呢？這兩種關係，其實無法類比，但也可由此看出台灣的難處。

首先，中國大陸當時與美國有共同的敵人：蘇聯，而且彼此有一定的實力，都無法征服對方。但中共與民進黨沒有共同的戰略敵人足以促成對話與合作。

其次，雖然白邦瑞認為「不是尼克森走向中國，而是中國走向尼克森」，因為一九六九年春天時毛澤東就召集四位軍事將領陳毅、聶榮臻、徐向前和葉劍英，探討中國是否應該打美國牌。[40]然而，尼克森在一九六五年及一九六七年訪問法國與德國時，不論戴高樂及艾德諾都認爲美國如果要在亞洲扮演角色，就必須與中共和解。尼克森選舉前一年，也就是一九六七年，在《外交》雜誌上撰文表示：「我們這個小小星球，不容十億人群活在憤怒的孤立狀態中，中國若不改變，世界不會安全。」[41]但更重要的是，尼克森爲了改善與中國大陸的關係，把台灣當成伴手禮。先是中華民國在聯合國的席位讓給大陸，一九七二年他訪問大陸時，除了簽署上海公報之外，還表示「他願意犧牲台灣，因爲一旦美中開始合作，台灣對美國就不再具有戰略重要性」。[42]他甚至承諾在他的第二任期內會切斷和台灣的外交與軍事關係。

建構信任的四大條件

個人認爲，國際關係中信任的建構，有幾個重要的條件：共同性、一致性、確定性以及突破性。從這個幾個條件來看，民進黨和中共要建立互信，眞的是緣木求魚。

共同性，主要是指雙方戰略利益的交集而言。民進黨的DNA與中共完全不同，一個是「一個中國」，一個是「一邊一國」，兩者之間南轅北轍，有如一道難以跨越的鴻溝。國民黨與中共雖然對一個中國的內涵有爭議，但基本上都認爲只有一個中國，雙方在二〇〇五年共同發布的五項願景，都將彼此共同的政治基礎列入文字，形成互信的基礎。連戰二〇〇五年的和平之旅，有如黑暗中的一躍，現在蔡英文總統能夠躍出這一步嗎？

事實上，雙方的戰略距離遠比想像中大。對蔡英文來說，她是在太陽花浪潮之後當選，泛綠陣營中反「九二共識」已是共識，如果她躍出這一步，或許兩岸可以改善，但自家後院立刻著火，使得她的各項內政推動反而更爲困難。

就一致性而言，包括了時間前後的一致性、言行的一致性。時間前後的一致性，是指前後的行爲一致，不會變來變去，這樣才有可預測性。陳水扁執政一開始，各種說法翻來覆去，何況像宋楚瑜與陳水扁會面後又翻臉的情形，的確讓中共無法信任陳水扁。至於言行的一致性，就如前面所述，陳水扁在言語上表現「穩定」，在政策上展現「區別」的不一致，也讓中共心存疑慮。[43] 蔡英文過去參與兩國論以及否定九二共識的紀錄，也是一塊阻礙信任建立的大石，而當一致性條件較不足時，確定性與突破性就顯得更爲重要。

確定性，可以說是兩岸在政體不同的情況下，非常重要的一個條件。確定性，是一種正式的、組織的決策，而不只是領導人的談話而已，它同時也必須是無法收回

（irrevocable）的表示，就像中美之間所簽署的公報以及國共之間的新聞公報。[44] 換句話說，陳水扁執政時，個人的表態還不足以形成確定性，它必須經過民進黨內部的組織程序所形成的政策，才能夠做爲建構信任的基礎。事實上，民進黨有關台灣未來的決議，從台獨黨綱、台灣前途決議文，到正常國家決議文，都與大陸的戰略利益有距離，除非有新的決議文，並且與大陸找到戰略利益的交集，才能建立確定性。

爲什麼民進黨在二〇一三年底的華山會議中出現了所謂凍結台獨黨綱的聲音？如果通過，這即是一種具有「確定性」的意思表達。蔡英文在二〇一五年雖然提出有關維持現狀的說法，後來更提出「溝通、不挑釁、沒意外」的三原則，似仍不足以構成「確定性」的要件。中共在二〇一五年不斷強調九二共識的重要性，甚至在馬習會中由習近平再一次表明這是定海神針，應該也是希望蔡英文以及民進黨有「確定性」回應的一種期待。

敵對的雙方，想要建立信任展開合作，並非易事，從中東的衝突就可以知其一二。學者指出，在這種情況下，想要建立信任的一方，就必須採取足以讓對方改變認知的行動，而這種行動往往成本很高，或者說具有突破性。[45] 例如蘇聯的戈巴契夫在冷戰結束前所採取的一連串行動，都是西方世界當初未預料到的，具有相當的突破性，也加強了西方對蘇聯意圖的信任。尼克森出賣台灣也是一種突破性，讓大陸願意跨出信任的一步。

民共八字不合，民進黨菁英自己也是心知肚明。[46]國民黨的九二共識是順著國統會決議，一直在這個軌道上前進，但現在的民進黨及其支持者卻想換軌，可大陸是否願意接受或者是忍受換軌呢？童振源認爲民進黨的兩岸政策必須遵循三項原則：「讓台灣人民滿意、美國接受與大陸忍受。」因此他建議：「第一，凍結台獨黨綱與通過中華民國決議文；第二，朝野簽署『國家前途民主決定公約』與推動在總統府之下成立兩岸和平發展委員會；第三，推動『憲法各表』做爲兩岸關係發展的兩岸共識；第四，以『民主中國』與華人認同搭建和平發展的兩岸社會橋樑。」[47]這四個建議其實就是中共所擔心的，因爲所謂「中華民國決議文」即「台灣就是中華民國，中華民國就是台灣」，可以說是變相的台獨。民進黨的台灣前途決議文即是此一心態，認爲台灣是一個主權獨立的國家，國名爲「中華民國」。由此可以理解大陸爲什麼難以信任蔡英文所說的，依「中華民國憲政架構」來進行兩岸交流。

兩岸資深記者王銘義曾報導二〇〇〇年九月李光耀在台灣首次「政黨輪替」後再度訪台，當時，扁政府的國安會祕書長邱義仁、陸委會主委蔡英文等人，還曾專程前往大溪鴻禧山莊的「寰鼎別館」向李光耀請益。李光耀當時曾問蔡英文：「『民進黨政府如何看待未來十年至二十年，台灣與中國的政經關係？』蔡英文據實相告，因台灣政黨生態複雜，新政府對近期情勢演變，有時都難以掌握，對未來兩岸關係的發展，確實仍未具體思考。據蔡英文事後對筆者的轉述，李光耀對新政府國安團隊的回答，露出難以置信的表情：『你們負責中國政策的決策官員，怎能不去思考未來十年至二十年的兩岸關係發展？這是攸關你們台灣下一代子孫生存發展的重要問題啊！』」[48]這段話，說明了格局對民進黨的限制，今天聽起來，仍然是暮鼓晨鐘。

---

1 艾琳達，〈台灣民主運動的社會起因——七〇年代末期美麗島雜誌的形成〉，http://www.linda-gail-arrigo.org/p95-168.pdf

2 雖然在《美麗島》雜誌中已有對勞工及經濟問題的關注，也有一些具社會主義思想的人在其中負責編輯，但整體而言，台灣民主發展與西方不同，左右之分並不是主要軸線，主要就是因為族群問題成了最主要的動員力量。

3 吳乃德，〈認同衝突和政治信任：現階段台灣族群政治的核心難題〉，《台灣社會學》第四期，二〇〇二年十二月出版，頁七七。

4 財團法人施明德文化基金會，《反抗的意志：一九七七—一九七九美麗島民主運動影像史》，頁一一一。不過，當時余登發、黃順興、陳鼓應因仍有統派思想，並不贊同此一主張。

5 二〇一二年十一月十四日謝長廷在民進黨中常會正式提案要求整合三決議文，以避免矛盾。他要中央黨部坦白承認「憲法是不是一中架構？如果是一中架構，接受中華民國就等於接受一中架構……若不是一中架構，為什麼要制憲，為什麼不能接受這個憲法？」他又說「〈正常國家決議文〉說國號不正常，可見等於承認現狀是一中」。但林濁水認為民進黨在反對一個中國上，並沒有矛盾。請參閱林濁水，〈中央黨部欠謝長廷一個答覆 民進黨三決議文有沒矛盾？〉，《美麗島電子報》，二〇一三年三月十三日。http://www.my-formosa.com/article.aspx?cid=5,6&id=38293

6 吳玉山，〈台灣總統大選對於兩岸關係產生的影響：選票極大化模式與戰略三角途徑〉，《遠景季刊》第一卷第三期，二〇〇〇年，頁一—三三。

7 唐飛，《台北和平之春》，台北：天下文化，二〇一一年，頁一二一。另有一說，這一段話是美國要陳水扁講的，也是向中共的一種戰略保證。

8 其實兩岸與南北韓情況並不同，因為南北韓都主張統一，是有統一的前提。諷刺的是，二〇〇八年之後，個人接待南韓人士，他們卻非常羡慕兩岸之間關係的改善以及各項協議的簽署。

9 劉世忠，《歷史的糾結：台美關係的戰略合作與分歧（二〇〇〇—二〇〇八）》，台北：新台灣國策智庫，二〇一〇年，頁一四。

10 顏建發，〈跨黨派小組在兩岸關係發展過程的角色與意義〉，《新世紀智庫論壇》第十二期，二〇〇〇年十二月三十日，頁九〇。

11 王銘義，〈總統府：李遠哲認知不代表跨黨派小組共識〉，《中國時報》，民國八十九年十一月二十六日。根據此一報導，總統府方面表示，李遠哲的相關認知不能代表跨黨派小組的整體立場。

12 陳水扁在二〇〇四年一月出版的《相信台灣》一書中第一章即將公投定義為民主的內涵。參見陳水扁，《相信台灣》，台北：圓神，二〇〇四年，頁一六—一八。

13 如何透過議題設定為自己創造有利的地位，並讓對手處於進退兩難的境地，是民主政治的一門藝術，民進黨二〇〇四年的公投議題，可以說是一個經典範例。可參考 William H. Riker, The art of political manipulation, New Haven: Yale University Press, 1986，有美國案例的詳細介紹。

14 TVBS 全民公投民調，http://www.tvbs.com.tw/export/sites/tvbs/file/other/poll-center/mollye20030630120050.doc

15 王甫昌，〈族群政治議題在台灣民主化轉型中的角色〉，《台灣民主季刊》第五卷第二期，二〇〇八年六月，頁九八—一〇二。

16 同前注，頁一〇七—一三一。

17 鄭夙芬，〈族群、認同與總統選舉投票抉擇〉，陳陸輝、游清鑫、黃鑫主編，《二〇〇八年總統選舉》，台北：五南圖書，二〇〇九年十二月，頁一三二—一三四。

18 陳昭英，〈論台灣的本土化運動：一個文化史的考察〉，《海峽評論》51期，一九九五年三月號。

19 民進黨內部不乏欲建立「異化的台灣意識」的論述，如林濁水，基本上是從民族建構（nation-building）的角度出發。可參考林濁水，《共同體：世界圖像下的台灣》，新店：左岸文化，二〇〇六年。有關 state-building 與 nation-building 的探討，可參考 Armin von Bogdandy, Stefan HauBler, Felix Hanschmann, & Raphael Utz, “State-building, Nation-building, and Constitutional Politics in Post-Conflict Situations: Conceptual Clarifications and an Appraisal of Different Approaches”, in A. von Bogdandy and R. Wolfrum（eds.）, Max Plaanck Yearbook of United Nations Law, Vol 9, 2005, pp. 579-613.

20 司馬遼太郎著，《台灣紀行》，李金松譯，台北：台灣東販，一九九五年。

21 王建煊擔任財政部長時，因推動「土地增值稅按實際交易金額課稅」，引起國民黨內本土派強大的反對聲音，更有人聲言這是「外省部長搶本省人土地」。參閱維基百科，「王建煊」條目。

22〈蔡英文：中華民國是流亡政府〉，《自由時報》，二〇一〇年十月二十六日。http://news.ltn.com.tw/news/politics/paper/398509

23 考試院新聞稿，〈考試院會決議有關國家考試廢考國文科目提案不通過〉，民國九十七年一月十日。其它請參考〈葉菊蘭：客、閩、原、新四大住民的語言都須尊重〉，《新台灣新聞週刊》，http://www.newtaiwan.com.tw/bulletinview.jsp?bulletinid=12993。

24 國立成功大學在二〇〇〇年成立台灣文學研究所，國立台北大學在二〇〇二年成立台灣文化研究所，國立高雄師範大學在二〇〇二年成立台灣文化及語言研究所，國立師範大學在二〇〇二成立台灣語文研究所，國立清華大學在二〇〇三年成立台灣文學研究所，國立中正大學在二〇〇四年成立台灣文學研究所，長榮大學在二〇〇四年設立台灣研究所，國立中興大學在二〇〇四年設立台灣文學研究所，國立政治大學在二〇〇五年成立台灣文學研究所，國立彰化師範大學在二〇〇五年設立台灣文學研究所。

25 卜睿哲，《台灣的未來》，林添貴譯，台北：遠流，二〇一〇年，頁一九一。

26 一九九八年二月民進黨即曾舉行「中國政策大辯論」。

27 童振源，〈兩岸關係與台灣民意〉，載於蘇起、童振源主編，《兩岸關係的機遇與挑戰》，台北：五南，二〇一三年，頁二三〇。

28〈蘇貞昌：中國政策應與時俱進〉，NOWnews。http://www.nownews.com/n/2012/06/07/111572

29 維基百科，「憲法各表」條目。

30 例如金恆煒即諷刺：「主張『憲法一中』、主張『一國兩市』的謝長廷，在二〇〇八年大選慘敗，連綠營的票都開不出來，謝還要賣中國膏藥？」金恆煒，〈謝長廷「逼宮」蘇貞昌！〉，《自由時報》，二〇一二年六月十二日。

31 林濁水，〈兩岸政策罩門被國民黨搶走了！——兩黨在中國政策角力的民眾評價〉，想想論壇，二〇一五年一月十五日。http://www.thinkingtaiwan.com/content/3623

32 曹郁芬，〈九二共識在台崩解〉，《自由時報》，二〇一六年一月十七日。彭顯鈞，〈九二共識徹底死了〉，《自由時報》，二〇一六年一月十九日。

33 吳琬瑜、何榮幸、王曉玟，〈專訪蔡英文：打贏九合一　中國也會轉向民進黨〉，《天下雜誌》五五一期，二〇一四年七月十五日，http://www.cw.com.tw/article/article.action?id=5059698#sthash.kdTaMkcC.dpuf

34〈加入亞投行　金立群指台灣不享有主權〉，《中央社》，二〇一六年一月十七日。http://www.cna.com.tw/news/firstnews/201601170253-1.aspx

35 鄒景雯，〈蔡英文：九二歷史事實　推動兩岸關係〉，《自由時報》電子報，二〇一六年一月二十一日。http://news.ltn.com.tw/news/focus/paper/951154

36 翟思嘉，〈小英談兩岸　國台辦：九二共識須堅持〉，《中央社》，二〇一六年一月二十一日。http://www.cna.com.tw/news/acn/201601210420-1.aspx

37〈張志軍：習近平總書記重要講話為做好新形勢下對台工作定調〉，國台辦新聞稿。http://www.gwytb.gov.cn/wyly/201603/t20160308_11404920.htm

38 余東暉，〈卜睿哲：與蔡求同存異似乎非北京目標〉，《中國評論新聞》，二〇一六年三月二十日。http://www.chinareviewnews.com/doc/1041/6/6/3/104166376.html

賴昭穎，〈「一中原則」民共無交集 包道格：兩岸緊張是可能結果〉，《中時電子報》，二〇一六

年四月二日。http://udn.com/news/story/9263/1604597

39 參考童振源、李曉莊主編，《面對：民進黨菁英的兩岸未來》，台北：時報，二〇一五年。

40 白邦瑞（Michael Pillsbury），《二〇四九百年馬拉松》，林添貴譯，台北：麥田，二〇一五年，頁一〇〇—一〇二。

41 涂成吉，《中華民國在聯合國的最後日子：一九七一年台北接受雙重代表權之始末》，頁四八—四九。

42 黎安友等，《尋求安全感的中國》，頁一五八。

43 Deborah Welch Larson, "Trust and Missed Opportunities in International Relations". Vol 18（3）, 1997, p.710 & 714.

44 Ibid. p. 721.

45 Ibid. p. 711.

Andrew Kydd, "Trust, Reassurance, and Cooperation" International Organization, Vol 54（2）, 2000, p. 326.

46 請參考童振源、李曉莊主編，《面對：民進黨菁英的兩岸未來》一書。

47 童振源，〈對民進黨的四項兩岸政策建議〉，載於童振源、李曉莊主編，《面對：民進黨菁英的兩岸未來》，頁二三一。

48 王銘義，〈李光耀對民進黨的忠告〉，王銘義專欄《中國時報》，二〇一五年三月二十八日。

第四章　溫水煮國民黨

從李登輝開始，國民黨就像溫水中被煮的青蛙一樣，對危機沒有自覺。了解國民黨為何潰敗，或許才是國民黨再起的機會。

國民黨二〇一六年的潰敗，原因很多，包括領導無能、執政績效不佳、經濟不振、年輕人不滿等等，不過，個人認爲，最核心的原因在於國民黨的正當性。這個故事，必須從馬英九上溯至連戰、李登輝談起。

李登輝稱國民黨爲「外來政權」，給了國民黨重重一拳，有如得了腦震盪，讓國民黨的正當性備受質疑。此時的國民黨需要發展新的論述，然而從連戰至馬英九，都沒有致力於論述的建構。從李登輝開始，國民黨就像溫水中被煮的青蛙一樣，對危機沒有自覺。了解國民黨爲何潰敗，或許才是國民黨再起的機會。

由民主化、本土化而台灣意識，再到台獨意識，民進黨猶如順水推舟；而國民黨因外來政權的攻擊，有如逆水行舟，其處境要比民進黨困難得多。民進黨其實沒有論述的需要，因爲它把台灣與中國大陸全面切割，只需深化與廣化台灣意識以及台灣認同即可。但對國民黨來說，則不然，它必須藉由論述來聯結自身與這塊土地，聯結台灣與大陸，以及過去與未來。

國民黨就像「失根的蘭花」，它需要土壤，才能繼續綻放。

一、李登輝的重拳：外來政權

李登輝在台灣是一位極具爭議性的政治人物，他從一九八八年開始擔任國民黨主席及中華民國總統直至二〇〇〇年止，十二年期間，在台灣政壇上翻手爲雲，覆手爲雨，變化多端。他剛就職那段期間，實力不穩，完全中國人的統派思想，可說時勢不得不然，後來他開始推動本土化，又顯露對日本難以想像的感情。日本學者前原志保說：「從身爲日本人的作者來看，他（李登輝）是『太日本人』了。他的言行，以及對日本、日本人與日本文化的愛，不能以簡單的善意來形容……。」[1]這樣一位人物，對台灣的影響自然也是多重的，對國民黨更是顚覆性的影響。

在李登輝任內，台灣經歷了民主化與本土化同步的洗禮。這個過程，民進黨與李登輝可以說是裡應外合，亦即對李登輝而言，這應該是一個有意識的主動性工程。他自己就說了：「台灣的民主化並非其他國家所習見的從階級或殖民地的支配求其解放，不論是從台灣的歷史事實或中華世界政治制度的革新來看，台灣的民主化非以『台灣認同』及『台灣本土化』爲主軸不可。」[2]這裡已沒有中華民國立足的餘地，台灣也與中國成爲對立的個體。

雖然李登輝任內經常將「統一」與「反台獨」掛在嘴上，但他自己都抱怨中共，他講了一百三十幾次反台獨，中共還是不相信他。其實，不相信他的何止是中共，連不少台灣民眾也不相信他。根據一九九四年十一月五日民進黨公布的民調，相信李登輝主張台灣獨立的民眾（二五．六％）首次超過相信李登輝總統主張兩岸統一者（二四．八％），而有四二．一％的人回答不知道或很難說。蓋洛普針對相同問題也做了民調，只有一九％的受訪者認爲李登輝贊成統一，一一．三％認爲他傾向獨立，高達三六．九％的受訪者認爲李總統的統獨立場不明確，認爲很難說，不知道或拒答的比率也有百分之三二．七％。[3]

從另一個民調數字來看，從一九九二年到二○○○年這八年期間，台灣人意識（亦即自認爲是台灣人）的比率增加二二．四％，不可謂不快，這也說明了爲什麼有如此多人不相信李登輝支持統一的現象。

隨著權力的日益鞏固，以及內部反對力量的出走（例如新黨），李登輝本土化的言論與作爲是愈來愈清晰。日本學者前原志保以內容分析的方法研究李登輝的言論，他的一些發現可以看出李登輝的變化：[4]

（一）李登輝在就任總統時強調中華民國乃「正統的中國」、「正統的中國文化繼承者之中華民國」，在演說中極重視中華文化及其傳統的繼承。但是從一九九二年尾聲左右開始，演說中提及地區特性、社區意識之重要性等，焦點慢慢從繼承傳統中華文化，轉移到摸索台灣自有的中華文化、台灣的本土文化和中華文化之融合。「生命共同體」的概念就是在一九九二年底時提出來的，這樣的概念已經具備了本土認同的意涵。值得注意的是，兩岸這時候正開始準備協商，也可以看出，李登輝是一手協商，一手強化台灣意識。

（二）一九九三年是他言論上轉變的一重要時點。從一九九三年開始，他很少再使用復興基地這個概念，開始使用諸如台灣地區或者台灣、澎湖、金門、馬祖地區等中華民國實際統治之地名的字首稱呼的方法。從這一年開始，開始明確區分出「中國大陸的中國人」和「台灣的中國人」。因此，「全國同胞」、「全體國人（民）」、「國民」、「國人」等詞彙所代表的人們，僅限於台灣的中國人。一九九七年以後，「中國人」的自我稱呼再也未出現在演說中，取而代之的是「台灣人民」、「台灣同胞」等加入「台灣」二字的稱呼大為增加。

自一九九三年的演說開始，他也提及必須一改中式惡習，在中華文化上增加台灣經驗，以形成新文化。

一九九四年他提出「社區共同體」的概念，一九九五年在台灣各地以「社區總體營造」之名舉辦了社區文化巡禮活動，這是加強在地聯結的做法。前原志保認爲，「社區共同體」則明確地提出相對於封建的地方意識、族群意識之公民意識。這種「公民意識」象徵著形成一個台灣居民可透過選舉參加政治，也就是所有台灣居民透過民主主義制度決定台灣未來之共同權利所連繫起的共同體。

（三）從一九九八年光復節至二〇〇〇年總統卸任爲止的言論中，爲了確立台灣認同爲國家認同，李登輝發表了不少色彩強烈的言論。「李登輝在演說中的兩岸關係定位變化從一九九八年左右出現，決定性地改變方向，還是在一九九八年的光復節中提出『新台灣人』的概念做爲新國家認同，可說自此決定了將大陸視爲『他者』的方向性之政府觀點。」

其實，李登輝的變化並非黑與白之間一刀切的變化，而是漸進式的兩手策略。因此，前述兩個民意調查結果雖然有一點差距，但都反映了李登輝言行不一，立場不一的特質，以致於無法取信於民衆，更無法取信於黨員，當然也無法取信於大陸了。

李登輝任內斷了國民黨的兩大命根：（一）他的「本土化」是建立在切割兩岸關係的立場上，也就是所謂的兩國論；（二）他在一九九五年稱國民黨爲外來政權，有如一記重拳，讓國民黨自此陷入正當性的困境之中。

李登輝推動本土化，有人認爲是爲了因應民進黨的訴求，以穩住國民黨以及其個人的執政優勢，甚至於如果不是李登輝推動本土化，國民黨的處境可能更慘。這樣的看法，並不成立，因爲如果李登輝心中有國民黨，他不會稱國民黨爲外來政權，陷自己的政黨於不義。將國民黨定位爲外來政權，無異於切斷國民黨與台灣這塊土地的生命聯結，何況「外來政權」隱含了道德判斷——既是外來政權，當然應該將之打倒或逐出台灣。李登輝對國民黨的定位，其實是將自己與國民黨切割，他自己屬於本土，而國民黨則爲外來的政黨，變成他個人權力的工具。

一九九八年之後，李登輝愈來愈關心他的路線是否能夠延續的問題，因此他對一九九八年《連戰風雲》一書中連戰對兩岸關係的看法有強烈的反應，甚至希望將已印出的書籍全部回收。一九九九年他又出版《台灣的主張》一書，可算是他對繼任者的政治遺命，但也因爲連戰並未重視，而使他對連戰的嫌隙更爲加深。

個人認爲，李登輝一開始的確繼承了蔣經國的戰略路線，後來則因爲台灣人意識而有偏離，也鑄成今日兩岸民族主義對抗的格局。無可諱言，蔣經國和李登輝都是具有戰略高度的領導人。由於鄧小平的改革開放，蔣經國深知兩岸的接觸已不可避免，兩岸的競爭格局也將改變。以台灣的條件來看，民主自由是台灣最能和大陸區別的優勢，此所以蔣經國在晚年開始推動民主化，開放報禁、黨禁以及兩岸探親。他並且親自指示李登輝研究開放探親問題，傳承意味濃厚。個人認爲，蔣經國是從戰略上要將兩岸導向制度之爭，但李登輝繼任之後，在民主化之內灌注台灣人意識，使得兩岸競爭格局更爲複雜敏感。

國民黨本來自我定位十分清楚，但被中共以及李登輝聯手奪去其靈魂。中共在國際上壟斷了「中國」與「中國人」的稱呼，而李登輝則順手推舟，也將「中國」與「中國人」奉送給中共，此外，更以「外來政權」打擊國民黨。結果，國民黨官員，包括馬英九總統自己在內，沒有人敢說自己是「中國人」，也從來不說「反台獨」，更不再提終極統一，因爲這些都是由中共與民進黨定義，而國民黨已無論述來爲自己定義。馬英九在二〇〇八年就職演說中，就指出自己是香港出生的「新移民」，感謝台灣人民包容，選他當總統。他內心深處似乎也把自己視爲外來人，有人說這是馬英九的原罪感，不無道理。

李登輝後來自己也說了，他當時訂定國統綱領，也是要給國民黨那些老先生聽的，但他自己根本沒有這樣的企圖。[5]李登輝卸任後，在〈建立台灣主體性之道〉一文中也明白指出：「在一九四〇年代……當時台灣所處的前後兩個環境是，由強調『天皇』、『天下爲家』的『日本帝國』，轉換成爲中國國民黨『天下爲黨』的『中華民國』，兩個外來政權就在台灣進行交替。」[6]

李登輝的本土意識愈來愈明顯。兩岸關係在康乃爾之行後，也愈來愈緊張，但李登輝玩的是兩手策略。自從一九九五年四月八日提出李六條回應江澤民有關結束敵對狀態的說法後，李登輝在多次的場合中一再提及和平協議以及和平之旅：（一）一九九六年二月二十三日記者會，李登輝表示他若競選連任，將推動簽署和平協定；（二）一九九六年三月二十六日接受華爾街日報專訪，要以簽訂結束海峽兩岸衝突的和平協定爲優先政策；（三）一九九六年五月就職演說，提及和平之旅以及和大陸最高領導當局見面；（四）一九九七年五月一日總統府發表聲明，提及和平協議及和平之旅。這些談話，今天回顧來看，應該是受到美國方面的壓力，不能不爲緩和兩岸關係而做的動作，雖然和平之旅與和平協議在當時都言之過早，卻也促成了一九九八年的辜汪會晤。[7]辜振甫本也邀請汪道涵於一九九九年來台訪問，但因爲兩國論的宣布，汪道涵之行遂胎死腹中。兩國論，就是李登輝強行留給繼任者的政治遺產，從後來的發展來看，也的確發揮了制約的作用。

李登輝時而統、時而獨的言論，也讓當時的美國官員如卜睿哲產生誤解。在卜睿哲有關兩岸的書中，都認爲大陸誤會了李登輝，李登輝並沒有分離主義的企圖。卜睿哲始終認爲李登輝不是反對台灣和中國統一，因爲李登輝經常提到「一個分治的中國必須統一」，「他的重點是台灣加入的條件，而不是應否加入。」[8]「李登輝並不主張從稱爲中國的那個實體分裂出來，建立台灣國。在他擔任中華民國總統期間，他的首要目標是界定在什麼樣的條件下可以統一，而非應否統一。」[9]他也認爲，大陸指控李扁是分裂主義分子，對統一毫無興趣，而造成兩岸未能修好，這樣的指控並沒有道理。[10]今天看來，李登輝的政治騙術的確高明。

李登輝以本土政治人物的形象，卻坐在國民黨主席的位置上，這樣的組合反而讓他可以左右逢源，獲得一九九六年大選的勝利。李登輝本土政治人物的形象，足以抵擋同樣是本土的彭明敏及林洋港，而國民黨威權式的組織文化，讓李登輝可以利用資源及組織，因此拿下了五四%的選票。但二〇〇〇年選舉失利後，國民黨這種領導與基層之間的路線問題，就浮上了台面，李登輝在衆怒之下被趕下國民黨主席的位置。

二、連戰：迷信連宋配、國親合

二〇〇〇年李登輝下台之後，連戰繼任黨主席。如何中興國民黨，成了連戰的重任。在他任內，積極推動黨內改造，並提出了三個改造重點：「要重整本黨共同奮鬥理念」、「落實黨內決策與公職人員提名辦法的民主化」及「新陳代謝的機制」。其中第二項及第三項重點主要是針對組織與黨務，而第一項則觸及了黨的核心理念，也就是論述的建構。

事實上，連戰在前四年所推動的黨務改造工程，不可謂不大，包括黨組織與人事的精簡、黨內提名的民主化、制定反黑金條款、黨員年輕化以及黨產的處理等等。然而，這些改造均不足於扭轉國民黨的形象，因爲它缺少了論述的加持，無法化爲感動的力量。連戰在其任內並非沒有觸及黨的理念論述，二〇〇四年大選前他出版了《改變才有希望》一書，從理念到政策，相當完整，只可惜黨內只將其看成選舉文件，所謂理念，只是紙上談兵而已。

爲什麼連戰及其領導階層並未著力於論述的建構？主要有兩個原因，首先，國民黨是一個擅於組織戰的政黨，其與地方的聯結在於利益，而不在於理念與論述。一個迷信組織力量，而且還是擁有較多黨產的政黨，自然不相信論述或理念能有多大的作用。

另外一個原因，就是對藍綠基本盤的分析。在那段時期，我最常聽到以下的看法，甚至連我自己也相信如此：國民黨失敗的主因在於分裂，就像一九九四年的台北市長選舉一樣，從國民黨與親民黨的得票率來看，仍然有六成之多，這是藍軍的基本盤；因此，只要藍軍不分裂，就可以打敗民進黨。在這個思維邏輯之下，當時的主要任務，就是促成連宋配以及國親合。可以說，二〇〇〇年後的民進黨想要創造新的多數，而國民黨則想恢復過去的多數，只可惜，逝者如斯，往者已矣！

由於缺少論述來對抗所謂的本土化，而民進黨操作本土化的氛圍又如此濃厚，連戰甚至於在二〇〇三年十二月二十日提到，中華民國和中華人民共和國都是主權獨立國家，簡化雙方爲「一邊一國」沒什麼問題。[11]此一說法，讓國台辦大爲震驚，官員私下曾表示，大陸高層對連主席說法甚爲關心，如此說法又與陳水扁有何不同。在愛台灣口號的壓力下，連戰和宋楚瑜在選前一週，還分別在台北市及台中市跪下親吻土地，以展現愛台灣。這就是沒有論述，最後被對手牽著鼻子走的窘境。

爲了促成連宋配，國民黨可謂費盡心力，徐立德即曾銜命前往美國舊金山與宋楚瑜溝通，印象中兩個人在飯店的餐廳內談了約三個鐘頭，席中宋楚瑜頗多抱怨，但基本上也同意了朝連宋配的方向發展。二〇〇四年連宋配對陳呂配，在民調上，連宋配也一直保持領先，但陳水扁利用公投法及公投綁大選來動員，最後再加上兩顆子彈，使連宋配以不到百分之一的比率輸掉選舉。但從得票率來看，連宋合的得票率仍然比二〇〇〇年掉了百分之十，只可惜這個趨勢仍然未得到國民黨的重視。

二〇〇四年敗選之後，兩岸關係因爲一連串公投的操作而日趨緊張，連戰轉而從兩岸尋找突破口，因爲這是最能凸顯國民黨與民進黨差異之處。以當時的背景來看，兩岸關係進入了前所未有的緊張時刻，蘇起的新書甚至以「危險邊緣」來形容。國民黨此時想展現的是一個具有處理兩岸關係能力的政黨，但依然沒有論述建構，其背後實際上是一種保守思維，認爲人民是務實的，兩岸和平本身以及交流所帶來的利益就足以得到人民的支持。這種思維，一直到馬英九擔任主席都沒有改變。

不過，連戰與大陸建立互信的過程，放在今天的時空來看，仍有其意義。二〇〇一年個人第一次陪同徐立德訪問大陸時，徐立德就向陳雲林提及連戰參訪大陸的可能性，陳當場表示，歡迎連主席在適當的時間到大陸參訪，至於什麼時候是適當的時間，則尊重連主席方面的決定。連戰主席在二〇〇三年參選宣言中亦提及當選後參訪大陸的想法，並非臨時起意，連主席的幕僚也已經開始規畫在當選後就職前的參訪計畫，但因爲競選失利而胎死腹中。

二〇〇四年十二月大陸人大常委會公布將審議〈反分裂國家法〉草案，在台灣引起相當的震撼，民進黨自然是全力批判，也使兩岸關係完全陷入對抗的局面。以當時的政治情況來看，訪問大陸對國民黨或連戰先生都是一項極高的政治賭注。大陸剛剛在三月通過反分裂法，民進黨正藉此煽動民眾反中的情緒，而且陳水扁表明反對連戰到大陸訪問，但又找不到阻擋的辦法，甚至於用叛國罪來恐嚇。陳水扁一方面批評「國民黨在五十多年前輸掉了整個大陸，現在不要再出賣台灣了」，另一方面又警告國民黨沒有政府的授權，簽署任何文件將碰觸叛國罪。換句話說，陳水扁欲將訪問大陸與賣台、投降、叛國畫上等號。

就當時而言，連戰二〇〇五年的和平之旅，有如黑暗中的一躍，是國共兩黨互信的重要關鍵點。

黑暗中的一躍

「黑暗中的一躍」（leap in the dark）描述的是政治人物在不確定與風險中，基於理念與遠見所採取的勇敢行動。但連戰這一躍並非盲目之舉。連戰與大陸從二〇〇一年起就建立了非正式的溝通管道，主要由其左右手徐立德先生負責。此類溝通管道至少必須能達到以下三個標準，才能發揮作用：（一）唯一性：管道多了，訊息就複雜，甚至矛盾，因此這類高層管道，必然是唯一管道；（二）可靠性，所傳達的訊息經得起驗證；（三）權威性，所傳達的訊息可以準確傳達連戰主席的想法。此一管道在那幾年時間中，已爲雙方建立了基本的互信，而這個基本的互信使得和平之旅得以成行。

連戰先生曾經表示，在與胡錦濤總書記及大陸高層官員會見時，對方對於一些敏感的字眼，例如「一國兩制」或「一個中國原則」，皆隻字不提，而他在北大演講時，大陸給予實況即時轉播，沒有任何秒數的遲延，這在大陸是非常少見的情形。凡此都證明了雙方已建立相當程度的信任。

二〇〇五年初確定接受大陸邀請後，連戰即委請徐立德以及當時的黨秘書長林豐正負責規畫工作，包括行程活動的安排以及議題內容的準備等等。在我的印象中，當時分爲幾個工作組分工進行：

議題組—這是此行最核心的部分，負責兩黨將要討論的具體議題的分析準備工作，主要是由智庫來負責。

機要組—負責與對方溝通協調有關行程、議題、講話基調等事項。

媒體組—負責媒體與對外發言，由黨的文傳會來負責。
講稿組—負責講稿的撰擬。
聯絡組—負責人員之聯繫。
行政組—負責行政支援事宜。

有關議題的規畫方面，由於此行具有象徵性意義，希望能藉此次交流，打開兩岸另一扇大門，讓人民能夠眞正看到另一個選擇的機會。因此，這次兩黨會談不僅應該討論重要的議題，同時應該有爲兩岸和平與溝通鋪路的作用。經過討論後，當時初步決定的議題，在政治面包括：（一）和平宣言，後來演變成連胡五項共同願景；（二）兩岸共同參與國際活動；（三）兩黨定期會談平台；（四）推動兩岸中程協議，後來成爲和平協議。在經濟面，則包括：（一）建立兩岸財經論壇；（二）兩岸投資保障；（三）推動兩岸三通；（四）開放台灣農產品進入大陸。在社會面，則主要是共同打擊犯罪，因爲當時兩岸詐欺犯罪之多，已讓民衆深惡痛絕。

在行程的安排方面，每一個行程點與活動的安排，都有其意義。在南京，最重要的意義是去中山陵謁陵。中山先生既是中華民國的國父，也是國民黨的總理，在兩岸相隔近六十年後，到大陸的第一站當然選擇南京，既有歷史傳承的意義，同時也是呼應中山先生和平的號召。

西安行程的安排，則是祭拜連戰主席的祖母。這個行程的安排，既是盡爲人子孫應有的孝道，同時也彰顯兩岸的歷史淵源。到了西安，還特別安排連戰回到小學的母校。那時候學校安排學生朗誦，開頭第一句「連爺爺，您回來了，您終於回來了！」讓在場每一個人都嚇一大跳，因爲這是我們從來未曾想過的表達方式與稱謂，也看出兩岸在這方面的差異。

北京的行程，是此行的核心行程，重點有兩個，一是與胡總書記的會面，一是到北大演講。與胡總書記的會面，一方面是建立兩黨和解的象徵意義，同時討論主要的議題。與胡總書記會見是安排在人民大會堂，團員們到達後，先在定位好的階梯台上站好，整個場子鴉雀無聲，似乎都在等待這歷史的一刻。等了應該有十五分鐘之久，胡錦濤總書記才從側後方出來就定位，然後連主席與夫人從另一側出來，走向迎接他們的胡總書記。兩人握手的那一刻，好像兩個人共同推開了歷史一道門。整個會面過程中，雙方都可以說是小心翼翼，胡總書記沒有講一些我方無法接受的語言文字，甚至連主要官員都沒有，顯然大陸非常細心，也可以看出他們對建立長期互動的期望。

據連先生回憶，從握手那一刻起，那一天他們兩個人總共見了四次面，其中包括一次單獨的會面，大陸由陳雲林紀錄，國民黨這邊則是由林豐正記錄。雙方討論的議題，都不是頭一次出現，包括和平的問題、軍事安全機制問題、終止敵對狀態問題、經濟合作、國際空間、以及兩黨溝通等等。據了解，尤其是台灣參與世界衛生大會，連主席特別重視，也得到胡總書記相當正面的回應。這些問題，兩岸從來沒有做過任何正式的溝通，所以這次可說是兩黨最高領導階層就這些問題，做了正式的、公開的承諾，形成後來所謂的連胡五項共同願景，也可以說是兩黨為這個世紀兩岸關係發展所規畫的路線圖（road map）。

當時的國民黨不是執政黨，即使是執政黨，也不能代表全部，但在大陸，黨是一個無所不包的最高權力，它的承諾就是最終的承諾。從這個角度來看，這一次的兩黨領導人會面，以及後來的國共論壇，是一個十分有利於台灣的對話以及解決問題的機制。例如有關參與世界衛生大會及世界衛生組織之事，連戰主席在第一次和胡總書記會面時，就提到了這個議題。連先生說，台灣如果發生SARS，大陸也無法高枕無憂，因為兩岸的經貿社會交流太密切了，但世界衛生大會（WHA）做了什麼事，台灣都不知道，這是很危險的事。當時胡總書記就立即表示會訓令衛生部長與世界衛生組織（WHO）簽備忘錄，以後台灣個人及醫療團體可以自由接受WHO國際雙邊及多邊的會議，不必經過北京，只要照會即可；但要參加WHO，則需要經過談判。

有關行程的規畫，連主席基本上尊重幕僚的建議。在規畫時，我就建議連主席一定要到大學演講，而且要到北京大學。柯林頓到大陸訪問，也到北京大學演講，因爲大學是知識的殿堂，領導到大學演講，具有思想上的意義，而且北京大學在中國近代史上扮演著十分重要的地位。大學是思想啓蒙之聖堂，北大在中國近代史上的地位，以其自由、進步、又愛國之學風而享譽海內外，北大的學風並且透過許多北大的教授傳到台大，其中傅斯年校長就是代表。到北大演講，可以爲此行增添文化與思想意義，同時也可藉這個機會與大陸學子面對面的溝通。這個建議，連主席欣然接受，大陸方面也沒有任何考慮就答應了。

離開北京之後，最後一站的行程是上海。爲什麼安排上海這個行程？因爲上海是大陸改革開放政策的象徵，尤其是浦東的開發，值得親自去體驗。此外，上海也是台商匯聚之地，對在大陸打拚的鄉親子弟表示關懷，也是應有之義。最後，上海是大陸經濟的櫥窗，也是兩岸經濟合作的重鎮，在這個地方從經濟的角度來進行演講，爲兩岸的經濟發展勾勒一個未來，可以說是最佳的地點。

和平之旅有兩場對外的演講，一場在北大，一場在上海，剛好一政一經。連主席非常重視北大這一場演講，初稿是由我草擬，當初即鎖定由自由主義的角度切入，因爲只有自由主義可以彰顯台灣的價值，而且這也是北大與台大最重要的一個聯結點。像胡適之先生、傅斯年先生，都是當時望重一方的學者，也是時代的典範人物，他們先後在北大及台大發光發熱，影響深遠。我特別點出這個傳統，也有另外一層用意，因爲自由主義是民主政治非常重要的一個文化基礎，是國民黨兩岸論述中不可或缺的元素，同時也希望自由主義可以成爲兩岸思想上的一個共同連結。初稿撰擬後先與一些學界、媒體界前輩討論，然後陳交給連主席。連主席自己又多方徵詢意見，共修正了十餘次才定稿。

連主席最後是把講稿全部背起來，這種不看稿的演講方式，在大陸可說是前所未有，而連先生現場幽默、自然的講話，讓全場掌聲不斷。許多大陸朋友後來都說，這種演講方式他們過去從未體驗過，因爲大陸官員講話都是看稿，生硬、八股、沒感情。事實上，連先生的演講也在大陸造成一些影響，一些官員講話也開始不看稿了。

這一場演講，曾有一段插曲。就在北大演講前一天晚上，我在北海附近散步，接到國台辦方面來的電話，特別提到講話稿中有一句話，希望轉達連主席明天一定要說出來，並且說明他們高層很重視。那段話說到「大陸今天所面臨的也是千載難逢的一個機會，所以中華民族這種現代化，這種富強康樂，已經不再是一個遙不可及的美夢而已了。」由此可知，「千載難逢的一個機會」，是大陸當局對當前形勢的一個認知，同時也可藉此看出他們對這個機遇的重視與珍惜，兩岸關係和平發展的新思維也是在這樣的認知下而開展。

在上海的演講，主要的對象是台商。由於在五項願景中提到了兩岸共同市場的概念，它代表了兩岸在經濟上的合作，將是未來兩岸關係的一個主軸。在上海的演講，可以就這個觀念進行比較深入的闡述，也免得被人錯誤引申。

連戰返台之後，不少媒體均做了民調，幾乎都是對和平之旅的肯定。根據TVBS五月二日的民調，有五三%受訪者認爲和平之旅是成功的，五五%認爲此行有助於改善兩岸關係，而且有六〇%民衆認爲連戰沒有出賣台灣利益。年代電視台民調中心在五月四日至五日進行民調，結果相近如下：有五四．七%的受訪者認爲連戰這次訪問大陸，對台灣社會和未來兩岸關係是有幫助的；有五三．九%的受訪者贊成政府可以接受中共送給台灣兩隻大熊貓；有五二．四%的受訪者贊成政府可以接受中共開放大陸民衆到台灣旅遊；有六八．九%的受訪者贊成政府可以接受中共擴大開放台灣水果銷售到大陸，而且有十幾種水果不用繳關稅；甚至有七一．四%的受訪者希望陳總統可以在未來三年任期內，和中共國家主席胡錦濤見面會談，達成對於兩岸前途的協議。這些民調顯示，和平之旅及其所帶來的和平發展訊息，獲得超過半數以上受訪者的支持。

根據《聯合報》報導，民進黨在五月三日內部所做的最新民調結果顯示，在和平之旅的短短九天內，民進黨的支持度跌了七個百分點，從四月二十日的四〇％下跌到三三％，國民黨的支持率反而從三〇％增加到三四％，一跌一升之間，民進黨的支持度已落後於國民黨。

《中國時報》五月四日社論指出，和平之旅成功扭轉兩岸氛圍，凸顯了期望「兩岸和平」的台灣主流民意。該報的另一篇評論認爲，和平之旅已經在某種程度上「解構了兩岸長期衝突的神話」，甚至衝擊了民進黨生存於台灣社會的基礎。

除了台灣社會支持之外，國際社會也表示肯定，例如美國布希總統透過他國安會屬下說，這是「歷史性的訪問」。季辛吉也認爲這是兩岸和解的先行者。[12]

兩岸之間的新選項

這一次的「和平之旅」，具有重要的歷史意義，不僅結束了國、共兩黨六十年來的敵對狀態，建立國、共兩黨對話的互信基礎，也緩和了台海緊張情勢，促進東亞區域和平，同時開創兩岸和解與交流的新方向、新契機，爲兩岸合作找到實踐的途徑，無異爲兩岸未來發展提供一個新的選項。

連胡會面後，雙方共同發布了新聞公報。這是雙方幕僚事前協商時共同的決定，因爲這是兩黨領導人在隔絕半世紀後第一次的會面，具有高度的歷史意義，不能只是握握手而已，雙方應該有一些具體形諸文字的成果。爲了取得主動權，我先草擬了初稿，然後由徐立德先生邀請林豐正秘書長、丁懋時先生、蘇起先生、蔡勳雄先生、蔡政文先生等多次討論修正，然後再與大陸國台辦經過數次的協商後才定稿。在雙方協商的過程中，有幾件事值得一提。

首先，是有關「願景」這個名詞。「願景」（vision）這個名詞在台灣很流行，代表我們對未來的期盼與努力，但大陸很少用這個詞，本來還有點猶豫，但經過解釋說明後，他們也認爲這個名詞具有特殊的意義。

其次，「和平發展」這個概念兩岸目前都在廣泛引用。實際上，當初我方草擬的原稿就稱爲「兩岸和平發展共同聲明」，開頭第一句話就是：「兩岸隔海分治，是歷史的現實；兩岸和平發展，是人民的期望。」「和平發展」其實是「和平」與「發展」兩個概念，「和平」是希望兩岸能夠將和平法制化，因此才有和平協議的提議；「發展」其實有很深的意涵，它是希望透過兩岸的交流與合作，來促進彼此經濟、社會、文化與價值的提升。雖然雙方後來用「新聞公報」取代了「共同聲明」，但和平發展的基調始終沒有改變，是雙方最重要的共識。

第三，國民黨版本中原本在共同促進工作部分提到「我們爲了兩岸的和平，願意促進兩岸當局接受『台灣不獨，大陸不武』的承諾以及『九二共識』，並簽署『和平協議』，爲兩岸奠定一個互利雙贏的合作架構」，後來經過協商，在雙方共同體認部分的第一點加上：「堅持九二共識，反對台獨，謀求台海和平穩定，促進兩岸關係發展，維護兩岸同胞利益，是兩黨的共同主張。」此後堅持九二共識及反對台獨，就成了兩黨互信的政治基礎。從二〇〇一年開始與大陸國台辦接觸，便感受到他們最深的關切是「反台獨」，而不是促統；他們經常提到要遏制台獨勢力的發展，卻也沒有想到，二〇〇八年後的兩岸關係發展，竟然也無法壓制台獨勢力的成長。

在協商過程中，大陸還特別強調希望不要去詮釋九二共識的內涵，希望擱置此一爭議。後來多次聽到大陸國台辦官員表示，對他們來說是一中不表，而不是各表，但馬總統任內凡是提九二共識，必帶上一中各表，大陸也不曾公開反對，也不因此中斷兩岸協商交流，這也是因爲雙方已有基本政治互信之故。由此可知，政治互信之有無，影響九二共識標準之高低。

第四，有關經濟交流方面，國民黨最初的標題是「經濟全面交流，建立兩岸共同市場」，後來經過協商，調整爲「促進兩岸經濟全面交流，建立兩岸經濟合作機制」，然後在內文中最後一行加上一句：「促進恢復兩岸協商後優先討論兩岸共同市場問題」。大陸當時對於共同市場的概念仍有疑慮，因爲這是歐洲各國之間所形成的一種經濟合作形式，但經過我方解釋，大陸也同意納入，但不放在標題中，不去凸顯其意義。

三、馬英九：汪洋中的一條小船

馬英九繼連戰之後接任國民黨主席，並在二〇〇八年大選以懸殊比數擊敗謝長廷，讓國民黨再度執政，沒想到二〇一六年的國民黨輸得比二〇〇八年的民進黨還慘，完全出乎大家的意料。從民意的潮流來看，國民黨就像汪洋中的一條小船，一碰到像太陽花這樣的大浪，很快就翻覆了！

民意大翻轉

李登輝總統任內的八年中，台灣人意識增加二二·四%，陳水扁總統任內的八年間增加五%，馬英九總統到二〇一一年的台灣人意識增加到七·四%。[13]根據《天下雜誌》在二〇〇九年十二月所公布的「二〇一〇年國情調查」民調顯示，國民黨獨裁時代受教育的世代，其中國人意識相對較高，但年輕世代——十八到二十九歲——台灣人意識比例更高，這些受訪者約有七五％認為自己是「台灣人」，僅一五％認為「既是台灣人也是中國人」，回答自己是「中國人」不到一〇％。[14]

《遠見雜誌》長期對統獨立場進行民調，圖4-1與圖4-2是對兩岸最終應該統一或最終應該獨立的立場的趨勢。不贊成兩岸最終應該統一的比例已超過六成（六三．五％），贊成台灣最終應該獨立的比率已達四八．七％，二〇一四年九月調查時甚至高達五四．七％。由這兩張圖可知，這已經是一個趨勢，而要扭轉趨勢，並不是很容易的事。除此之外，遠見民調中有一項問題問到當兩岸在經濟、政治、社會各方面條件差不多時的統獨立場。二〇一一年的調查結果顯示，六七．一％民眾認為沒必要統一，認為可以統一的有一二．八％，有二〇％未明確表態。然則二〇〇四年時兩者的比例差不多，皆只有三成多，然後距離逐漸拉開，到馬總統執政後即呈現相當穩定的趨勢，認為沒必要統一者大約都在六成五上下左右。[15]

無可諱言，民進黨執政造成了相當大的民意改變，而馬英九執政後，雖然兩岸交流更密切，合作更多元，但民意的趨向並沒有變化。從民意的趨向來看，國民黨的失敗似

圖 4-1

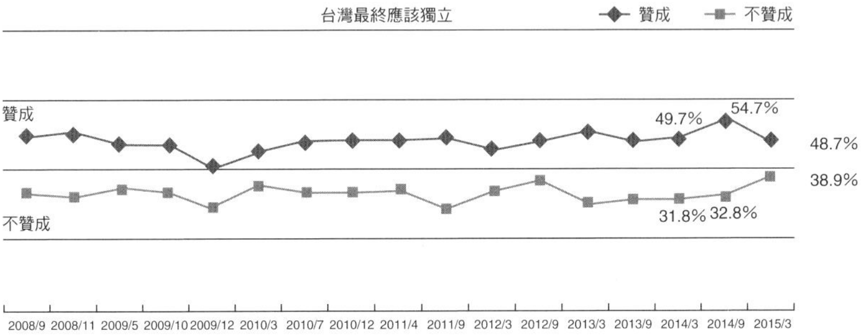

圖 4-2

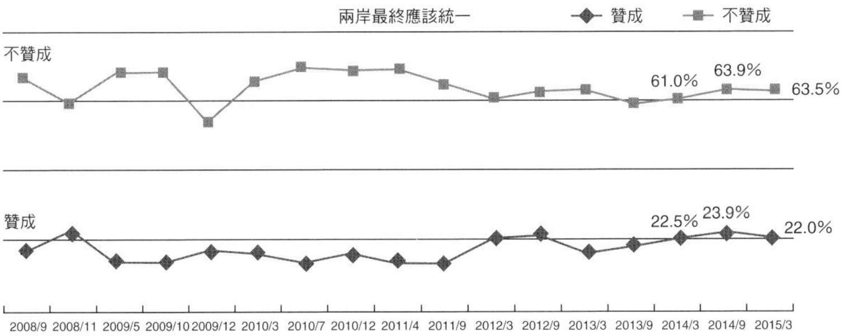

圖 4-3 當兩岸在經濟、政治、社會各方面條件差不多時的統獨立場

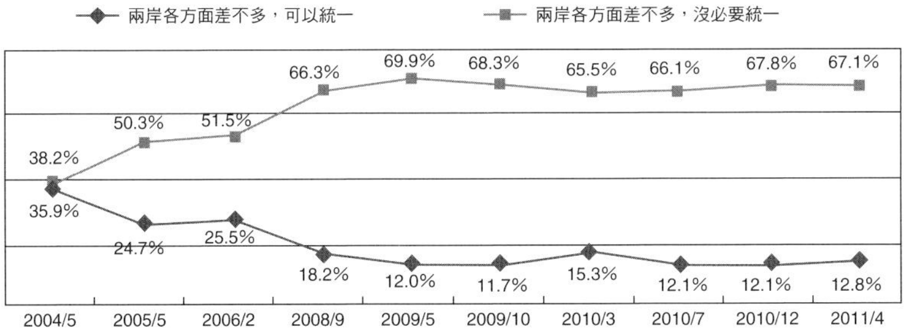

註：2004/5、2005/3、2006/2，年代民報。

乎是非戰之罪，但從另一個角度來看，這種民意趨勢，其實正說明國民黨更需要論述，但馬英九的性格卻選擇順著民意浮沉。

好人不足成大事

朋友間提到馬總統，公認他是一位好人，但接下來就是一聲嘆息，認爲他不懂政治的藝術。綜觀這八年，可以說國民黨成也馬英九，敗也馬英九。

馬英九領導下的國民黨政府成爲一個失語的政府，坐擁執政資源，卻讓在野黨掌控議題的設定以及政治的節奏。馬英九爲什麼沒有發展兩岸論述，有四個原因：

（一）**避免衝突的性格**。前已提及，國民黨是逆水行舟，發展論述，就要有迎向巨浪的心理準備，因爲論述必然帶有前瞻性與理想性，也必然會有衝突性，但馬英九似乎寧可退讓或轉彎，也不願造成太大的衝突。

（二）**缺少必要性**。陳水扁的貪腐，成爲民進黨二〇〇八年大選的負擔，以二〇〇六年紅衫軍反貪腐的氣勢來看，民進黨已註定失敗。貪腐問題讓認同問題潛到了水面下，馬英九的重點也是在反貪腐，換言之，馬英九根本沒有必要用心思去建構國民黨的論述以及兩岸的論述。一場靠反貪腐大勝的選舉，讓國民黨這隻青蛙誤以爲從此可以一帆風順了！

（三）**他認爲自己就是品牌**。有了品牌，就不需要論述，就像NIKE不需要說明自己的鞋子是什麼材質，如何製作等等。在二〇〇八年選舉後沒多久，就常聽到黨內人士批評馬英九認爲自己比黨還大，換句話說，他認爲自己是資產，而黨是負債，因此要「黨政分離」，甚至於想拔掉地方派系。只是當品牌一旦失去顧客忠誠度之後，公司股票就會無限下跌，這正是馬英九支持度的寫照。

（四）**保守思維或利益迷思**：不論是國民黨或共產黨，都陷入同樣的迷思，認爲兩岸和平是人民所期待，而且只要兩岸交流能帶來各種實質的利益，就會得到人民的支持。民調確實顯示民眾支持兩岸的各項協議，但民調沒有說出民眾心理的另一面，而在利益迷思之下，他們也看不到那一面。這是系統性的錯誤，卻也是致命的錯誤。

錯誤的第一步：人事布局

論述離不開人，馬英九當選之後，各界皆關心兩岸人事布局，因爲它反映了執政者的思維。

馬英九會任命誰來擔任陸委會主委，一直是各界關心的新聞，因爲這是兩岸關係中極具象徵性的位置。二〇〇八年四月二十七日的晚報已報導賴幸媛可能接掌陸委會的消息，但大部分藍營人士都不太願意相信，等到二十八日才經證實，當天也是連戰出發到北京訪問之日，而連戰事先並不知情。換言之，馬英九既未徵詢，也未事先告知，這樣的操作手法，不僅讓連戰感到難堪，也讓大陸感到驚訝與不解。馬英九此舉，無異是在告訴大陸，連戰不會是他兩岸的溝通管道。這項任命等於是拿一桶冰水倒在大陸頭上。據個人了解，大陸私下表達強烈不滿，如果不是黨主席吳伯雄五月二十六日訪問大陸，相當程度化解大陸疑慮，才確定兩會在九二共識的基礎上恢復協商。[16]

蘇起在其書中已表明他不贊同這項任命案，當消息公布時，的確引起藍營一片錯愕與不滿，而馬英九則公開說明，儘管他在總統大選拿到了七百六十五萬票，但是還有五百多萬人沒有投給他，這些人很擔心他的兩岸政策，尤其憂心是否會影響到台灣人民的利益。[17]馬英九的任命，其背後的思維大概不外：（一）安撫綠營人士的心，同時也希望有利於未來兩岸施政的推動，這也與他不喜歡衝突的個性有關；（二）賴幸媛與國民黨過去毫無瓜葛，可避免黨內有人下指導棋；（三）馬英九自認爲兩岸是自己熟悉的領域，而且親自主持兩岸小組，可以全盤掌握兩岸政策，賴幸媛沒有辦法踰矩而爲。馬英九徵詢蘇起意見時，向蘇起表示：「我就知道你會反對，但我管得住她，她也同意執行我的理念。你幫我看住她就好。」[18]（四）與他自己一貫的思維相符合，也就是希望藍綠通吃。

然而，四月三十日聯合報的社論已看出此一任命的問題，今天回顧，仍不能不佩服論者遠見。社論指出：「任命賴幸媛，最大的弔詭是：倘若賴幸媛就任後仍『代表』綠營過去的思維，兩岸政策將如何推動？反之，倘若賴幸媛完全符合『馬蕭路線』，則主委又何必非賴幸媛不可？有一種說法是：賴幸媛是『煞車』，煞車當然應有，但賴幸媛卻可能是最壞的煞車角色：未來她的任何『煞車』動作，不論有理無理，皆將被解讀為政爭。」而「馬英九所期望的『擴大共識』究何所指？何況，尤其要緊的是，馬英九有沒有想過與對岸的『共識』？」

任命賴幸媛，馬英九自認為是好棋，卻是種下日後失敗的主因之一。兩岸本來是國民黨強項，最後卻淪為罩門，賴幸媛功不可沒。任命賴幸媛必然衍生兩個後果：（一）無心經營兩岸政策論述；（二）兩岸團隊的摩擦係數增加，無法發揮團隊合作，使政策效果大打折扣。

前已提及，國民黨在兩岸議題上是逆水行舟，需要論述以為指引及溝通。但賴幸媛來自於理念不同的台聯，而且一開始就被看成是煞車，又怎麼會去發展論述，又怎麼發揮溝通的力量。二○○八年底舉辦第四屆國共論壇時，兩岸經濟關係正常化本爲議題之一，這是馬英九在競選時所提出的政見，[19]而且蕭萬長在博鰲論壇中也提到，馬英九總統在就職演說中也說「兩岸走向雙贏的起點，是經貿往來與文化交流的全面正常化」[20]，但因爲陸委會對「正常化」三個字有意見，經過一段折衝之後，最後才列入共同建議最後一項：「實現兩岸經濟關係正常化，推動建立兩岸經濟合作機制。」類似此種經驗，難免都會影響到兩岸互信的推進。

除此之外，個人聽到的還有幾件事。在多次陸委會舉辦的兩岸協商談判訓練營中，邀請理念不同的人士來授課，有參與人員即說，這些人對談判團隊是冷嘲熱諷。陸委會都會派學者到美國去宣導溝通，但有參加的團員告訴我，他不解陸委會爲何會派某些學者，因爲他們根本是在批評政府的兩岸政策，而不是溝通說明。

在馬英九執政的前四年，兩岸團隊的運作雖然沒有像李登輝時代的海陸大戰，但也不是一個默契十足的團隊。海陸兩會私底下互槓的場面時有所聞，尤其是資訊未能共享，常造成我方面對大陸時的尷尬，當時擔任國安會秘書長的蘇起就經常要爲這些事傷腦筋協調。[21]甚至於，某些協商方案或講話稿，海基會人員都是到了機場才能看到，更別提把海基會排除在協商沙盤推演之外了。

馬英九總統身爲兩岸團隊的總隊長，卻未能創造團隊綜效，反而因爲賴幸媛的存在，增加不少內部運作的成本，殊爲可惜。賴幸媛去職後，馬英九任命王郁琦接任，同樣讓外界跌破眼鏡，包括大陸在內。王郁琦對於兩岸事務並不熟稔，第一次在立法院總質詢時，就因爲認不出賈慶林的照片而登上媒體。

人事安排是團隊建構的核心；人事安排是組織摩擦係數的指標，係數愈低，運作愈順暢，效能也愈高。我到海基會工作之前，對於江丙坤與高孔廉兩人的關係也有一些疑慮，擔心會有矛盾，造成工作上的困擾。但我到海基會沒多久就發現，海基會的運作是秘書長制，但董事長信任秘書長，秘書長尊重董事長，兩人默契絕佳，使海基會內部運作十分順暢。可惜二〇一二年的海陸人事調整，增加了組織內外部的摩擦系數，也導致後來媒體一些有關人事不和的報導。

有兩件事反映出這項任命之不適。第一件事是就是海基會從秘書長制改成董事長制。海基會長期以來都是秘書長制，江丙坤與高孔廉二人默契絕佳，但王郁琦擔任陸委會主委後，海基會要從秘書長制改成董事長制，自然會造成組織內部的矛盾，最後高孔廉選擇離開，並改由陸委會副主委張顯耀來接任秘書長。這樣的安排，可以看得出來，其對組織內部權力的控制遠遠大於論述的建構，形成了一種「對內強勢，對外弱勢」的奇怪現象。

第二件事就是張顯耀洩密案的處理方式，造成了全輸的局面：（一）打擊內部團隊；（二）造成兩岸誤解（尤其是共諜說）；（三）讓社會看笑話。張顯耀最後獲得不起訴處分，顯然證據並不充分。此事處理的粗糙程度，只能用匪夷所思來形容，但個人至今不解，「洩密」是何等嚴重的指控，等於是終結一個人的政治生命。事實上，要一位政務官下台不需理由，但爲什麼非要如此處理不可？

馬英九二〇一二年的人事任命，其理由大概不外以下三個：（一）對自己的高度自信。馬英九的確對兩岸事務十分嫻熟，因此他認爲陸委會主委只要能精準執行其政策即可。沈富雄甚至稱王郁琦爲馬英九肚子裡的蛔蟲[22]。（二）他管不住賴幸媛，於是想找一個能眞正貫徹自己意志的人。（三）王郁琦只是整體國安布局的一環而已。但也由此可以看出，他仍然未體認到兩岸論述的必要性。

陸委會是政府兩岸政策的中樞，不能只是蛔蟲的角色而已，不僅負責政府部門間的協調溝通，也負責與民眾的溝通。這個職位至少應該具備三項條件：（一）戰略觀，才能協助總統建構論述，以發揮政策統整的功能；（二）一定的聲望，才能讓各部門在兩岸協調一致；（三）溝通的能力，尤其是與民眾溝通的能力，讓民眾了解並支持政府兩岸政策的戰略意義。只可惜，我們看不到具備這樣條件的陸委會主委。

然則，兩岸交流爲何仍能從二〇〇八年開始即大幅進展？個人認爲，兩岸交流的展開，是大趨勢下的必然，但如果這個位置可以任命更適宜的人，那或許可以讓民意大翻轉不致於發生，或大幅減緩其力量。換言之，這個位置固然要處理兩岸事務，也需要處理台灣內部事務，可惜都未能發揮應有的功能。

失語的政府

學者楊開煌曾於海基會成立二十週年研討會上指出，從論述的角度來看，馬總統的兩岸政策「欠缺一套系統性、整體性邏輯體系貫穿其中。」[23]曾有人轉述總統對此一說法並不高興，個人推測，馬總統大概不認爲自己沒有兩岸論述，但那些大家可以倒背如流的「中華民國憲法架構」、「不統、不獨、不武」，只能算是話語，還不能算是論述。個人認爲，唯有論述能賦予行爲意義，有了論述，接著才能說故事，才能感動人。簡單地說，論述應包含以下五大要素：

一、**What**：亦即對議題、現狀、條件的陳述。以兩岸關係而論，應說明國際的局勢、兩岸關係的定位要從什麼角度來看、兩岸關係現狀維持的條件、兩岸各自的優劣勢、台灣的威脅與機會等等。

二、**Value**：亦即論述的核心價值。論述往往具有多元的價值，這些價值如何排序，都是論述中應有的內涵，因爲它們將是政策應當依循的規範。以兩岸政策而論，這些價值可能包括了和平、安全、自主、尊嚴、人權、民主、繁榮、互利等等，當價值衝突時應如何處理，又政策如何促進某一價值而不傷害其它價值，都是論述應該處理的內涵。

三、**Goal**：亦即希望達到的目標。兩岸的論述應該包括對未來的想像，因爲任何政策都具有未來效果，這個未來，可以有近程、中程、遠程之分，而且可以有多種的可能。此外，這個想像的未來，當然也需與前述的價值一致，才不會自相矛盾。

四、How：亦即達到目標的方法。這也是楊開煌教授所稱的實踐方法，這一個部分是將論述與政策結合起來的重要內涵，少了它，論述只是空談而已。

五、Mobilization：亦即說服溝通，包括了支持者與反對者。論述既然帶有價值與目標，就帶有動員的能量，不僅是動員支持者，更是與不同論述形成有意義的對話，並且在這個過程中修正，以產生更大的力量。在動員的部分，當然包括了語彙的使用，以產生感動人心的力量。

馬英九政府的兩岸話語，可以歸納爲四點：（一）中華民國的憲法架構；（二）不統、不獨、不武；（三）九二共識，一中各表；（四）以台灣爲主，對人民有利。這些話語固然促成了二十一項協議、活路外交的成果，卻無法讓各項兩岸政策產生有意義的連結，無法讓各部會間的政策產生協調，也沒有辦法讓人對未來產生想像，當然也沒有捍衛與感動人的能量。簡單的說，它根本不構成論述的要件。習近平說，失語就要挨罵，眞的是一針見血。[24]

馬英九政府兩岸話語的背後，其實有一項很堅定的信念，就是相信兩岸和平與交流所帶來的利益足以支撐其正當性。其中最經典的就是馬習會時，馬英九仍念念不忘提貨貿協議、陸客中轉、專升本等具實質利益的議題。

綜觀馬政府八年的兩岸關係，在貧乏的兩岸話語與利益信念之下，自然免不了以下的缺失：

（一）決策瑣碎化

兩岸的協商基本是屬於政策執行的層面，其上還有一個決策的層面。從決策層面來看，可以再分爲兩層，一個是部會層次，一個是在「兩岸小組」層次。任何一項進入兩會協商議程的議題，都會先由陸委會召集相關主管部會開會協調，其主要目的在確認協議的範圍、協議的目標等等。至於談判的代表，都是由各部會決定，並由陸委會彙整後交由海基會來安排協商。陸委會召集會議後，再由各部會將協議方案提交兩岸小組討論。

兩岸小組是一個任務編組，由馬總統親自主持，每星期開一次會，主要參與者包括副總統、行政院長、國安會秘書長、陸委會主委、相關議題的部會首長、海基會董事長等人。這個會議的進行方式，往往是由部會準備資料，為了保密，現場才發放給參與者。有參與者形容，這種做法有如隨堂考試，在資訊有限的情況下，很難做出適當的判斷與回應，由此也可看出這種決策模式難免粗糙，有時甚至過於瑣細。

（二）裡外不是人

馬英九執政八年期間，兩岸關係雖然大幅改善，但國民黨夾在共產黨與民進黨之間，備極艱辛，紅的認為藍太軟弱，綠的認為藍太傾中。就像馬總統所說的不統，是說給綠營聽的，不獨是說給紅營聽的，可是綠營偏偏只聽到不獨，紅營偏偏只聽到不統，結果雙方都不滿意，典型的裡外不是人。與大陸學者及官方交流的場合中，他們都表示不解爲何馬總統不恢復國統會與國統綱領，這也說明了紅藍之間認知的落差。馬總統不恢復國統綱領與國統會，應有兩個考量，其一，如果恢復國統會與國統綱領，與不統的說法有所扞格；其二，如果恢復國統綱領與國統會必然會招來綠營大規模的抗議，有礙兩岸其它交流的推進。

馬英九和大陸其實都是「利益迷信」之徒，雙方都認爲兩岸交流的利益會衍生對大陸的好感以及對馬政府的支持，但這種溢出效果並沒有出現。

「不統、不獨、不武」，是百分百的務實主義，先天上就很難和台獨這種浪漫主義抗衡，當然節節敗退。從這個角度來看，「不統、不獨、不武」描述的其實是馬英九的兩面不討好困境。馬總統在兩岸的起手式，已註定了二〇一六年的命運。

（三）無法有效捍衛兩岸政策

二〇〇八年後兩岸經貿關係大幅改善，固然有很多正面的效應，但因爲沒有論述，正面效益無法轉化爲支持的能量，而負面的憂慮與批評卻不斷發酵。例如兩岸經貿交流帶來了「依賴」的憂慮，也產生了政商集團壟斷以及以商圍政的指控，例如「跨海峽政商聯盟」或「祭司集團」等等。[25] 顯然，馬英九政府無法化解這些憂慮，反駁這些指控，輿論陣地一寸一寸失守。從另一個角度來看，論述其實是一種武器，沒有論述，政務官也不知道如何來爲政策辯護，深怕分寸拿捏錯誤而下台。

馬英九政府的兩岸政策，包括服務貿易、陸生來台、和平協議等等，都因爲沒有論述，即使自己認爲對的事情都無法堅持到底。爲了反對陸生來台，民進黨以排擠論、公平論、下沉論、反向論爲藉口，可是國民黨政府卻無力（或無心？）捍衛，結果變成半調子的「三限六不」開放。馬英九在二〇一二年選舉前提出了和平協議的政見，卻因在野黨的攻擊，開始轉彎，並附加很多條件。老實說，我們看到的不是雖千萬人吾往矣的氣勢，而是見風轉舵的逃避。太陽花反服貿運動如火如荼之際，馬英九政府也是選擇避免攖其鋒，不見兩岸首長爲政策辯護，事後也不見有效因應的策略。

反課綱運動，教育部的辯護立場軟弱，沈富雄在其臉書上對反課綱的解析，鞭辟入裡，但馬政府內無一人敢言。沈富雄說：「國民黨解除罩門的唯一方法就是坦白，誠懇地告訴國人爲什麼必須如此忍辱含羞地不能動『憲法本文』半根毫毛。早說早解脫，再不說，恐怕連自家人都會離心離德。年青一輩的台獨份子就更加振振有辭了。」[26]問題是，沒有論述，又從何坦白呢？

（四）看不到九二共識的戰略意義

因爲對利益信念，馬英九政府在兩岸政策上，過於著重經濟交流，也就是所謂的先經後政，也因爲如此，沒有看到九二共識可以發揮積極的戰略作用。他不敢同時舉起一中與民主的大旗，結果反陷於左右爲難的處境，馬英九成了紅與綠之間的夾心餅乾。簡單地說，民衆看不到馬英九政府捍衛台灣核心價値的決心。馬英九剛執政，曾有一位國安人士說，我們和陳水扁政府的差別之一，在於我們不反對大陸的統戰，就看他們有沒有本事。他說這句話的意思是指對台灣人民有信心，因此敢於向大陸開放，不怕他們統戰，然而這句話也可以看出，馬政府一開始打的就是守勢，以爭取及擴大利益爲主，所以才有後來的先經後政。

因爲只打守勢，只打半場，反而讓民衆看到大陸在我們這邊半場積極作爲。陸委會的文宣雖說「門打開，阮顧厝」，但民衆只看到我們自己的門打開，卻看不到對方的門打開，也看不到有人顧厝。日積月累下來，政府終於失去人民的信任。

最後，個人想說，兩岸議題在台灣已被簡化爲許許多多口號，只見帽子滿天飛，卻無法形成有意義的對話。原因就在於不論國民黨或民進黨，都沒有發展論述，在這種情形下，沒有戰略，沒有共識，只有鬥爭而已，而台灣很可能在鬥爭中失去所擁有的一切，包括我們所珍惜的主體性。

---

1 前原志保，〈李登輝與臺灣認同：論文摘要〉。http://www.twpeace.org.tw/wordpress/wp-content/uploads/2015/05/ 前原志保 - 論文摘要 .pdf

2 李登輝、中嶋嶺雄，《亞洲的智略》，駱文森、楊明珠譯，台北：遠流，二〇〇〇年，頁二二〇—二二一。

3 白丁，〈李登輝的統一心事無人知〉，《海峽評論》60期，一九九五年十二月號。

4 前原志保，〈李登輝與台灣認同：論文摘要〉。

5 江俊亮，〈李登輝：國統綱領是要講給老先生聽的〉，中央社，二〇一五年五月五日。

6 李登輝，〈建立台灣主體性之道〉，李登輝基金會網站。http://www.presidentlee.tw/lee/article/ 建立台灣主體性之道

7 當時大陸也多次表明希望雙方進行政治談判。請參閱邵宗海，〈台灣安全體系建立之可行性探討〉，《全球政治評論》第十九期，二〇〇七年，頁三〇—三三。

8 卜睿哲，《未知的海峽兩岸關係的未來》，林添貴譯，台北：遠流，二〇一三年，頁二七。

9 卜睿哲，《台灣的未來》，林添貴譯，台北：遠流，二〇一〇年，頁九九。

10 同前注，頁五七。

11 楊孟瑜，〈連戰提『一邊一國』阿扁改『兩邊三國』〉，BBC網站，二〇〇三年十二月二十一日。http://news.bbc.co.uk/hi/chinese/news/newsid_3338000/33381152.stm

12 楊渡，《歷史的轉捩點：連戰大陸行》，台北：巴札赫，二〇〇五年八月，頁三五。

13 前原志保，〈李登輝與臺灣認同：論文摘要〉。

14 劉奕伶，〈國人國族認同趨勢分析〉，二〇一〇年一月二日。http://www.npf.org.tw/printfriendly/6909

15 以上有關遠見之民調，皆參考其全球資訊網之遠見民調。http://www.gvsrc.com/dispPageBox/GVSRCCP.aspx?ddsPageID=NEWS&

16 李建榮，《解凍兩岸二十年》，台北：天下文化，二〇一一年，頁二一〇。

17〈賴幸媛掌陸委會　馬英九背書〉，《蘋果日報》，二〇〇八年四月二十九日。http://www.appledaily.com.tw/appledaily/article/headline/20080429/30497927/

18 蘇起，《兩岸波濤二十年紀實》，台北：天下文化，頁四九三。

19〈馬英九：力推兩岸經貿正常化　金融自由化〉，《大紀元》，http://ept.kan.center/b5/7/10/24/n1878174.htm

20 請參閱總統府全球資訊網，五二〇就職專輯。http://www.president.gov.tw/Portals/0/FeaturesSection/Other-feature-articles/2008_0520p/speech.html

21 蘇起，《兩岸波濤二十年紀實》，頁四九三—四九五。

22〈沈富雄：王郁琦是馬肚子裡的蛔蟲〉，東森新聞，http://www.ettoday.net/news/20120921/105424.htm

23 楊開煌，〈馬政府的兩岸政策之政策論述評議〉，《海基雙十兩岸雙贏兩岸關係學術研討會會議手冊》，頁一九。

24 習近平，〈在全國黨校工作會議上的講話（二〇一五年十二月十一日）〉，中國共產黨新聞網。http://cpc.people.com.cn

25 有關兩岸經貿交流的正面效果，請參閱馬紹章，〈台灣競爭力向上提升　兩岸和平向下扎根〉，《交流雜誌》一一七期，民國一〇〇年六月。李志德，《無岸的旅途》，頁一六二—一六五。鄒景雯專訪，〈吳介民：跨海峽政商集團　正掌控這個國家〉，《自由時報》，二〇一四年一月六日。

26 沈富雄臉書，〈平心靜氣看反課綱運動〉，二〇一五年七月二十七日。

第五章　你不能不知道的大陸

大陸不只是全世界第二大經濟體而已，大陸的崛起是綜合國力的上升，她已是全球治理體系中的一個要角，對台灣來說，瞭解大陸更是當務之急。

有學者用房間裡的大象來形容中國大陸，你不能視而不見。[1]的確，在改革開放前，大象還沒有進到房間；改革開放初期，大象剛進到房間，卻很瘦弱；三十年後，大象已是龐然大物了。問題不是視而不見，而是誰能摸到這頭大象的全貌？

大陸不只是全世界第二大經濟體而已，大陸的崛起是綜合國力的上升，她已是全球治理體系中的一個要角，沒有她積極的參與和合作，很多國際問題恐怕都無法妥善處理。全世界都需要大陸，而大陸也需要全世界，但其間的關係與利益，十分複雜，每一個面向，都是學者研究的對象。對台灣來說，瞭解大陸更是當務之急，因爲兩岸政治上尚未解除敵對狀態，因爲兩岸經濟上已發展出結構性的經濟關係，難割難斷。

兩岸命運是如此緊扣相連，台灣新世代的未來也脫離不了中國大陸的影響。在未來的舞台上，兩岸新世代必然同台相逢，那時就可見誰在台下練了十年功了。尤其台灣資源少，規模小，站在台上，如果不知你的對手，那結局眞的是令人不敢想像！

太陽花學運一年後，又出現了以高中生爲前線主體的反課綱運動。在這兩場運動中，都可以感受到新世代那種對中國大陸充滿排拒的強烈心理。然而，最讓人害怕的，不是新世代的反中、厭中，而是不知中。因爲，恐懼與衝動是無知的兄弟，卻是智慧與戰略的遠鄰。

太陽花後，和幾位朋友聊天，其中有教授感嘆，以前在美國唸書，正是冷戰時期，有關蘇聯的課，都是座無虛席。現在他在大學開兩岸或大陸的課，學生寥寥可數，有時還開不成課。有一位在兩岸都有創投經驗的朋友，在兩岸都有很高知名度，他也有同樣感嘆。在他的臉書上，只要談大陸創業的議題，台灣臉友反應都是出奇的冷淡。但最令人驚心還不在此。他比較兩岸類似的青年創業，假設開始時彼此都是八、九十分左右，兩年後，大陸的公司已到達了八萬分，但台灣還在八、九十分。還有一位長期在大陸經商的朋友，他說大陸的年輕人，只要看到機會，就毫不猶豫立刻伸手去抓，而在台灣青年朋友身上，他已看不到這一股勁。個人有幾次到大學去演講，議題自然和兩岸有關，每次我都會問學生是否曾到過大陸，毫無例外，比例都非常的低，大約一成左右。與這些學生談到兩岸關係時，他們對大陸以及國際局勢的認識程度，讓我感到詫異！媒體現在流行即時新聞，跑兩岸的記者就常向我抱怨，有關兩岸及大陸的報導，點閱率也非常的低。

全世界沒有一個國家忽視中國大陸的崛起，而我們就在近鄰，兩岸經貿又如此密切，就算沒有服貿、貨貿，也無法切割。我們就生活在大象旁邊，怎麼可以不認識牠呢！充分瞭解大陸，認識大陸，已是台灣爲自己爭取機會、空間與時間的必修科目。

一、改革開放的風景

大陸改革開放後的三十年，所造成的劇烈改變，已徹底改變了大陸的政治、社會、以及經濟的基礎、結構與運作方式。這些變化，對大陸既是機會，但也是限制，值得我們深入了解。

思想解放：從換新腦袋到江郎才盡

一九七八年十二月十三日鄧小平在中央工作會議閉幕會上講話，標題是「解放思想，實事求是，團結一致向前看」。這一篇講稿開啓了改革開放的新時代。他在這篇講稿中指出，「解放思想是當前的一個重大政治問題。」因爲在毛澤東時代，以階級鬥爭爲綱，一連串瘋狂的政治運動後，整個大陸已是殘破不堪，而思想上卻依舊受毛澤東的禁錮，更充滿了對政治運動的畏懼。毛澤東死後，繼任的華國鋒又高唱「兩個凡是」，與時代的需要格格不入。但以當時的大陸來說，社會和知識分子有換腦袋的渴望，卻沒有換腦袋的勇氣。在大陸，思想解放只能由上而下，因此，這是思想之爭、路線之爭、政策之爭，也是權力之爭。[2]

鄧小平復出，他面對的是落後、貧窮、滿目瘡痍的大陸。他深知，不改變思想，大陸就不可能發展。「實踐是檢驗眞理的唯一標準」、「不管黑貓、白貓，能抓老鼠的就是好貓」、「貧窮不是社會主義」、「讓一部分人先富起來」這些今日大家耳熟能詳的話，在那個時代，稱之爲思想解放，並不爲過。有了思想解放，才有農業的包產到組、包產到戶、包幹到戶，然後鄉鎭企業開始發展。特區的觀念也是今日中共中央總書記習近平的父親習仲勛，當時任廣東省委第一書記，在一九七九年四月召開的中央工作會議上提出的建議，並得到鄧小平的支持。[3]

改革開放時代與毛澤東時代的根本差異在於思想與路線，如果毛澤東地下有知，一定會想再起來鬥爭鄧小平。[4]在改革開放的路上，左的勢力一直在伺機反撲，在一九九〇年前後，一連幾篇文章，質問改革是姓資，還是姓社，認爲「私營經濟和個體經濟，如果任其自由發展，就會衝擊社會主義經濟。」[5]左傾勢力的反撲，在當時可謂來勢洶洶。那個時候，八九民運剛結束，緊接著柏林圍牆倒塌、蘇聯解體、東歐共產政權一一垮台，這種情勢，自然產生一種人心惶惶氣氛，不知步子該往前還是往後。在那個時候，也只有鄧小平能頂得住那個蠢蠢欲動的左傾力量。

爲解決計畫與市場的問題，鄧小平說：「不要以爲，一說計畫經濟就是社會主義，一說市場經濟就是資本主義，不是那麼回事，兩者都是手段，市場也可以爲社會主義服務。」[6] 一九九二年春節鄧小平南巡時說：「改革開放邁不開步子，說來說去就是怕資本主義的東西多了，走了資本主義道路，要害是姓『資』還是姓『社』的問題。判斷的標準，應該主要看是否有利於發展社會主義社會的生產力，是否有利於增強社會主義國家的綜合國力，是否有利於提高人民的生活水準。」他並且強調「基本路線要管一百年，動搖不得。只有堅持這條路線，人民才會相信你，擁護你」。

改革開放後的思想解放，可以說是因應社會經濟演變及國際情勢變化的無休止過程，只是鄧小平時代比較具戲劇性而已。例如到了江澤民時期，提出所謂「三個代表」[7]，原來共產主義的敵人——資本家——也可以入黨。但到了今天，可以看得出來，因爲改革開放所造成的國家與社會之間的矛盾愈來愈深，可是思想上卻沒有相應的解決之道。

鄧小平的解放思想，並不徹底，主要是解放經濟發展的思想。雖然他在那篇講話中也提到了民主，但不是我們概念中的民主，其目的只是鼓勵不同發展意見的表達。共產黨的領導地位，是不容挑戰的，所以除了以經濟建設爲中心，堅持改革開放之外，他還提出必須堅持中國共產黨的領導。然而，解放思想，就像打開潘朵拉的盒子一樣，就再也關不上了。思想不是有形之物，可以清楚界定範圍，一旦解放，不只在經濟發展上解放，也必然會外溢到其它領域。在改革開放初期，解放思想是由上而下，但隨著對外開放，有愈來愈多的留學生，愈來愈多到外國旅遊的遊客，他們到外國接觸到不同的文化，不同的思想，會形成一種由下而上的思想解放。從解放思想的角度看，現在是官方江郎才盡，而民間才剛剛要出頭，結果如何，目前還在實驗中呢！

領導模式改變：從強人領導到集體領導，再到強勢領導

毛澤東是強人領導，一切他說了算。封建時期的王朝，皇帝專制但並不極權，毛澤東則是既專制又極權，遠甚於皇帝；他在黨內的地位，更是無人敢於挑戰。毛澤東之後是鄧小平，也是強人，他可以沒有任何頭銜，卻能發號施令。然而，從鄧小平之後，大陸的領導慢慢走向了集體領導，同時也開始將接班人的安排制度化，讓領導人的權力可以穩定轉移。強人沒有任期制，鄧小平的權力一直到他死爲止才終止，但爾後的領導人，大致都是十年一任。雖然江澤民在離開總書記職務後還兼了兩年的中央軍委會主席，但胡錦濤則是同時離開。不過，大陸此一安排的制度化僅歷經兩次的試驗而已，以大陸政權的性質來看，未來並非沒有變化的可能。尤其是習近平的接班過程，並不如想

像中的順暢，幕後暗潮洶湧，可見其制度化程度仍是一個疑問。

從鄧小平之後，大陸已無所謂的強人。[8]藍普頓指出，「改革開放時期，中國最重要的改變之一就是領導人的範圍和多樣性逐漸擴大。」[9]他認爲大陸共產黨與社會的關係已經改變，社會的力量在增強，而政治相對弱化，因此「中國領導人已經愈來愈不能一言九鼎」。[10]一般學界都認爲大陸現在是集體領導，決策中心已從個人、少數元老諮商、移到中常委，總書記只是集體領導的代表而已，但集體領導之下，每一個領導人的權力大小仍有程度之別。以胡錦濤來說，他剛接任總書記時，江澤民並沒有從軍委會退下，某種程度形成了兩個中央，只是胡錦濤一路忍讓，兩人沒有太大的矛盾或衝突而已，而且胡錦濤時期的政治局常委有九位之多，其中還有一些江的人馬在內，如曾慶紅，還有周永康等等。但到了習近平接任總書記後，政治局常委人數減爲七人，而且胡錦濤也從軍委會主席位上退下來，讓習近平是完全接班。

除此之外，習近平在十八大三中全會上成立了兩個新組織，一個是國家安全委員會，一個是中央全面深化改革領導小組。國家安全委員會負責統籌協調涉及國家安全的重大事項和重要工作，是中共中央關於國家安全工作的決策和議事協調機構，由習近平擔任主席，李克強和張德江等擔任副主席。中央全面深化改革領導小組，組成人員共二十三人，由習近平擔任小組組長，中央政治局常委李克強、劉雲山、張高麗擔任副組長。

當三中全會決議成立這兩個組織時，外界都猜測習近平與李克強將分別兼任兩個組織的領導，在那個時候，習李體制還是外界的慣常稱呼。但後來答案揭曉，兩個編組都是由習近平親自擔任主席與小組組長，換言之，不論是關涉到國家安全的事務或內部的改革，習近平都親自領導。也因此，有人說大陸現在不再是習李體制，而是習體制。[11]習近平不是強人，因強人可以不需職位，但從他上任後的作為來看，他是強勢領導。

個人認為，習近平與鄧小平都是因應時代的需要而崛起，雖然習近平的權力不如鄧小平，那是因為他畢竟沒有鄧小平的資歷，但他同樣面臨一個必須有所改變的時代；而改變的時代，往往給予領導人集中權力的機會，這就是風雲際會。中共改革開放經過了三十年，問題已積累到不能不處理的地步，而實力也大到了不能再掩飾的地步，對內對外，習近平將是一個新時代的轉折點。然而，習近平的處境不如鄧小平。鄧小平的思想解放與時代需要相契合，習近平碰到的卻是改革的兩難；鄧小平的思想解放是清晰明確的，習近平的中國夢卻是抽象模糊的，反映的其實就習近平的困境。就像二〇一四年二月習近平自己所描述的：「中國改革經三十多年，已進入深水區，可以說，容易的、皆大歡喜的改革已經完成了，好吃的肉都吃掉了，剩下的都是難啃的硬骨頭。」12

習近平掌權這十年間，將是中國共產黨命運的另一個轉捩點，台灣，可不能輕忽了這個變化。

正當性（legitimacy）基礎的改變：動態複合式正當性

毛澤東時代，統治的正當性是建立在個人的魅力上。文化大革命時期，人手一本《毛語錄》，言必稱毛主席，是個人崇拜的極致表現。所謂統治的正當性，簡單地說，就是人民心甘情願地接受當前統治的秩序。韋柏將正當性的基礎分為三類：傳統、領袖魅力與法律制度。傳統的正當性如君權神授說，或中國歷代的帝王統治。領袖魅力的正當性是以人為基礎，如毛澤東、希特勒等，人在正當性在，人亡正當性亡，難以持續。法律制度的正當性則是一種契約論，大家都接受同樣的遊戲規則，如民主的制度等等，因此較為穩定。

毛澤東一死，個人魅力的正當性也隨之而去。鄧小平解放思想，其實就是在重建共產黨統治的正當性，也就是以改革開放的政策做為正當性的基礎。個人認為，從鄧小平以降一直到習近平，這些領導人心中所思所想，並不是建立體制的正當性，而是共產黨統治的正當性，也就是透過其所能運用的資源與手段，讓人民心甘情願接受共產黨的統治。從正當性的角度來看，共產黨統治是一種「動態複合式」的正當性，它的基礎包含不同的元素，而且不同元素也隨時空不同（國內外情勢、民意取向等）而在組合變化。

韋柏對正當性的分析，雖具有經典意義，但已不適用於今日複雜的社會與體制，學者對正當性的解析與測量已更爲細膩。[13]不過，大體而言，正當性的基礎或元素，大概不外：信念（beliefs）、可問責性（accountability）、效率（efficiency）、治理能力（governance capability）、參與（participation）、程序公平（procedural fairness）以及分配公平（distributive fairness）等等。事實上，正當性的內涵隨政治體系而有不同，即使民主體系與威權體系也不一樣，都是一種動態的組合；如果將民主體制下的正當性觀點，套在威權體制上，可能會發生誤解。[14]個人認爲，當前中共統治正當性的元素主要有三：治理能力、政治問責、民族主義。這三者也可說是中共統治正當性的三大支柱。

大陸正當性的第一根支柱是治理能力。治理能力包括維持經濟持續的成長，[15]以及有效處理愈來愈多的社會、環境以及生活問題，例如國家與社會的矛盾、環境污染、食品醫藥安全等等，人民的要求也愈來愈多，期望愈來愈高。藍普頓用夢魘來形容那些讓

圖 5-1 治理能力與政治已穩定

$$\frac{\text{社會問題}}{\text{治理能力}} = \text{社會挫折}$$

$$\frac{\text{社會挫折}}{\text{疏導或轉移管道} + \text{控制能力}} = \text{政治不穩定}$$

大陸領導人夜不成眠的問題，包括「農民、龐大的人口和人民吃飽飯的問題；維護菁英的凝聚力和群衆安定；在各地層級的地方和功能官署的脈絡內達成可行的政策執行；經濟成長、就業和通貨膨脹；以及防止『外來勢力』與國內不滿份子串聯的需要。」[16]此時的共產黨必須展現治理的能力，回應人民的需求，解決人民的問題，否則，當不滿累積到一定程度時，就會出現社會挫折。

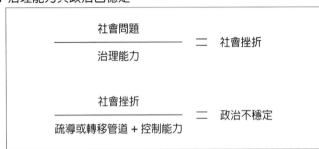

一旦有了社會挫折，就看有無疏通或發洩的管道，另外則是看中共控制的能力。中共現在比較容忍一些所謂群體性事件，因爲它可以發洩一些民怨，同時中共也加強各種控制的能力，以免社會挫折演變成政治的訴求，造成政治的不穩定。關於這一點，個人借用杭廷頓在《轉變中的政治秩序》一書中有關社會動員的公式，稍微調整如圖5-1。

強化治理能力，包括了組織的改造。大陸從一九八二年起進行七次政府組織改造，最近兩次則是所謂的大部制改革。[17]「初期的政府組織改造主要是爲了滿足市場化改革的需要而進行的，而後期的改造則愈來愈關注公衆的需求，即對民衆的回應。」[18]在十七大的二中全會上更做成決議，此次改造是以建立「服務型政府」爲改革目標。

大陸的領導人，從溫家寶開始，到現在的習近平，都開始展現一種親民的作風，表示他們關心人民，願與人民站在一起，但如果不能展現治理能力，其邊際效果終究會降到零。

大陸並非西方式的民主政體，沒有民主的監督與問責制度，但隨著經濟發展與社會的開放，共產黨也已發展出內發式的問責制度。問責制度的背後其實是權利意識的誕生與發展，亦即人民與政府之間的關係已出現了轉變，不再是過去那種毫無保留的義務支持，就像大躍進時，四處飢荒，餓死人數可能達三千萬人，但毛澤東依舊可以穩坐中南海。這個時代已過去了。現在只要出現重大事件時，大概都必須有官員負起責任。[19]

不過，最明顯的還是打擊貪腐。習近平一上台，就開始大範圍的強力打貪，習近平自己就強調，反貪腐是關係亡黨亡國的大事，其實也就是正當性的大事。據媒體統計，已有超過百名以上的省部級以上貪官落馬，其中所謂的「軍虎」占了三分之一。[20]從十八大以來，用大陸媒體說法，包括郭伯雄、徐才厚在內，還有三十八名軍級以上幹部，總共四十隻軍老虎入籠。[21]問題是，這種內發式的問責與民主的外部問責不同，它缺少唯有制度可以提供的持續性動力。打貪要靠制度與運動結合，只有運動沒有制度的打貪，終有再而衰，三而竭的時候。

個人認爲，前兩根支柱難免有不足之處，而第三根支柱「民族主義」就成了中共現在最重要的保命符。尤其改革開放之後，共產主義已失去其做爲信念的力量，取而代之的則是民族主義。[22]誠如沈旭暉所說：「中國民族主義是在一九七六年毛澤東逝世、四人幫被捕、民間那激進共產革命的信仰崩潰後，才全面繁盛起來。」[23]

中國的民族主義源於中國十九世紀以來所受到的屈辱，像DNA一樣一代傳給下一代，至今依然流在中國人的血液之中。在這種心理基礎上，中國人對於國際事務，乃至於兩岸，都顯得特別敏感，尤其是對日本、美國與台灣。對日本，既有過去歷史的仇恨，也有今日戰略上的競爭；對美國這個世界第一強權，中國既有被壓迫的感覺，也有想要超越的期待；對台灣，中國有統一的使命，也有戰略安全上的考量。

每逢中日之間有爭執時，都可以看到各地群眾集聚抗議日本的活動，凡是與日本有關的店家，都難免池魚之殃。某次到西安參訪，在一家「精緻料理店」用餐，心中狐疑何謂精緻料理，朋友笑稱大陸不敢用日式料理，因爲只要一有反日抗議，餐廳就會遭殃。大陸民眾對台灣的態度也相當一致，包括我自己在內，不少人都有類似的經驗，幾乎所有的計程車司機，只要提到台灣獨立，都異口同聲支持中共動武。這與中共長期以來的教育有關，台灣是中國尚未統一的關鍵，而兩岸尚未統一，則與外國勢力有關。

從江澤民開始，大陸領導人愈來愈常把「中華民族的偉大復興」掛在嘴上，到了習近平時代，「中華民族的偉大復興」變成「中國夢」的內涵之一。實際上，這種教育與宣傳已形成一種回饋關係，亦即中共教育民眾，到了一定程度之後，民眾反而給中共一定壓力，亦即在對外關係上，不能過於軟弱。此外，中共如果面對內部問題難以應付時，也可動員民族主義的支持，以免其正當性受到挑戰。尤其大陸民眾都認爲現在中國國力上升，更沒有必要在對外問題上忍氣吞聲，因此，民族主義對中共而言，是兩面刃，如果操作不小心，反而可能傷到自己。

不少學者的研究皆指出，大陸的外交政策的形成，政權的正當性亦是重要考量之一。[24]個人則較贊同沈旭暉的分析，中共利用民族主義來平衡政府、知識份子及社會群眾的互動，將其納入一個可以管理與控制的範圍內，形成一種默契，因此可以發揮內部維穩器的功能。至於對外，則「唯有強調公民民族主義元素，樹立連貫的『中國價值觀』，結合中華文明體系的向心力，才有可能讓國際社會安心，打破『中國威脅論』，成為對外政治的穩定劑」。由此可知，民族主義是這三根支柱的核心，也是共產黨維持統治正當性最重要的法寶，然而，個人認為，民族主義的穩定器功能仍然要看其它狀況而定，台灣不能掉以輕心。

這三根正當性支柱，是一種動態複合組合，由中共視情勢調整。依據西方的理論，威權政體的正當性是脆弱的，必然是遞減的，然而根據調查資料，有將近九五％的八〇年代前的受訪者相信大陸的政治體制仍是對國家最佳的體制，八〇後的受訪者也高達九三％的人持相同的看法。[25] 這個數字高得令人難以置信，且不論其調查方法是否有問題，但基本上也與其它的調查結果方向上是一致的，這也說明了，中共統治的正當性短期內不致於有太戲劇性的變化。

正當性元素的動態組合與以法律制度為基礎的正當性不同：（一）它的穩定性較不足，因為更仰賴當權者操控的政治藝術；（二）它的可續性亦不如以法律制度為基礎的正當性，可能因環境變化而面臨危機；（三）它可能引發系統崩潰的風險。雖然習近平上台後強調依法治國，要「把權力關進制度籠子裡」，但習近平的法治，與民主制度的法治不同，仍然是在框框之內，就像解放思想一樣，不敢全面解放。

這種法治的觀念，基本上是與治理能力聯結，而非本身就具有正當性的意涵。于建嶸也說，「今天的法治是威權主義法治，是確保最高權力在具有自由創制權的基礎上的依法治理，中央試圖用法律來規範地方政府權力和民眾行為，以解決官民矛盾。」[26]總而言之，這是中共終究要面對的問題。從這個角度來看，中共統治最成功之時，或許就是大陸政體轉型之日。

多元利益的誕生

這可能是最難以說明的一個現象了。這不只是一個程度問題，更是一個時間問題與範圍問題，它的變動不居，很難用幾句話來交待。從光譜來看，如果左端是單元性質的社會，右端是西方民主下的多元社會，大陸應該是偏於左端的位置；大陸雖然不是多元社會，但改革開放下，多元利益卻是必然的結果。

在白邦瑞筆下，中共好像控制了一切，所有企業對外的投資與活動等等，都是中共對外戰略的布局。在台灣，即使是馬雲想要投資台灣，也被懷疑其中有政府的資金與政治的目的。但藍普頓則認為，「中國政治制度自從一九七九年七月鄧小平復出掌權以來，已經徹底變了——領導人變得更弱、社會變得更強，而領導階層和社會都變得更加多元。」[27]藍普頓引述了大陸外經貿部一位官員於二〇〇二年的談話：「當一家公司出了中國，其資本流向就脫離我們管控。他們不會報告。」[28]

無可諱言，大陸這幾十年來，國有經濟與私有經濟有愈來愈多的參與者，其複雜程度已未必是中共能全盤掌握；知識份子愈來愈活躍；社會團體也愈來愈多；資訊與媒體管道的成長；軍方的力量也愈來愈強；地方政府也愈來愈強大。北京就像是一個競技場，各個利害關係人，包括不同中央部門、地方政府、利益團體、公私營企業，都在這裡競逐利益。這種複雜的關係之下，領導人很難一言九鼎，當然也多了種種貪腐的機會。這是大陸經濟發展以及社會日漸開放之後的結果，尤其是資源的分散，使各種參與者皆能發揮一定的影響力。

大陸隨著社會經濟發展，出現多元利益，但並不代表它是多元社會（plural society）。個人認爲，中共雖然無法時時處處監控一切，但在必要時，它仍可有效壓制不同的意見，以維持穩定。就以二〇一五年八月發生的天津大爆炸爲例，中共仍然可以有效在內部控制媒體的報導，而外界在短時間也無法瞭解究竟眞相爲何，有多少人傷亡等等。

發展失衡

發展失衡的現象，早已隱藏在鄧小平「讓一部分人先富起來」這句話中，只是鄧小平自己恐怕也沒想到其問題已嚴重到可能危及中共統治的正當性。改革開放三十年的發展失衡，表現在幾方面：城鄉失衡、區域失衡、人口失衡、貧富失衡、環境失衡以及政社失衡。

城鄉失衡，具體的說，就是三農問題，所謂「農村眞窮，農民眞苦，農業眞危險。」但就像林毅夫所說，三農問題歸結到底，其實就是「農民收入成長相對緩慢的問題。」[29]事實上，農村收入比過去增加，但與城市相比，就落後了。在經濟發展的過程中，農村人口往都市流動是自然的現象，因爲水往低處流，人跟機會走，到城市去，發展機會比較大。農村人口流失，也產生了一些社會問題，例如留守兒童。

依據大陸第六次人口普查數據，在三十一個省級行政區中，人口淨流入地區有十四個，淨流出地區十七個，人口流失數量超過兩百萬的省分已超過十個，其中人口流失數量最多的安徽省，已有九百六十二點三萬人在其他省生活或工作，占所有跨省流動人口的一一．二％。這麼大量的人口流動，原因就是區域以及城鄉經濟發展失衡。此一失衡問題，如果不控制，會呈現雙頭壓力：亦即人口流出地區愈來愈難發展，人口流入地區的承載壓力愈來愈大。

所謂人口失衡主要是指一胎化政策下，大陸人口老化的問題。人口老化本來是經濟發展較成熟國家才會碰到的問題。毛澤東認爲人多好辦事，但鄧小平認爲人多是問題，會吃掉大部分經濟的增長。爲了讓經濟快速增長，鄧小平推動一胎化政策。一胎化政策的長期後果，就是大陸在發展階段，便進入了老齡化社會。根據大陸國家統計局二〇一五年一月公布的數據顯示，二〇一四年中國大陸地區六十歲及以上人口高達兩億一千兩百四十二萬人，占總人口的一五．五％，六十五歲以上人口有一億三千七百五十五萬人，占總人口的一〇．一％，預估到二〇五〇年，每三個人中就有一個是老年人。[30] 對於一個需要依賴經濟表現來支撐正當性的政權而言，老齡化代表生產力的降低，代表社會福利支出的增加，絕對是一項艱鉅的挑戰。

中共十八大五中全會已宣布全面開放二胎政策，以解決人口結構失衡的問題，然而二〇一三年的單獨二孩政策似乎並沒有太大的效果。全面開放二胎政策固然解開了第一道鎖，但眞正關鍵的還是第二道鎖，亦即家庭收入的改善（持續的經濟成長與公平的經濟分配），以及降低撫養孩子的成本（社會福利）。

貧富失衡或貧富差距的不斷擴大，是一顆不知何時引爆的政治地雷。無可諱言，改革開放讓大陸經濟快速成長，也讓數以億計的人脫離貧窮線，但貧富差距卻是不斷擴大。IMF的一份報告指出，中國已成爲「全球收入最不平等的國家之一」。根據該報告，中國收入最高的二〇%的人群占據總收入的近一半，而最貧窮的二〇%人群占總收入不足五%。[31]根據大陸國家統計局發布的資料，二〇一四年全國居民收入吉尼係數爲零點四六九，而零點四被認爲是警戒值。大陸已經長期處於超過警戒值的狀態，事實上，在一個管制過多而且國有資源龐大的國家內，貪腐以及貧富不均根本是無法避免的事。如果沒有體制改革，這顆地雷的引信就無法拆除，這也是大陸領導終究要面對的問題。

至於環境失衡，個人有很深的感受。二〇〇一年四月第一次到大陸，一路從上海、蘇州、杭州、到北京，心中就納悶，怎麼一路都看不到藍天，天空永遠是灰濛濛的。之後又到大陸不下數十次，每次感覺都一樣，直到有一次到九寨溝，才發現大陸原來也有藍天。大陸主要城市幾乎都籠在霧霾之中，北京也不例外，因此只要一有藍天，反而成了新聞，例如二〇一四年APEC在北京召開，網路上就出現了所謂的「APEC藍」的種種嘲諷。二〇一五年大陸知名記者柴靜發表她自己製作的新聞調查報導《穹頂之下》，揭開了大陸污染的現況，令人怵目驚心，但一星期後就被封殺，大陸網路上已看不到此片。此片打動人心，也凸顯了治理無能的問題，遭到封殺並不令人意外。

最後是政治與社會的失衡，三十年經濟改革的結果，的確交出了亮眼的經濟成績單，但政治改革的議題，始終未拿上日程，大陸一些思想較開放的自由派學者都已看到了問題。「社會無法表達他們自己的意願，無法對政府監督批評，也沒有權力參與政治過程，這樣的一種社會無權的狀態使得地方政府越來肆無忌憚，導致貪污腐敗橫行，黑社會橫行。這樣的國家與社會關係的出現，使得國家與老百姓之間的關係不僅愈來愈遠，而且愈來愈緊張。雖然社會不斷在互聯網上批評或者在地方進行抗議，或者進行上訪，或者在各地進行串聯，試圖聯合起來，但是這些行動導致的結果是政府更加大了對社會的鎮壓和控制的力度，從而導致國家與社會關係空前緊張。」[32]李凡的描述將問題侷限在地方政府與民眾的關係上，雖是一種技術上的取巧，但所有的政治都是地方政治，問題確實也是如此。

習近平抓貪腐，十八大強調依法治國，基本上就是想要緩和國家與社會之間的矛盾，至於自由派學者所期待的政治體制改革，恐怕連樓梯響聲都聽不到了。

愈來愈棘手的國際安全問題

中國大陸和美國一項很大的差別，在於美國東西兩面海洋沒有強鄰，南北緊鄰的大陸也都是朋友，而只要翻開地圖一看，就可以發現中國大陸四週邊界幾乎都有安全的威脅，天生就是沒有安全感的國家，而且今天更盛於昨日。以大陸所處的戰略地理位置，就可以體會大陸領導人爲何會有較高的不安全感。

這個問題，隨著中國大陸實力的日漸增強，也愈來愈明顯。道理其實很簡單，當一個國家實力愈來愈強時，不只既存的大國會擔心受到挑戰，周邊的國家也會擔心被霸凌，於是乎彼此開始結盟以抵制這個新興的大國。這就是現在發生在中國大陸身上的事。美國重返亞太的政策，當然與中國大陸的快速崛起有關，美國現在積極與日本、菲律賓、越南、印度、緬甸等國強化關係，看在中國大陸領導人眼裡，心裡不是滋味，更如坐針氈。另一方面，隨著國力上升，民衆的期待也上升，使得中共在處理國家安全問題上，不能過於軟弱，因此大陸在東海與南海問題上，都必須展現一定的作爲。由此可知，這不只是國家外部安全問題，而且與民族主義有密切的關聯，如果處理不好，都可能產生很強的後座力。

對大陸來說，國家安全問題日趨重要，她不能不扮演更積極的角色，但又不能引起他國更高的疑慮，而且不能升高衝突以致危害到自身的發展。胡錦濤時代，曾希望以「和平崛起」來化解「中國威脅論」的疑慮，甚至於後來將「崛起」兩個字再換成更為和緩的「發展」。由此可以看得出來，大陸並不希望國際安全問題成為其政策上的大困擾。[33]

事實上，大陸內部也有鷹派認為，大陸已經被封鎖，甚至於遲早被肢解。[34]大陸不乏現實主義觀點的鷹派學者，尤其是解放軍內的學者，如劉明福、戴旭、喬良等等，他們都認為中美之間的衝突難以避免。一旦這種戰略思想當道，就會形成安全性弔詭（security paradox），也就是國家之間各自為了維護自己的生存或強化自己的安全而惡性競爭，結果反而使得大家都更不安全。

總而言之，大陸從貝爾格勒大使館被炸事件開始，已慢慢脫離韜光養晦的路線，而且隨著加入世貿組織及綜合國力的成長，在各個領域都開始有角色發揮，習近平在此時成立國家安全委員會，也是呼應這個新時代的需要。現在的大陸，能力更強卻不足，民心更盛卻難抑，而世局更險又複雜，說習近平現在是如履薄冰，並不為過。

被壓縮的戰略機遇期

戰略機遇期是中共相當喜歡的一個用詞，從鄧小平一直延用至今。戰略機遇期的觀念來自於戰略的認知與判斷。鄧小平復出，他看到了當時的國際環境：美蘇兩國已開始緩和，而大陸發展不能沒有和平的國際環境，因此中共也開始與蘇聯改善關係。他在一九八〇年時即強調「不僅世界人民，我們自己也確確實實需要一個和平的環境。所以，我們的對外政策，就本國來說，是要尋求一個和平的環境來實現四個現代化。」[35]

至於內部，四人幫已經垮台，華國鋒的「兩個凡是」也沒有得到支持，鄧小平最後總攬大權的條件已經形成。能認識並且創造戰略機遇期，才能利用戰略機遇期。在這段期間，大陸做了不少重大的戰略性決定，包括以經濟建設爲中心的大政方針、引進市場機制的經濟政策、融入世界經濟體系的貿易政策、一胎化的人口政策、向世界開放以及韜光養晦的外交政策。

這幾項戰略性決定，給大陸帶來天翻地覆的改變，但也帶來了大量的、新的問題，這些問題已經對大陸形成很大的治理挑戰，亦即大陸的體制承載力與承載量的問題。以習近平時代來說，個人認爲，其戰略機遇期的主要特色爲：（一）經濟上的挑戰是完成結構性的調整；（二）社會上的挑戰是如何實現小康社會；（三）政治上的挑戰是重新調整國家與社會的關係；（四）國際上的挑戰是如何讓中國成為負責任的大國。在鄧小平時期，雖然是摸著石頭過河，但是社會經濟問題在於成長，而且成長的空間很大；但到了習近平時代，改革開放各種措施所遺留的問題，愈來愈複雜。

以經濟面來說，碰到的是結構轉型的艱鉅挑戰，這個檻過不去，可能引發不可測的連鎖效應；以政治面來說，如何導引社會的不滿，避免社會不穩，也是燙手山芋；以國際面來說，大陸無法再韜光養晦，中美關係因東海、南海等問題而日趨緊張。整體而言，現在的戰略機遇期較鄧小平時代，更為壓縮，換言之，中共所能回應的彈性與空間愈來愈小，時間愈來愈短。對中共政權來說，其首要任務，就是爭取延長這個被壓縮的戰略機遇期，並且在期間內克服困難，完成以上所說的目標，唯有如此，才能繼續維護中共的一黨專政。中共做得到嗎？只能讓未來的歷史來回答了。

二、不確定的未來：誰說的比較有理？

中國大陸未來的發展是各國關切的問題，學者間觀點也不盡相同，卻是我們瞭解中國大陸未來很好的切入點，同時也是我們制定國家戰略時必須思考的問題。

（一）中共會崩潰嗎？[36]

這是老問題，至今仍迴盪不已。二〇〇一年章家敦（Gordon G. Chang），一位美籍華裔律師，出版了一本書《中國即將崩潰》（*The coming collapse of China*），引起一時熱論。他認爲：「中國現行的政治和經濟制度，最多只能維持五年……中國的經濟正在衰退，並開始崩潰，時間會在二〇〇八年北京奧運會之前、而不是之後！」[37]這個預言雖然失敗，但章家敦二〇一一年十二月在外交政策上仍發表文章堅持自己的看法。他依舊認爲中國經濟已走完了上坡，因爲支撐高速經濟成長的條件將要或已經消失，包括採取限制性外資的經濟措施、國際需求下降、工資上漲、人口紅利消失等等，再加上社會不滿事件增加，他說：「中國現在變化太大，太不穩定，已非共產黨所能穩住。」而且斷定「中國共產黨將在二〇一二年垮台。」[38]當然，章家敦又再損龜。不過，我們也不必因此而忽略章家敦的觀點。事實上，他也反映了相當多人的觀點，這些觀點基本上都與華盛頓共識類似。[39]

被認爲是知中派的美國學者沈大偉（David Shambaugh）雖然認爲預言中國未來是風險很高的事，但他於二〇一五年三月六日在《華爾街日報》撰文表示，中共已走到了統治的最終階段，而且習近平無情的手段只會讓中國離崩潰臨界點更近一點。雖然他認爲預測未來是高風險的事，不過，不論是蘇聯的解體，東歐共產政權的垮台，乃至於這一個世紀的喬治亞、烏克蘭的顏色革命以及隨後的阿拉伯之春，也都是出乎意料之事。換言之，中共政權會不會垮，誰又能說只是一廂情願的思考（wishful thinking）而已呢！[40]

基本上，認爲中共政權終將崩潰的觀點，大概可以歸納如下：

A. 經濟成長降低，影響到中共政權的正當性。這主要是章家敦的論點，事實上，不少學者都認爲經濟表現是中共正當性基礎之一，他們認爲，大陸人民之所以安於現狀，是因爲經濟成長，能夠帶來生活的改善，一旦經濟成長大幅下降，一般人民受到的傷害最深，屆時可能造成強烈的不滿，引發社會問題，並以星火燎原之勢，危及共黨政權。即使是 Martin Jacques，他也認爲「只要成長率持續低於八%，就是嚴重的社會威脅。」[41]個人認爲，這種把經濟發展與正當性當成線性關係的看法，值得商榷。不過，即使不考慮正當性，大陸的經濟的確面臨相當大的問題，包括過度浪費的投資（產能過剩）、企業債台高築（又因產品價格下降、工資提高，獲利大減，可能無法還債）、內需不振，從二〇一五年開始到現在，各界對於中共處理經濟問題的能力也高度懷疑，對大陸經濟前景也相對悲觀。[42]

二〇一四年十月二十三日，加州大學聖地牙哥分校舉辦了一場關於中國經濟前景的大辯論，主題是「中國經濟是否會在五年內崩潰」，代表正方的是Victor Shih，代表反方的是Barry Naughton，兩位都是美國當前研究中國經濟、財政問題的頂尖學者。辯論結果的輸贏不是由辯論本身來看，而是要看實際的結果如何，不過，現場問卷的結果，各有百分之五十的支持者，也說明了這是一個很複雜，很難定論的問題。[43]

B. 社會、經濟與政治的鴻溝愈來愈深，共產黨卻很難從內部進行政治改革。就如同福山（Francis Fukuyama）所言：「如果中國不能變得更加開放，提供更多的經濟准許權、言論自由，那麼它將很難繼續發展下去。」[44]這基本上是華盛頓共識的觀點，亦即威權政體和市場經濟有內在的矛盾，隨著經濟發展，矛盾會愈來愈深，如果不能緩和矛盾，很可能導致系統的崩潰。從西方政治發展的觀點來看，大陸中產階級愈來愈多，他們必然會要求更多的政治參與與政治改革。事實上，溫家寶在其任內也多次提及要進行政治改革，但都只聞樓梯響，不見人下來，可見其難度很高。

C. 不穩定感或者說不安全感。習近平強調要全面依法治國，但相信的人可能不多，其實這也說明了，中共是一個低制度化的政治體系。一個低制度化的政治體系，其最大的特徵就是不可預測性，對人民來說，就是一種不穩定感。中共政權基本上不是依法而治，共產黨可以透過種種手段來對付他所認爲的敵人。沈大偉引用上海胡潤研究中心的調查，在其調查的三百九十三名所謂富人中，有六四％的人已經移民或準備移民。或者說，他們已將自己的資產移往海外。

曾經有一位大陸企業界人士也親口對我說，大陸有錢人都充滿不安全感，愈有錢愈是如此，因此都想把錢往外移。很多在美加地區的朋友，尤其是西岸地區，都說當地的房價已被大陸人炒高了，說明這已是相當普遍的現象。「裸官」一詞的出現，不僅說明貪腐問題嚴重，也可看出這些官員本身對體系亦無信心。

D.貧富差距及貪腐終將使中共政權失去正當性。貧富差距與貪腐橫行，可以說是中共發展路徑上的必然現象，因爲政策上的管制愈多，尋租現象（rent-seeking）愈普遍。從胡錦濤開始，就一直強調貪腐的問題，直到習近平才開始大動作掃貪腐，然而卻是訴諸運動的形式，而不是制度的改革，因此只能壓制，卻難以有效消除行爲背後的動因。事實上，習近平打貪必然陷入兩難：出手太輕，沒有效果，說不定反被譏作秀；出手太重，則造成整個行政部門的不作爲，乃至於既得利益的反彈。[45]反貪腐必將製造內部的恐慌與矛盾，而內部矛盾愈深化，對習近平的威脅就愈大，因此，像沈大偉就不排除習近平在權力鬥爭或政變中被趕下台的可能性。

E. 謊言最怕資訊的開放。中共透過教育與宣傳工具，決定了人民能得到什麼訊息，大陸人民雖然不像電影「楚門的世界」中，那個活在完全虛構情境中的楚門，但恐怕也只是程度之別而已。有朋友開玩笑，在大陸可以選擇做一個痛苦的明白人，也可以做一個滿足的糊塗人，他相信大多數人寧可做糊塗人。雖然中共對於媒體與資訊仍採取嚴格的管制，但管制的成本愈來愈高，而且資訊技術（翻牆）愈來愈進步，流動愈來愈快，大陸民眾可以獲得的資訊已不可同日而語。現在的情況，有一點像是汽油慢慢在累積與擴散，就等那一天有一根火柴來點燃，問題只是時間而已。

F. 中共愈來愈沒信心，管制愈來愈強。[46]習近平上台後，對媒體、網路、社交媒體、知識份子、藝文界、宗教界的管制愈來愈緊，例如對媒體、知識份子有所謂的七不講。[47]除此之外，從胡錦濤開始，大陸的維穩預算就大幅增加，並且已超過了軍事預算，可見中共對於內部維穩問題的重視。二〇一五年八月為了紀念抗戰勝利七十週年，舉行盛大閱兵，但在北京城卻實施各種管制措施，有如草木皆兵，可見整個政權是處於一種極度緊張的心理狀態之下。

二〇一五年十月中共又新修訂〈中國共產黨廉潔自律準則〉和〈中國共產黨紀律處

分條例〉，前者是正面表列高道德標準，後者是負面表列不得之行爲，其中最引人注目的是第四十六條的規定，凡是透過資訊網路、廣播、電視、報刊、書籍、講座、論壇、報告會、座談會等方式：「（一）公開發表違背四項基本原則，違背、歪曲黨的改革開放決策，或者其他有嚴重政治問題的文章、演說、宣言、聲明等的；（二）妄議中央大政方針，破壞黨的集中統一的；（三）醜化黨和國家形象，或者詆毀、誣衊黨和國家領導人，或者歪曲黨史、軍史的。」都會受到或輕或重的黨紀處分。這些規定，有如言論自由的天羅地網，其強化管制的心態十分濃厚。根據「壓制的力量愈大，反彈力量也愈大」的原理，中共的崩潰似乎也是可以預期。

這幾個理由，都有道理，也是壓縮中共戰略機遇期的因素，但反對者也提出他們的看法，例如陳定定（Dingding Chen）教授三月十日立即在《國家利益》雜誌上撰文反駁沈大偉的看法。[48]他認爲沈大偉的看法，除了經濟成長趨緩這一條外，其它都無新意，都是存在已久的現象，這些唱衰中國的看法，基本上都是西方對於中國崛起的恐懼與不適應。不過，且不論其心態如何，對中國大陸的認識不能只限於片面之辭。

認爲中國大陸不致於崩潰的看法，也可以歸類如下：

A.大陸政府的回應意識與回應能力不斷提升。就像藍普頓所說，毛澤東在位時，即使飢荒，死了數千萬人，他仍可以在中南海高枕無憂，但現在哪裡有災難，國家領導人都會趕赴現場。四川汶川大地震時，溫家寶趕赴災難現場關心災民的畫面，透過電視傳遍大陸，用以傳達領導人與民眾站在一起的形象。筆者曾經參訪幾個省的報紙媒體，發現他們的記者遍布各地社區，還有爆料聯絡電話。這些領導說，這是反映民眾生活不滿最快的管道。

此外，大陸政府在政府報告中也都坦率指出當前問題，表示他們具有相當的問題意識。例如大陸國務院總理李克強在中共第十二屆人大進行其首次「政府工作報告」時，就指出大陸當前面臨的幾個大問題：（一）大陸發展仍面臨經濟增長內生動力尚待增強；（二）財政與金融存在風險隱患；（三）部分地區污染嚴重；（四）腐敗問題易發；（五）以及民眾不滿收入分配、徵地拆遷、社會治安等多重問題。這也表示這些問題都是施政的重點，也是政府回應民意的表示。

二〇一四年十二月八日，大陸的中國政府網透過微博，由網友投票決定了民眾最關心的十大政策，其中「進一步簡政放權擴大改革成效」、「深化醫藥衛生體制改革」、「推進戶籍制度改革」列前三位。這是大陸國務院首次就推行政策的關注度進行的網路評選。事實上，大陸政府利用民意調查已有一段時間，透過民意調查，可以使政策更具合理性、可操作性，同時也可以瞭解民意走向，發揮預警作用。一九八八年以前，大陸不允許獨立民意研究機構存在，但隨後註冊的民意調查公司就如雨後春筍般出現。二○○四年年底，國家統計局社情民意調查中心正式成立，各省市統計系統下的民意調查機構也相繼出現，做為政府探求民意的重要工具。[49]

B. 大陸人民需要的是能解決問題的政府，遠甚於對民主的需求。也就是說，只要中共政權能改善人民的生活，包括教育、醫療、環境問題，還有貪腐、司法不公等等，人民是可以忍受較低度的民主。這是一種心態問題，或者是中華傳統文化的問題。[50]中國傳統上沒有民主的觀念，期待的是聖君，放在現代來講，對於大有爲政府的期待遠高於對民主政府的期待。根據美國 Pew Research Center 所做的調查，大陸民眾長期以來對於國家的經濟與發展方向是滿意的，從二○○六年以後都高達百分之八十以上。[51]

一般人以爲，大陸現在開放了，人民經常有機會出國，應該都能體驗到民主國家的運作，應該會嚮往民主才是。這樣的猜測，可能有一些盲點。首先，大陸能出國的民眾畢竟是少數，而這些人基本上都是體制的受益者，他們的心態上基本上不是反體制的。其次，大陸曾經經歷了文化大革命那一段動盪慘痛的十年，改革開放以來的成果，對大多數人而言，應該感受都很深刻，所以他們對穩定的珍惜更甚於民主。王正緒研究大陸民眾對民主的支持度，發現大陸民眾對民主有一種既愛又怕的心理（ambivalence），而怕的就是失去了穩定的社會秩序與一致性的政府政策，或者說，他們既想要民主，但也珍惜現狀。[52]

第三，民主不是解決問題的萬靈丹，西方民主國家也有不少問題，台灣民主似乎也不是模範，而新興民主的慘痛經驗則歷歷在目，對不少大陸人來說，大陸實施民主的後果如何，不僅是不確定，甚至於是很多人的疑慮。《經濟學人》雜誌總編 John Micklethwait 就有這樣的經驗：「像我這樣的西方記者到了中國之後，很關注人權問題，但是你要和中國老百姓交談，就會發現他們更關注經濟和教育這些基本問題，諸如此類中產階級經常關注的問題。」[53]陳定定根據其調查研究指出，「即使是最自由主義的中國人，他們對民主與自主的渴望，只要政府能處理好腐化、環境污染與不公平等問題，很快就下降。」[54]

C. 大陸的治理能力更強。隨著社會與經濟發展，問題是愈來愈多，愈來愈複雜；中共很清楚，這些問題處理不好，那就是亡黨亡國的事。換言之，治理能力之強弱關係到它政權的生死存亡。誠如林中斌所說，十八大三中全會的六十項改革，就是要提升中共的治理能力。[55]治理能力的提升要靠團隊、組織、資源、民心與科技。現在七位中常

圖 5-2：中國大陸民衆對國家現況的滿意度

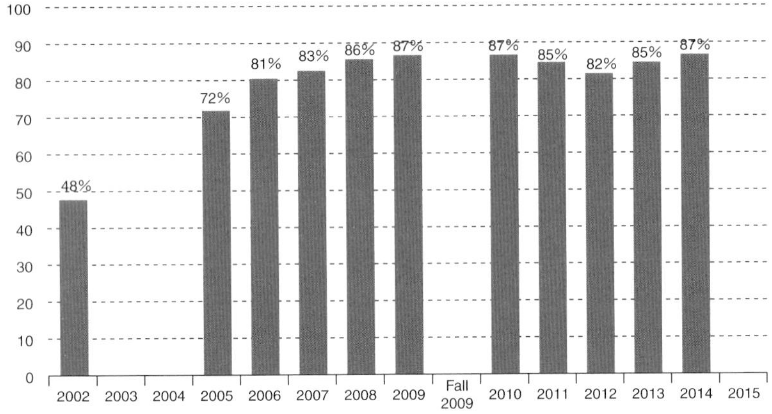

資料來源：Pew Research Center, http://www.pewglobal.org/database/indicator/3/country/45/
問卷的問題為：Overall, are you satisfied or dissatisfied with the way things are going in our country today?

委，與過去胡錦濤時代並不相同，更像一個團隊，李克強配合習近平，王歧山打貪也是依習近平指示，展現的成績的確不俗。此外，習近平自己抓新成立的「全面深化改革小組」以及「國家安全委員會」，都是要利用這兩個組織來發揮協調功能，提升決策與治理的能力。再從資源面來看，大陸這三十年經濟發展已爲政府累積相當資源可以運用。當然，治理還是要靠科技，大陸對新聞以及網路的管制，相當嚴格。當阿拉伯之春發生時，不少人認爲透過網路串連運動的時代已經來臨，大陸也不可能免於此一潮流。然而，事實的結果是大陸利用科技對網路的控制更爲加強，而且有龐大的資源可以利用。了解大陸網路的人都知道，在大陸網路上，只要出現一篇批評政府的言論，可能就會冒出更多篇擁護政府的言論。[56]

D.中國國際地位的上升。對中國人來說，國際地位的上升有很重要的意義。中國百年多來的屈辱，透過教育，一代一代傳下去，使得中國人對於自己國家的國際地位有很高的期待。隨著開放、參與以及經濟發展，大陸的實力愈來愈強，在各個國際組織中的分量也愈來愈重，二〇〇八年奧運成績亮眼，太空發射成功，二〇一五年大陸成立亞投行，以及對日本的強硬態度，這些都得到民衆的支持。二〇一五年APEC年會在北京舉辦，習近平與安倍握手時擺了一張臭臉，透過媒體傳送，反而讓他的支持度更上揚。再加上一些吹捧大陸將要統治或買下世界的言論，也讓民衆獲得某種程度的滿足。不論是從集體主義的文化或中國近代歷史來看，大陸民衆對政府八成以上的滿意度，多多少少都與中國國際地位的上升有關。由此也可以看出民族主義做爲正當性的支柱，對中共而言，其重要性不言可喻。

E.大陸根本缺乏有組織的反對勢力，而且領導人中沒有戈巴契夫。[57]一個威權政體的崩潰，不是來自於外部的擠壓，就是來自於內部的分裂，或者是內外夾攻，裡應外合。有組織的反對勢力是動員足夠的民衆支持的先決要件，也是打擊統治正當性的重要一步，更象徵取而代之的一股力量。先從外部擠壓來看，大陸雖然有各種社會團體，但這些團體都知道，一旦涉入政治的領域，就會面臨很大的風險。雖然大陸各地的抗爭事件有增加的趨勢，但這些都不是有組織的反對勢力，而是針對特定議題的抗爭。大陸爲什麼對法輪功如此忌憚，主要即在於其是有組織的力量。大陸目前的維權人士，都遭到相當程度的監控，想要串連結盟都有某種程度的困難，更重要的是這些反對勢力還沒有足夠的社會支持基礎做爲支撐。

從內部來看，沈大偉並不排除習近平被政變推翻的可能性，因爲他高調的反貪腐可能會激怒黨、政、軍、經的重要人物。這種想法或多或少是想當然耳的推論。習近平反貪腐，必然會造成人心惶惶的效應，畢竟又有誰是不貪的呢，因此可能會有被推翻下台的危機。然而，從習近平上台前後的表現來看，包括胡錦濤裸退、中常委調爲七人、扳倒薄熙來、周永康、徐才厚等等，他不是省油的燈，他的政治手腕應足以應付反貪腐的後座力。而且大陸的政變，如果沒有軍方的支持，根本不會成功，這一點習近平很清楚，而且從各種跡象來看，他對軍隊十分重視，也是掌握得牢牢的。除此之外，目前的七位中常委，與胡錦濤時代不同，更像一個有領袖的團隊，不致於變生肘腋。最重要的是，習近平自己也不是戈巴契夫的角色，甚至於戈巴契夫在他心目中根本是失敗的象徵，是終結共產黨統治並導致蘇聯分崩離析的主因，他是根正苗紅的共產黨第二代，他的目的是要維護共產黨的永續統治以及中國主權的完整。[58]

大陸不僅沒有戈巴契夫，也沒有像南非戴克拉克（de Klerk）那樣的人物。戴克拉克不僅體認到南非必須終結黑白分治，走向民主化，更積極運作，取得內閣的支持，然後才宣布非洲民族議會合法化，並且釋放曼德拉。事實上，外部反對勢力與內部改革力量的合作，是民主轉型成功非常重要的條件之一。[59]

F. 經濟成長趨緩不見得是壞事。誠如陳定定所言，經濟成長趨緩也會帶一些好處，如更少的污染、更少的土地掠奪、更少的貪腐、更少的能源消費，以及更低的社會經濟期待，反而有助於降低社會的緊張。[60]從二〇〇八年以後，大陸的經濟成長就趨緩，但仍然維持百分之七以上的勢頭，林毅夫也指出，如果中國繼續推動國內消費需求和投資，中國經濟將在未來幾年保持年均七％的增長。[61]二〇一四年，習近平開始使用「經濟新常態」這個概念，它點出了大陸目前經濟的特色，也指出了問題。

經濟新常態有四個特色：「中高速、優結構、新動力、多挑戰」。[62]所謂「中高速」，就是從過去約一〇％的高速成長降爲七％至八％的中高速成長。這個說法也是讓民眾對未來的經濟成長不致有太高的預期，同時大陸可以趁這個時期進行經濟結構的改革。所以新常態也要優結構，事實上，大陸面臨所謂中所得陷阱的挑戰，也就是一個國家發展到中所得程度後，可能下無法與其它勞工更便宜的低所得國家競爭，上無法與擁有技術以及制度優勢的高所得國家競爭，就像巴西和南非一樣。

最近幾年，很多沿海地區都在進行騰籠換鳥的政策，不少傳統產業的台商被迫遷廠。大陸也瞭解其經濟發展過度依賴投資，而且是基礎建設的投資，因此投資雖然不能減，但應該著重於技術創新、產業升級，以提升附加價值，同時也要強化內需消費（例如近年大陸工資已上漲相當幅度，經常可以聽到台商類似的苦水），以免過度依賴出口。過去幾年，大陸的第三產業產值一直在增加，二〇一三年時已占GDP比重達四六．一%，首次超過第二產業，但仍遠遠落後於已開發國家，例如美國則已高達八〇%以上。可以看得出來，這些都將是大陸經濟發展的一個長期趨勢。

過去大陸經濟發展是要素趨動，主要是勞動力與土地，這樣的動力已走到筋疲力竭的地步，因此有了「新動力」的說法，強調由投資驅動轉向創新驅動。至於「多挑戰」方面，主要是指一些不確定性的風險，尤其是金融風險、房市泡沫等等。

不過，更重要的是，大陸的經濟成長率仍然高於全球各主要國家，更何況大陸十八屆三中全會所作的決定中，針對經濟議題的部分最多，在十六大條中占了六條，展現深化改革的決心。事實上，有關國企的改革、預算的改革、稅制的改革，都已經開始推動。除此之外，上海自貿區在二〇一三年九月二十九日揭牌，二〇一五年四月二十日中國大陸國務院發布了廣東、天津、福建等三個自由貿易試驗區之總體規畫方案，以及進一步深化上海自由貿易試驗區改革開放方案。廣東自由貿易試驗區、天津自由貿易試驗區與福建自由貿易試驗區就在隔天同步揭牌。另外還有一帶一路的貿易布局，就不再贅言。

中共雖已認識到問題的嚴重性，但執行力與成效如何，就只能由結果來檢驗了。換言之，經濟成長趨緩不是問題，但改革能否成功，能夠做到優結構，能夠建構新動力，那才是關鍵。

G. 中國的前景仍然有潛力。大陸有錢人把錢搬到國外，可是仍然有不少留學生選擇回到大陸去發展。有人認為，如果大陸未來沒有前景，沒有發展潛力，那怎麼會有留學生願意回去發展呢？就像 Arthur R. Kroeber 所說：「去（二〇一四）年新註冊的私人企業成長了四五％，一點都不像創業者放棄希望的跡象。」[63] 因此，他們認為這是一個指標，代表中共政權不會有崩潰的危機。不過，這兩個現象並存也不是矛盾，的確，大陸仍然是有發展潛力，但大陸的制度化程度也低，因此回去賺錢之後，就把錢搬到國外，是很合理的避險行為。從另一方面來看，雖然媒體報導一些外資撤出中國大陸，但實際的數字則是中國大陸在二〇一四年已超越美國，成為第一大吸引外資投資的國家。中國大陸二〇一四年吸收的外國直接投資金額為一千兩百八十億美元，而美國僅有八百六十億美元。64

究竟中共政權會不會崩潰？就在沈大偉發表文章之後，ChinaFile網站找了七位學者針對其文章發表看法，包括趙穗生、Arthur R. Kroeber、孔誥烽、Howard W. French、Peter Mattis、Ryan Mitchell以及陳衛華七人，其中四人認為中共政權不致於崩潰，其餘三人則認為中共面臨重重嚴重的問題，其未來充滿了不確定性。65誠如Howard W. French所言，「國家以及國際事務遊戲的本質，就是其結果並非原先所預想甚或是背道而馳……（習近平）追求中國夢將會帶來許多他原先想不到或根本不想要的東西。」由以上分析可知，它由很多因素決定，但可以確定的是，大陸無法以現在的現狀持續發展下去，它必然要經歷不斷的改革，而改革的議題、廣度、方向、程度、次序、時機等，都會決定它的軌跡，也決定中國人民的命運，甚至於兩岸的命運。這個實驗依然在進行，或者說，大陸仍舊在摸著石頭過河，險灘、漩渦都不會少。總而言之，這個故事還沒結束呢！

（二）大陸要買下世界？

大陸經濟快速發展的成就，確實令人刮目相看，尤其大陸以其龐大的市場以及鉅額的外匯，似乎真像拿破崙所形容的：一頭睡醒的獅子，想要一展雄風。「在人類歷史上，人們還從未見過一個人口如此眾多的國家（十三億），在如此長的時期內（二十五年），有過如此迅猛的發展……中國是世界上從未有過的最好的發展成功案例。」[66] 過去，大陸是資本輸入國，但從二〇〇三年開始，也就是改革開放二十幾年後，大陸也決定了「走出去」的戰略，亦即開始海外的併購。根據大陸的統計，累積至二〇一三年底，中國大陸對外直接投資累計淨額達六千六百零四點八億美元，位居全球第十一位，其中二〇一三年對外直接投資流量達到一千零七十八點四億美元。除此之外，國有企業流量占比降至四成。[67]

二〇〇五年法國人 Erik Izraelewicz 寫了一本《當中國改變世界》，二〇〇九年 Martin Jacques 繼之寫了一本《當中國統治世界》，二〇一〇年 Stephen Halper 出版《北京共識：中國的威權模式如何風行於二十一世紀》，二〇一一年 Arvind Subramaniam 出版《日蝕：生活在中國經濟霸權的陰影下》，這些書一出版，很快就成爲暢銷書，然後再加上一些大陸海外的併購案，更引起西方國家「中國威脅論」的疑慮。這種疑慮出現在美國國會的美中經濟與安全審議委員會之中，也出現在西方媒體之中，《紐約時報》甚至稱中國有如「擁有軍隊的沃爾瑪超市」。[68]

中國大陸在發展的過程中，消耗了世界大量的能源與原物料，尤其在二十一世紀的前十年，各項原物料的價格大漲，大陸不只買原物料，後來更積極想要買下公司。當大陸的中國海洋石油公司要併購美國的 Unocal 公司時，就引起美國民眾及國會的疑慮，共和黨眾議員 Richard W. Pombo 提案認爲允許中國公司購買 Unocal 會威脅並損及美國的國家安全，投票結果，三百九十八票比十五票。

中國鋁業想要併購澳洲力拓公司時，也碰到類似的問題。澳洲反對黨領袖 Malcolm Turnbull 認爲中國鋁業實際上就是中國政府的延伸，不論是作爲客戶以及對澳洲資源有影響力的部分擁有者，都有利益衝突，因此澳洲財政部應該否決這一項併購案。他也指出：「（此一併購案如果成功）會給予中國鋁業以及背後的中國政府對於澳洲第二大的資源公司最大的影響力，並且可接觸到有關生產、成本、定價、以及行銷策略的資訊。」最後的結果，當然是因政治影響而破局。[69]

當然，大陸對外併購的動作不會終止，因爲這也是其經濟結構轉型之所必需。大陸全球併購的腳步不會停下來，但是否代表大陸眞的有那麼強的實力買下世界嗎？

那些強調中國經濟實力論者，基本上都認爲大陸現在雖然是以勞力密集產業爲主，但不會停留在此，而是會朝價值鍊往上爬，亦即往高科技產業及服務業的方向前進，因此必然會與西方國家產生更激烈的競爭。大陸現在是第二大經濟體，而且開始積極海外併購，這些事實，透過媒體以及書籍的渲染，坐實了西方對中國大陸崛起的恐懼，也剛好給了西方一些政治人物藉口來阻撓中國大陸的崛起。

然而，當我們衡量大陸的經濟實力時，必須考慮時間與空間兩個脈絡。從時間的脈絡來看，大陸依然是一個發展中的經濟體，國民平均所得也不過七千多美元而已。從空間的脈絡來看，大陸所面對的，其實不是美國、日本、德、英、法等個別的國家，而是已開發國家這個集體。誠如 Peter Nolan 所言，這些高所得國家在全球化的過程中，彼此的企業早透過頻繁的併購而變成了一個「你泥中有我，我泥中有你」的現象。「在一個又一個產業的領頭企業之間，已經形成了前所未有的產業整合」，[70]他稱之爲系統整合者，而這些都是高所得國家的企業，中國大陸的企業根本難望其項背，即使想要追趕，恐怕也不是短期內能做到的事。

由表5-1可知，大陸與高所得國家之間，的確存在難以跨越的鴻溝。中國大陸二〇一

表 5-1 中國大陸與高所得國家的比較

項目	中國大陸	高所得國家	中國大陸佔高所得國家比重
人口 (百萬 ,2008)	1,325	1,069	124
國民所得毛額 (依官方匯率 , 2008)			
總額 ($10 億)	3,881	42,415	9.2
個人平均	2,940	39,687	7,4
國民所得毛額 ($PPP, 2008)			
總額 ($10 億)	7,961	40,253	19.8
個人平均	6,010	37,665	16.0
家戶所得 ($ 兆 , 2008)	3.41	87.0	3.9
製造業附加價值 (10 億 , 2008)	1,488	6,040	24.6
家戶消費 ($10 億 , PPP, 2008)	2,707	24,957	10.8
出口 (10 億 , 2008)	1,428	11,060	12.9
FT500 大企業 (2010)	23	421	6.2
對外直接投資 (10 億 , 2009)	230	16,001	1.4
全球 1400 大企業 (依研發經費 , 2008)	9	1,363	0.7
全球百大企業 (依研發經費 , 2008)	0	100	0
IMF 投票權比	3.65	59.5	6.1
二氧化碳排放			
總量 (百萬噸 , 2006)	6,099	13,378	45.6
每人平均 (噸 , 2006)	4.7	12.7	37.0

資料來源 :Peter Nolan, Is China Buying the World, Cambridge: Polity Press, 2012. P.67.

五年的外匯存底爲三點七兆美元，但世界最大的投資公司黑石集團（Blackrock）所管理的資產就高達三點三五兆美元。[71]二〇一五年FT五百大公司中，中國的公司有三十七家，而美國就有兩百零九家，中國的公司幾乎都是國有企業，而且以石油、銀行、證券爲主。[72]產業中品牌價值最重要，但中國幾乎沒有什麼全球品牌可言，尤其是消費產品。除此之外，在全球化以及產業集中化的過程中，西方一些重要產業所擁有的市占率，根本不是大陸可望其項背，遑論超越了。[73]

就以二〇一五年習近平訪英爲例，雖然媒體大肆報導中國在英國投資四百億英鎊，但如果與其它國家比較即可發現，中國大陸目前只是歐洲的第九大投資者。「中國在過去十年裡投向歐洲的一千五百五十億美元，尚不及歐洲前三大投資者——英國、法國和美國——任何一個的十分之一。」圖5-3提供一個更全面的數字，以二〇一五年爲例，全球的跨境併購金額約一兆美元，而大陸只有六百一十億美元，占百分之六左右，連前十名都排不上，而且絕大部分都不是一線公司，與全球第二大經濟體實在是名不副實。

大陸買下全世界，其實只是蛇吞象的想像而已，不過，大陸經濟實力增強所能發揮的影響力也不容小覷，它的競爭力或許威脅不了高所得國家，但其市場規模已足以影響其決策。二〇一五年九月習近平到美國進行國是訪問，隨行人員有不少大陸大咖企業

圖 5-3 中國大陸對外併購

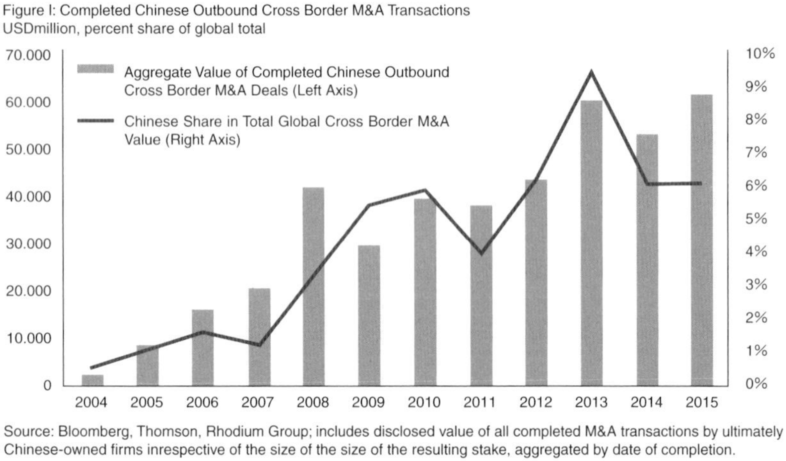

Source: Bloomberg, Thomson, Rhodium Group; includes disclosed value of all completed M&A transactions by ultimately Chinese-owned firms inrespective of the size of the size of the resulting stake, aggregated by date of completion.

資料來源：Thilo Hanemann and Cassie Gao, China's Global Outbound M&A in 2015, January 4, 2016. http://rhg.com/notes/chinas-global-outbound-ma-in-2015

家，包括馬雲、馬化騰、李彥宏、楊元慶等，以及國企執行長，在西雅圖一場兩國網路論壇中，美國通用、亞馬遜、思科、蘋果、杜邦、微軟、百事、波音、星巴克、IBM、臉書等大企業老闆均出席。臉書創辦人祖克伯甚至在自己臉書上表示，能與習近平用中文交談，是莫大榮耀。除此之外，大陸還和美國波音公司簽下了三百架飛機的採購合約，而且未來還有六千多架的機會，誠如媒體所言，「難怪波音會第一次把工廠輸出，要在中國浙江蓋工廠。」[74]

習近平九月訪美之後，立即於十月訪問英國四天，得到英首相卡麥隆的隆重接待，包括造訪白金漢宮、唐寧街十號首相官邸、首相的官方鄉間別墅契克斯（Chequers）、國會大廈等，這種接待規格已引來西方盟友的一些酸言酸語。《金融時報》引述美國一位高級顧問描述英國爲「中國現在唯一眞正能夠影響的地方，因爲英國非常渴望獲得中國的投資」。[75]另一位西方高級情報官員表示：「我們對英國政府當前中國政策的最善意解讀是，它是一個旨在吸引短期投資的、純粹重商主義的、無原則的自私決定。關鍵的問題是它能否眞正奏效。」《紐約時報》更以「英德競相討好中國，歐洲爲經濟利益妥協價値觀」爲標題來批評這兩個美國在歐洲最重要的盟友。[76]

事實上，英國財政大臣喬治·奧斯本（George Osborne）自己都說了「我希望在對華關係上冒一點險，推動英中關係發展，從而眞正爲我們國家帶來就業機會和經濟增長。」[77]習近平當然不能空手到英國，他與英首相在唐寧街已簽了高達四百億英鎊的各項協議，項目包括欣克利角核電項目、汽車領域、樂高遊樂園、中英電影投資基金、皇家埃爾伯特港口、醫療衛生、石油領域、遊輪協議、金融項目等等，也難怪英國會張開雙手擁抱中國，而且在人權議題上自我節制。[78]更重要的是，兩國發表了〈中英關於構建面向二十一世紀全球全面戰略夥伴關係的聯合宣言〉。根據這份宣言，除了軍事外，雙方在貿易、投資、金融、能源、安全都有相當具體的合作。俗話說，有錢能使鬼推磨，看來在國際關係上亦同樣適用。

（三）大陸會走向民主嗎？能走向民主嗎？

大陸會走向民主嗎？這眞是大哉問！這類書籍已有很多，但仍無定論。從歷史的發展來看，有樂觀的理由，也有悲觀的前景，但依目前的研究成果，也只能說是一個不確定的未來。

先談樂觀的理由。從上一個世紀七○年代開始，第三波民主化運動自南歐開始，像漣漪一樣擴散開來，一九八○年代拉丁美洲繼之而起，台灣民主化運動也是在此時風起雲湧；接下來則是一九九○年代蘇東波的解體與民主化。進入二十一世紀後，二○一○年爆發突尼西亞的茉莉花民主運動，並且一路蔓延到阿拉伯世界的國家，包括埃及、利比亞、葉門、巴林等等。有學者說，從國際影響來看，民主是一種傳染病，尤其現在各種傳染媒介（通訊與網路的發達）更爲方便，大陸更有數以億計的網民，各方都在猜測，大陸何時會被傳染上顏色革命。二○一二年初，就有學者認爲，「依據證據顯示預測，中國民主化的動能（momentum）將在不遠的未來加速前進。」[79]

根據現代化理論，政治發展與經濟發展脫離不了關係，經濟發展到了一個程度，會產生龐大的中產階級，自然會對政治參與有更高的要求，亦即對威權政治體系形成改革的壓力，否則經濟發展也難以爲繼。這可以說就是華盛頓共識的觀點，亦即市場經濟與威權政體具有內在矛盾，只有走向民主政體，才能化解矛盾。因此，問題不是大陸會不會走向民主，而是大陸何時會走向民主，如何走向民主，以及走向什麼樣的民主。大陸走向民主，而爲兩岸帶來和平，這是許多人的期待，因爲民主國家之間比較不容易發動戰爭，也就是所謂的「民主和平理論」。然而此一理論也非定論，何況兩岸關係還牽涉到安全以及民族主義的問題。

從另外一方面來看，大陸已維持非民主政體超過半世紀以上的時間了。鄧小平復出之時的民主牆以及後來的六四運動，都被有效壓制。民主化這個概念是用來描述由非民主走向民主的過程，但是何時起，何時止，學界並無定論。以大陸來說，現在就比毛澤東時期、鄧小平時期有更多一點社會自由空間，甚至於有些基層實施有限的選舉等等，但大陸又還沒有出現眞正有意義的民主轉型里程碑。

綜合整理有關民主化的研究，民主化的過程以及結果，基本上受到兩大組條件互動的影響，一組是社經條件，一組是執政者條件。社經條件主要包括：（1）政治文化；（2）經濟發展程度與中產階級大小；（3）社會挫折；（4）公民社會。執政者條件主要包括：（1）統治集團的心態與思維；（2）統治正當性基礎的強弱；（3）控制能力（宣傳、管制、滲透的能力）；（4）統治集團內部凝聚力。

先從社經條件來看：

（1）政治文化的變化

民主政治需要民主的政治文化來支撐，同時也需要民主的政治文化來推動，或者說，民主是一個涵括心理（價值）、制度、與生活的有機整體。從民主文化來看大陸民主走向，個人認爲以下幾項內涵較爲重要：社會信任感、權利意識、對政府的滿意度、以及對民主的認知。

社會信任

好幾次和陸生對話，我都會問，除了風景之外，對台灣印象最深刻的是什麼？不論停留期間長短，他們的回答都相當一致，在他們眼中，台灣人與人之間有很高的社會信任感，這是他們在大陸感受不到的。這也難怪，政治上，文化大革命期間，親人之間互相告密，互相批鬥，原有的信任關係已被摧毀殆盡，而現在仍然是政治緊密控制的年代，建立信任並不容易；經濟上，現在的大陸經濟快速發展，一切向錢看，人與人競爭激烈，信任感也很難建立；社會上，各地都有太多的流動人口，他們離開了原來的社會關係，又不容易在新地方紮根，也不利於社會信任的建立。

在中共統治下，想要追求民主，是成本很高或風險很高的事，而且這也不是單打獨鬥的事，需要靠集體行動。既然需要集體行動，就必須有一定的社會信任感為基礎，而這恰恰是大陸所缺乏的。

權利意識

權利意識的覺醒是推動民主化的關鍵力量，因為權利意識是自主性的先決條件。權利意識的高低，往往可由抗議的多寡看出來。隨著改革開放，大陸近幾年來所謂群體抗爭事件愈來愈多，根據中國公安部公布的「群體性事件」發生次數，也由一九九三年的八千七百件提高到一九九九年的三萬兩千件、二〇〇三年的五萬七千件、二〇〇四年的七萬四千件，以及二〇〇五年的八萬七千件。根據陳志柔的研究，關於中國大陸社會集體抗議的新聞報導，從一九九七年至二〇〇七年之間，亦是逐年增加，約計一千餘事件。「絕大多數群體抗議的訴求都是針對群體自身的經濟利益，很少是有關公眾利益或普世價值的議題。但近兩年來，後者數目明顯遞增，且帶有極強的政策影響力和社會傳播效果。」[80] 這些群體性事件的成長，多少反映了權利意識已開始在各地落地生根。

這些群體性事件，有些也具有相當效果。例如二〇〇七年廈門民眾抗議有關方面將

PX石化項目落戶於海滄工業園區，最終逼得政府停止計畫；二〇一一年廣東烏坎村因爲農地被村委會轉賣所引發的抗爭事件，鬧到廣東省委副書記都得出面協調，最後還是政府讓步。然而這些抗爭，除了少數是屬於宗教或分離主義之外，大多數是針對個別的利益問題與地方政府，換言之，他們並無意挑戰共產黨的威權與統治地位。

另外值得注意的是，從用語的變化也可看出文化的變化，誠如八九學潮期間在中國政法大學任教的憲法學家陳小平所說：「一部分法學家，他們把社會的各種術語轉化爲權利義務術語，把工廠改革、下崗職工轉換爲下崗職工的權益，把城市、鄉村拆遷戶的權利變成老百姓的財產權利，把網路封鎖變成老百姓的言論自由等等，所有這些中國社會發生的現象，現在人們……開始用法學家的術語去解釋，用憲政背景下的話語去解釋，我覺得，這是中國現代社會漸進改革的一個嶄新的現象。」[81]根據王正緒的研究，所謂八〇後的年輕人具有更高的民主傾向，對政府有較顯著較低的信任，[82]但何時會從量變引發質變，還是個未知數。

「維權」在大陸已經是非常普遍的用語，但又有多少的權利意識？中國政法大學王建勛在二〇一六年一篇演講中還提到，中國民主化的第一個困難就是觀念問題，也就是他所謂的觀念上的誤區，例如還有不少民眾對於生兒育女、土地私有、遷徒（戶籍制度）等，都還沒有權利觀念，「這些錯誤的觀念和認識，幫助了專政統治模式的延續。」[83]

對民主的認知

大陸現在的知識份子，有自由派與左派之分，自由派對民主的認識基本上與西方傳統一致，兩種觀點的論戰在網路上屢見不鮮。然而，在民主政治的理論戰場上，左派顯然有政府爲之撐腰。習近平上台後，對於自由主義觀點的民主論，包括普世價值、公民社會等等，顯然有很高的戒心，因此在言論上更爲緊縮，包括所謂七不講等等，一些大陸文化界的朋友都感受到這種氛圍。二〇一五年四月，央視名主持人畢劍福因私下飯局調侃毛澤東，結果他主持的節目被停播四天。[84]九月又傳來大陸名教育家信力建被捕的消息，他是民營教育企業信孚集團的創始人，也是公共領域的專欄作家，博客點擊量高達四億，民主、民生與憲政轉型，都是他談論的主題。有評論認爲，「抓捕信力建，則是政權基礎空心化的明顯信號」[85]，是否如此，尚難確知，但共產黨對民主文化的戒慎恐懼應是事實。

中共並不否認民主是當代具有正當性的話語，就像李凡所說，「即使一個國家的統治集團本質上反對民主，但是在口頭上也只能承認民主的合法性原則」。[86]事實上，中共現在提倡的二十四字社會主義核心價值觀中，就有「民主、自由、平等、法治」，但字同義不同，在社會主義與中國國情的大帽子下，中共都給予新的定義，以避免西方那種自由主義觀點的民主。左派是從正反兩方面來構築它的民主理論，或者說具有中國特色的民主理論。

從反的方面，就是指出西方民主的種種缺失：（一）西方的民主並不保證穩定與進步：二十一世紀一些民主化國家的經驗，尤其是發生顏色革命的一些國家，不僅未能帶來進步，反而讓國家陷入動亂與衰退。（二）政黨惡鬥：美國共和黨和民主黨的鬥爭，使政府出現停擺的現象；台灣的政黨惡鬥，也是他們常舉的例子，其中還包括一些國家的議會出現打群架的情形。（三）金錢民主：他們認爲資產階級民主政治本質上是金錢政治，因此也不是所謂的人人平等。老實說，這也是西方世界常常自我批評的現象，也被左派拿來當證據。（四）平庸政治：民主政治靠選舉，只會選出平庸之輩，或者是媚俗之輩，未能帶來國家最大利益。（五）民主無法防止腐敗：民主國家腐敗現象比比皆是，連台灣也被當成例子。（六）西方民主短視近利，政客爲了選票，只看眼前，無法爲國家進行長期規畫。[87]

中共一直對西方的民主有高度戒心，除了宣揚西式民主的缺點外，也從正面角度來建構其獨特的民主觀。一方面，中共強調溫飽權重於其它自由的人權，或者說實質民主（人民生活的改善）優於程序民主。[88]另一方面，中共談民主，是在共產黨領導下的民主，在這一個最高原則下，就有了所謂的民主協商與民主集中制的說法，近來更大倡導協商民主的概念，或者說將西方協商民主或審議式民主（deliberative democracy）的概念，用狸貓換太子的方式引進中國。

協商民主的概念從胡錦濤時代即有，並且在理論上慢慢加枝添葉，到了習近平的十八大政治報告，協商民主成爲中國式民主的代名詞了。在十八大三中全會決定的說明中，習近平強調：「推進協商民主，有利於完善人民有序政治參與、密切黨同人民群衆的血肉聯繫、促進決策科學化民主化。」[89]在協商民主之下，習近平提到了立法協商、行政協商、民主協商、參政協商、社會協商等名詞。二〇一五年二月九日，中共中央印發了〈關於加強社會主義協商民主建設的意見〉。

這個文件開宗明義便界定「協商民主是在中國共產黨領導下，人民內部各方面圍繞改革發展穩定重大問題和涉及群衆切身利益的實際問題，在決策之前和決策實施之中開展廣泛協商，努力形成共識的重要民主形式。」而它的基本原則是「必須堅持黨的領導、人民當家作主、依法治國有機統一，貫徹民主集中制，堅定不移走中國特色社會主義政治發展道路。」大陸國家行政學院一位教授許耀桐說得直白：「『中國式民主』的本質特徵，在於堅持中國共產黨的領導。」[90] 大陸亦有學者比喻民主有如到餐廳吃飯，西方民主是不喜歡廚師的菜，就換一個廚師；中國大陸的廚師只有一個，不換廚師，但可換菜色，亦即可選擇公共政策。[91] 然而，大陸民眾對公共政策實際上並沒有置喙的餘地，所謂換菜單，也不是顧客決定，而是廚師自己決定。

前已提及，中國傳統文化並無民主元素，人民對於解決問題的期待高於對民主的期待，史天健（Tianjian Shi）的研究即發現，高達九二%的民眾相信政府。根據 Asia Barometer Survey 二〇〇七年至二〇〇八年的資料，七五%的受訪者相信大陸是一個完全民主或只有一些小問題的民主，八六%滿意或很滿意大陸民主的運作。儘管八〇後的一代，只有六七%相信大陸是一個完全民主或小問題民主，七九%滿意或很滿意大陸民主的運作，但比例仍然很高。

不論西方學者怎麼說大陸不民主，但如果大陸人民相信其體制是民主的，那西方所建構的理論又如何適用呢？

大陸政治文化中，民族主義亦足以影響對民主的認知。民族主義是一種集體主義，個人要爲群體犧牲，而民主是以個人主義爲基礎，二者之間有某種程度的內在矛盾。民族主義愈強烈，民主愈難紮根，中國在歷經過去的歷史屈辱後，似乎尙未走出傷痛與陰影，而這剛好給了中共利用的機會與藉口。不論是「中華民族的偉大復興」或「中國夢」，都是訴諸於集體主義，或多或少都削弱了社會對民主的渴望。

關於中共政權正當性的問題，的確讓學者困惑，因爲抗爭事件愈來愈多，而且新一代的人更有民主傾向，然而，從各項調查來看，大陸政府依然獲得相當高的支持度。有人認爲，這只是時間遲早的問題，但王正緒提出一個看法，認爲中共的體制本身就具有正當性，而且具有再生正當性基礎的能力。[92]例如中共改革開放以來不斷的調整（各種改革措施），而且也不斷的增加正當性的要素（例如治理能力、中國夢、民族主義），因此，不能輕易認定中共體制的正當性必然會消失。

（2）經濟發展程度與中產階級大小

經濟發展本身其實蘊涵了社會很多的變化，包括中產階級的誕生、社會的開放、分工與分化、教育的普及、法治的要求、媒體的鬆綁等等，這也是現代化理論預測經濟發展會催生民主化的邏輯。[93]事實上，大陸的確有愈來愈多的社會團體，教育普及率也相當高，法律體系漸漸成形，人民可以選擇的自由（如居住、工作、就學、購物等等）愈來愈多，因此，不少學者對大陸民主化的未來充滿樂觀。[94]

美國胡佛研究院資深研究員亨利．羅文（Henry Rowen）在一九九六年時預測，中國的人均收入在二〇一五年時將達到七千美元（在一九九〇年美元的基礎上，購買力平價計算），那時中國將進入部分自由國家之列，此時對於各項政治自由（political liberties）的需求增加，將推動中國走向民主。[95]他認爲「歷史的模式很明顯，當國家愈來愈富有，就會變得愈來愈民主。」[96]到了二〇〇七年，他依然堅持「只要中國的經濟和人民的教育持續像最近一樣地成長，這些居住在中國，占世界六分之一人口的人民，在二〇二五年時會被歸類爲自由國家的公民。」[97]王正緒的估法比較保守一點，他認爲「只要趨勢不變，中國可能在二〇一〇到二〇二〇年轉變爲半民主國家，而在二〇三〇至五〇年前，變成完完全全的民主國家。」[98]不過，明確指出日期或路徑的預測，不論是崩潰論或現代化理論，都太過忽略了政治民主化的複雜性了。

至於大陸現在的中產階級究竟有多少，因爲定義不同，至今仍然沒有一致的數據，但各方均同意大陸中產階級增長的趨勢。根據麥肯錫的研究，大陸的中產階級不僅會成長，而且內地的比例會增加，富裕中產的比例會下降，一般中產的比例會增加。[99]按照卡拉思（Homi Kharas）對中產階級的定義，亦即每日所得依ＰＰＰ（purchasing power parity）計算介於十到一百美元之間，並且經濟維持一貫的成長，Wang Xiaolu

預測大陸的中產階級會從二〇〇九年的約一〇%，增加到二〇二〇年的四〇%，到二〇三〇年更成長到七〇%。[100]根據瑞士信貸銀行在二〇一五年十月公布的一份報告，中國大陸的中產階級人數已達到了一億九百萬人，超越美國，成爲全球中產階級人數最多的國家，但從比例看，仍然不高。[101]

這麼龐大的中產階級，讓不少人對大陸的民主化充滿期待，因爲根據現代化理論，中產階級的壯大必然意味著民主化的誕生，這是以西方發展經驗得到的一種線性發展觀，認爲中產階級是民主政治的中堅力量。不過，中產階級的特性並非一成不變的，中產階級的特性必須放在其生活的體系與脈絡中來理解。

中國自從改革開放之後，私部門迅速成長，不少企業家及中產階級誕生。這些人是否是政治變遷的推動者（**agents of political change**）呢？根據狄忠蒲（**Bruce J. Dickson**）跨時期（一九九九&二〇〇五）以及跨地區的研究，他發現「（中國）企業家重視穩定甚於成長……也更了解新興多元主義的風險。」[102]換言之，這些私部門被納入了既存的體制，是既存體制的獲利者。蔡欣怡的研究結果也一致，大陸的企業家務實，但不是成長中的民主人士。[103]

根據陳捷及盧春龍的研究，他們發現：（一）在一個威權的發展中國家，中產階級並非必然支持民主化；（二）中產階級對國家的依賴與對民主化的支持呈負相關；（三）中產階級所認知的社會經濟幸福也是與支持民主呈負相關。甚至於中下階層比中產階級更具有民主傾向。簡單地說，大陸的中產階級對國家有較高的依賴與信任，認爲他們的幸福與既存體制有很大的關係，因此他們反而支持目前的體制。104同理，他們也認爲：「如果中產階級對政府的依賴弱化了，社會經濟條件惡化了，那麼中產階級就可能支持民主化與民主。」105

無庸置疑，經濟發展與民主化的關係並非直線型的關係，然而中產階級的存在對民主化來說，仍然是一項重要的社會基礎，如果沒有中產階級，民主化幾乎是很難啓動的。因此，眞正的問題在於大陸的經濟要發展到何種程度，才能啓動有意義的民主化，現在實在很難預測，恐怕也只能由未來的實踐來回答了。

（3）社會挫折

社會挫折來自於社會不平等的惡化，來自於社會問題長期無去解決，也來自於政府對人民財產的剝奪。所謂不平則鳴，社會愈不平等，不只會有民主的呼聲，甚至於看到革命的幽靈，就像十九世紀的歐洲以及抗日戰後的大陸。大陸的貧富差距如前所述，吉尼係數在二〇一四已是〇．四六九，一般認爲這毫無疑問是一個不定時的定期炸彈，只是還沒有足夠的引信而已。不過，這是透過政策手段可以緩解的問題，就看大陸政府如何面對與處理了。以大陸的經濟發展情況來看，城鄉差異與地區差異應是所得分配不公的主要原因之一，縮短這兩種發展不均衡應有助於縮小吉尼係數，這或許也是大陸積極推動開發大西部與城鎮化的政策原因。此外，大陸政府也開始提高基本工資，提供更多社會福利，希望藉此減緩財富的不平等。

不過，社會學者懷默霆（Martin King Whyte）卻有不同的發現。根據他的研究，「大多數中國民眾認爲所得不等並不是什麼大問題，他們也比其它國家樂觀，認爲他們未來可能會變得更好。」[106]因爲在改革開放的過程中，大多數人生活都獲得改善，只是有些人致富更快而已，富人是追求的目標，而不是仇恨的對象。他認爲眞正重要的問題，不是貧富差距，而是有權與無權者的差距（the gap between the powerful and powerless），所以他說：「中國需要的是正義，不是平等。」在他看來，社會挫折來自於權力不平等，這也是愈來愈多群體性事件的本質。

雖然懷默霆認爲中共沒有正視程序正義的問題，將有如火上加油，而且從一些群體性事件來看，規模的確不小，從數人千人到萬人皆有。例如發生在二○○九年的湖北鄧玉嬌事件、杭州富家子飆車撞死人事件，知名維權律師范亞峰甚至認爲大陸的維權運動正從經濟性、局部性、地方性向政治性、全域性、全國性演變。[107]

不過，少數的個案很難說是一個趨勢的開始，根據學者研究，大陸群體性事件雖然成長快速，但有以下特色：（一）利益導向為主，而非價值導向，亦即針對具體的利益問題，而非要求某些具普世價值的權利；（二）地方導向為主，而非中央導向，亦即針對地方政府，認爲地方政府違背中央法令，侵害人民利益；[108]（三）短期導向為主，而非長期導向，亦即事件結束後即解散，少有長期的議題；（四）個別導向，而非串聯導向，亦即一時一地的問題，不會去串聯其它有相同問題的地方。[109]個人認爲，共產黨一方面給予社會一些表達不滿的空間，以消解社會挫折的壓力，另一方面，在共產黨彈性極權統治下，大陸民衆與共產黨之間似乎已發展出一套互動的默契，盡量不去踩踏共產黨的紅線。有人說這是一種新的社會契約，但這種默契能維持多久，還是得看雙方的互動而定。有關政治改革的呼聲主要來自於公共知識分子，但他們多止於言論，並未採取組織或串聯等行動。

（4）公民社會

民主化是推力與抗力二者作用的結果，推力來自於社會，抗力則來自於當權者。公民社會（civil society）的成長本身既是民主化的指標，也是民主化的推力之一。在成熟民主體制下的公民社會是指介於國家與家庭之間的各種團體而言，他們具有高度的獨立性與自主性，不受政治的干預，而且具有自己的核心價值或規範。這些團體，可稱之爲非政府組織，大陸雖有非政府組織，而且隨著改革開放的步伐在成長，但與西方成熟民主不同，因爲缺少了獨立性與自主性，亦即生活在政治干預的環境中。有學者稱其爲「民間社會」，個人則認爲「公共社會」更爲適宜，因爲這些團體關心的議題不少是公共議題，但他們又不像西方的公民社會。誠如 Ian Johnson 所說，「中共允許非政府組織，但僅只於擔任服務提供者，而不是社會變遷的推動者。」[110] 這些民間組織的功能在補政府之不足，他們的空間大小乃至於存在與否，都是由政治來決定的。

根據中國社會科學院及社會科學文獻出版社共同發布的《社會藍皮書：二〇一四年中國社會形勢分析與預測》，截至二〇一三年，在全國民政部門登記的社團、基金會、民辦非企業單位等民間組織的總數將首次突破五十萬個，而且在「直接依法申請登記」政策出台後，預期將在二〇一四年之後出現大幅度增長態勢。這是官方的估計，其它加計未註冊團體的非官方估計則更高，甚至有高達七、八百萬者，尤其是小型宗教團體愈來愈多，甚至法輪功也沒有消失。[111]

某次與大陸退休幹部聊天，他就提到他的母親是法輪功信徒，對中共很不滿，他也認爲法輪功在大陸仍有不少信徒。法輪功只是例子之一，事實上，許多家庭教會是如雨後春筍般成長。但大陸這些社會組織或公民實際上並不具有民主社會下的公民文化，他們頂多只是不滿的臣民而已，他們心中所想只是想維護自己的權益或針對特定問題，而沒有上綱到制度面的參與與監督問題。

公民社會需要一個開放的環境，然而大陸相對封閉很多。到大陸不能上Facebook、Google以及許多新聞網站等等，也不能使用Line等通訊軟體，大陸網民和台灣媒體朋友只能利用所謂翻牆軟體來應付。但與過去比較，現在的大陸當然比較開放，學生可以出國留學，人民可以出國觀光，大陸內部的網路通訊，用戶數以億計，像微信、騰訊、微博都非常普遍而流行。事實上，網路上的組織也愈來愈多，這是互聯網發展的自然現象，自從習近平打擊貪腐之後，更出現了不少透過這些網路來揭露官員貪腐行徑的現象，並產生了一些效果，說明網路世界的一定作用。網路的力量，可以載舟，可以覆舟，而這也說明了大陸爲什麼要對網路進行高強度監控的原因。三位哈佛大學教授在二〇一三年發表其研究，他們發現，中共在網路上的監控，其目的並不是要壓制對政府或中共或領導人的批評，而是要預防群體性事件發生的可能性。[112]

從民主化的角度來看，公民社會的發展應該是中共最爲害怕的一個面向。止如江憶恩所說，正是公民社會的發展導致上世紀東歐共產主義的倒台，現在它正在侵蝕中國共產黨的權力。[113]誠如李凡所說，大陸公民社會的發展已經歷了兩個階段，第一個階段基本上是補政府功能之不足，第二個階段則向政府說不，會提出要求，於是「開始了各種各樣的社會運動，維權運動、環保運動、宗教自由運動」。[114]雖然絕大多數的民間團體是非政治組織，也沒有政治訴求，但這並非不能跨越的界線，也難怪中共領導人為之戒慎恐懼。

執政者因素

從社會經濟發展的條件來看，大陸民主化的種子早已經播種在土地上了，但只有零星發芽，尚未形成蔚然之勢。如前所說，民主化是政治與社會互動的結果，尤其是在一個國家強而社會弱的體制下，執政者因素或許更具有主動性、操控性的優勢。執政者因素包括：（1）統治集團的心態與思維；（2）統治正當性基礎強弱；（3）控制能力（宣傳、管制、滲透的能力）；（4）統治集團內部凝聚力。現在一一略為分析如下。

（1）統治集團的心態與思維

從歷史來看，不論是極權政體或威權政體，任何改革或轉型，其時機、策略與路徑，都與掌權者及統治集團的心態與思維有關，因為他們掌握了關鍵性的資源與力量。

蘇聯的改革離不開戈巴契夫，台灣的民主化離不開蔣經國。再從另一個角度來看，一個極權或威權政體，到底是會改革還是被革命，也與掌權者及統治集團的心態與思維有關。探討大陸的民主化，不能不瞭解其掌權者及統治集團的心態與思維。

改革開放前，大陸是一個典型的極權政體，它有一定的意識型態以及強有力的黨組織，對社會各個層面進行全面的控制。但在改革開放之後，大陸政體的性質，學界一直有爭論，因為即使改革開放，也只是放鬆了對一部分社會與經濟領域的控制，基本上極權政體的性質並沒有改變。事實上，大陸現在仍然沒有政治上的集會自由、言論自由、新聞自由、出版自由，司法不獨立，沒有眞正的反對力量（甚至連台灣過去的黨外都沒有），沒有眞正的選舉。[115] 換言之，儘管社會經濟的自由空間比以前大，但中共仍然深入滲透社會與經濟。大陸學者李凡則認為「從總體上看，中國的政治轉型目前仍然是在從極權主義向威權主義的轉型之中」，算是中肯的說法。不過，重點是中國共產黨是老大哥，所有一切它說了算。

黎安友稱改革開放後的中國大陸為一個韌性威權政體（resilient authoritarianism），但個人認為，大陸現在的政體並不一定是朝向威權政體轉型，基本上還是極權政體的一種變異，或可稱之為彈性極權政體（flexible totalitarianism），因爲這個鬆緊程度完全由政黨來控制，是隨著主客觀情勢調整與變化。[116]

就統治集團的心態與思維而言，即使在改革開放之初，談思想解放，但也沒有放棄極權政體的心態。當時，鄧小平就提出了四個堅持，包括：「第一，必須堅持社會主義道路；第二，必須堅持無產階級專政；第三，必須堅持共產黨的領導；第四，必須堅持馬列主義、毛澤東思想。」這就是一種極權心態，而其中最關鍵的一項就是堅持中國共產黨的領導。這四項堅持在歷經六四之後，更爲堅定，黨內曾經有的溫和派，像胡耀邦、趙紫陽都相繼落馬。

如果要看大陸統治階層的心態與思維，鄧小平仍然是一個重要的參考和指引。在改革開放最初十年期間，鄧小平用了胡耀邦、趙紫陽這兩位思想更爲開明的總書記，胡耀邦大規模平反冤假錯案，他走的路線被朱嘉明稱爲「人道社會主義」[117]，而趙紫陽則想推動「黨政分開、公務員制度，重要情況讓人民知道，重大問題同人民協商……滿足知識分子政治參與的要求等等。」[118]他認爲這只是改變執政的方式而已，並不是改變共產黨的執政地位，但元老不做此想。他在回憶中的描述十分傳神：「老人們因爲要保持共產黨的領導權，不敢改變執政方式，擔心改變執政方式就會削弱黨對權力的壟斷，這是他們眞正的顧慮，思想深處的問題。在起草十三大報告時，小平一再提醒我不要受西方三權分立的影響，甚至說連三權分立的任何一點痕跡報告上也不能有。」[119]由此可見，趙紫陽能力再強，鄧小平將其解職，似乎也是必然了。

六四之後，鄧小平亦深知這是對中共統治的一個大挑戰，中央領導層的思想必須統一，因此他用「政治交代」這四個字來傳達他自己的一些想法。他認爲黨的建設，最重要的是中央領導層的思想、政治、組織和制度建設。他說：「只要有一個好的政治局，特別是有一個好的常委會，只要它是團結的，努力工作的，能夠成爲榜樣的，就是在艱苦創業反對腐敗方面成爲榜樣的，什麼亂子出來都擋得住。」[120]鄧小平也說了：「中國的問題，壓倒一切的是需要穩定。沒有穩定的環境，什麼都搞不成，已經取得的成果也會失掉。」[121]這是中共改革開放的一個內在矛盾，所有都可以改，但只有中共的執政地位不能改，就此一條而言，想要中國大陸走向民主，其困難度可想而知。

習近平上台之後，不論是經濟或政治，基本上都是依尋鄧小平的思維前進。經濟上改革開放，因爲必須維持經濟的持續成長，至於政治上，仍然不離堅持四項基本原則的思路。習近平提倡依法治國，大力打貪，其目的是在減緩國家與社會之間的矛盾，尤其是對地方政府，而最根本的目的則是要維持共產黨的永續統治，並不是眞有意要推動具有民主意義的政治改革。鄧小平一九九二年南巡時說了一段話：「恐怕再有三十年的時間，我們才會在各方面形成一整套更加成熟、更加定型的制度。」習近平在主持十八屆中央政治局第一次集體學習時特別引用了這段話，看來習近平真的是鄧小平的追隨者，只是他們追求的那個「更加成熟、更加定型的制度」究竟是可及目標，還是海市蜃樓呢？

最近大陸解放軍少將喬良曾提到大陸的核心利益就只有兩條，他說「中國共產黨的執政地位不能動搖」、「中華民族復興的道路不能中斷」這兩條才是大陸的核心利益，「釣魚台不是、黃岩島不是、連台灣都不是」。[122]從中共對香港的態度也可以看出其允許一國兩制，但絕不容忍香港走向真正的民主，這個缺口一破，可能就像堤防破一個口，最後導致決堤。但是香港是一個國際開放的大都會，在衆目睽睽之下，中共及港府也不敢強力鎮壓。「大陸地區被禁用的 Facebook，把香港與世界聯繫在了一起。在 CNN 和 BBC 的鏡頭前，學生和市民始終堅持非暴力，展示了世界通行的良好素質。反對暴力、追求民主這種『世界標準』的價值觀，保護了弱小的香港市民和學生。」[123]

中共並非不瞭解政治和社會之間的矛盾，爲了化解矛盾，大陸也是雙管齊下，一管是社會管理，一管是改革。社會管理這個概念，根據百度百科的說法，它有四個基本任務：「一是促進社會自治，二是化解理性經濟人與非理性社會人的矛盾，三是規範社會行爲，四是監督和監測社會行爲的社會效益。」[124]胡錦濤在二〇一一年二月十九日在省部級主要領導幹部社會管理及其創新專題研討班開班式上，針對社會管理有這麼一段談話：「我們加強和創新社會管理，根本目的是維護社會秩序、促進社會和諧、保障人民安居樂業……經過長期探索和實踐，我國社會管理工作領導體系……形成了黨委領導、政府負責、社會協同、公衆參與的社會管理格局。」[125]說得婉轉，卻也把大陸統治階層的心態與思維說得明明白白。

十八大三中全會上，社會管理一詞又變爲社會治理，調子放得更軟，但其最終的目的，並不是給社會充分的自主空間與參與空間，而是要多利用社會力量來化解國家與社會矛盾而已。或者說，在大陸領導心中所想是摸索出一個可以讓共產黨長久統治的治理模式。

誠如李凡所言，中共的戰略思維是透過經濟、司法、與行政的手段來化解社會的不滿，緩解政治與社會的矛盾。「經濟上，政府可以減低經濟增長速度，調整經濟結構，這樣可以減少地方政府在經濟增長上的壓力；可以建立公開的土地市場，減少地方掠奪土地的可能；增加社會福利的投入，增加社會的收入；增加民營經濟的力量，經濟上更加開放等。在司法上，中央可以減少地方政府對司法程式的控制，將縣級司法審判的權力收到省裡，在司法審訊中加大專業化的水準，公開案例，減少審訊中的不公平以達到維護一定的社會正義，這樣社會的不滿就可以減消一部分。在行政上，可以加大反腐敗的力度，減少地方的揮霍浪費，這樣就可以讓地方官員貪汙腐敗減少，並且可以遏制一些地方政府和企業的勾結，這樣也可以減少政府對於社會的掠奪；改變對地方政府的考核標準，不再以GDP爲考核標準。」[126]

從這個角度來看，中共的思路是想扮演一個具有解決問題能力的回應性政府，藉以延長其一黨專政的時間。但這些改革都必然有結構性的障礙與兩難。所謂障礙，是指改革必然遭遇既得利益者的阻撓；所謂兩難，是指改革不夠，改革會失敗，政權亦難維持；改革太成功，政權亦不保，因爲共產黨執政已不是發展的必要條件，國民黨不就是如此嗎！

大陸的「世界與中國研究所」長期以來從「中國民主化指標」（Chinese Democratization Index）來衡量大陸的民主化，包括選舉、政府負責、法治和公民權利，分別從零至十分的標準給予評分。根據其研究，二〇〇九年、二〇一〇年的得分情況如表5-2所示，除了法治之外，其餘三項皆呈倒退趨勢，而且從十八大以來的情況可

表 5-2　中國民主化指標

	選舉	政府負責	法治	公民權利
2009	1.41	3.7	3.34	2.82
2010	1.22	2.99	3.45	2.68

資料來源：李凡，〈中國民主轉型的現狀和階段〉，《背景與分析》第 337 期

見，應仍是倒退的趨勢。

李凡認爲：「最近十年來，中國公民社會的發展沒有因國家維穩的增強而變弱，相反公民社會愈戰愈勇、愈強……如果國家對社會的政治改革一味採用迴避和繞過去的辦法，實際上行不通。」[127]因爲沒有政治改革，所有的經濟、司法、行政改革都無法到位。李凡點出的就是改革的兩難，沒有政改，其它改革最終都會失敗，但一政改，那共產黨也不保了。事實上，不論是反貪腐或是強化司法獨立，到目前爲止，都沒有看到有效的制度手段的建立。我不少台商朋友仍然陷在司法不公的困境中，他們仍然要送紅包，有時訴訟方甚至明白表示他們已掌握了司法等等。

大部分的自由派都認爲大陸的政治改革還有很長的路要走，「從中國當前國家與社會的矛盾來看，支援政治改革的社會力量主要是社會的下層，即在當前的發展中利益受到損害的主要社會群體，和一些支援他們呼籲政治改革的知識份子，中國

的社會精英，即企業家們和統治階層的幹部群體是既得利益者，他們對政治改革沒有多大興趣，也不想改革。」[128]從其它國家的經驗來看，很多民主化之後社會動盪的問題根源，都來自於威權政體的弊病，中東國家即是很好的例證。[129]中共領導階層如果能認清這一點，以民主工程的邏輯出發，爲大陸奠定未來穩定的民主化的基礎，包括法治的建立、文官的強化，還有打擊貪腐等等，才可以避免其它國家民主化惡性循環的陷阱。[130]

無可諱言，中共當前仍然處於改革的戰略機遇期，但已大幅被壓縮。儘管中共主觀上想藉改革以摸索長久統治之道，但客觀上卻無法化解改革的兩難，未來之路必然充滿荊棘。

（2）統治正當性基礎強弱

民主化的推動與正當性基礎有密切關係。像中共這樣的彈性極權政體，不論它限制了多少人民的自由，不論它逮捕了多少維權人士，只要多數人民認可它，接受它，支持它，它就不太可能崩潰，也沒有太大的民主化壓力。這個邏輯很清楚，中共想避免民主化，想要長期執政，就必須想方設法維持它的統治正當性。

前已言及，中共統治的正當性有三根支柱，從江澤民以來，的確看到中共在這三根支柱上下了很大的功夫，而且透過各種方式來創造所謂中國式的民主定義。從前面各項資料可以看，中共目前仍然享有一定程度的統治正當性。這裡特別要提的是民族主義，根據 Benjamin Darr 的研究，發現對中國人認同感愈強的人，對政府的支持度也愈高。[131] 根據沈旭暉的研究，習近平提倡中國夢以及重視各種提升民族主義的手段，其目的是「把中國共產黨領導的社會主義的『夢』和民族主義的『夢』合二爲一。因爲他清楚明白到，要是兩者割裂，一個民族主義強大的中國，也有可能忽然離中國共產黨而去，就像俄羅斯民族主義強大後的蘇聯一樣。」[132]

民族主義是中共手上的一張王牌。中國現在是十九世紀以來國力最強的時刻，中共也隨著國力的增強，在對外關係上，不再韜光養晦，而是積極有爲，想要成爲一個負責任的大國，中共給予人民的尊嚴感，是過去無法比擬的。尤其是習近平上台以後，在國際上展現更強的自信，採取更積極的作爲，例如推動一帶一路的國際經濟大戰略，成立亞投行，與美國建立新型大國關係，與英國建立全面戰略夥伴關係，在聯合國談論婦女權問題，在英國也談人權問題等等，在話語權上亟欲與西方一爭高下。二〇一六年一月習近平訪問中東，在阿拉伯國家聯盟總部發表演講，他說：「我們在中東不找代理人，而是勸和促談；不搞勢力範圍，而是推動大家一起加入『一帶一路』朋友圈；不謀求填補『真空』，而是編織互利共贏的合作夥伴網路。」這些帶有價值意涵的話，有如綿裡針，完全是針對美國而言，頗有抗衡意味。[133]

沈大偉在二〇一三年出版了《中國走向全球》一書，副標題是「局部強權」（Partial Power），他認爲儘管中國崛起，但政、軍、外交上的影響力都有限，仍然是孤單的局部強權，根本還沒做好世界領導的準備。[134]但從這幾年的情形來看，大陸在全球的角色變化，也是出乎沈大偉的意料之外。

習近平出國訪問，都特別刻意經營中國領導人親民的形象，例如展現他對足球的愛好，參訪高中學校，與英相共同到小酒吧飲啤酒等等。展望未來，中國大陸在國際上的崛起還有一段相當長的時間可以利用，民族主義也因此成爲中共對內具有正當性的穩定作用。

總而言之，就內部問題而言，大陸的改革戰略機遇期被壓縮，而民族主義問題又提供他延長的契機，這中間的操作與運行，就看統治集團的智慧與能力了。

（3）控制能力

星星之火足以燎原，及時發現、隔絕、撲滅、對抗星星之火，即可以避免形成燎原之勢。大陸現在每年十幾萬件的群體性事件，網路又這麼的普遍、方便，四處都有星星之火，對中共來說就是一種控制能力的挑戰。能力的強弱，與資源多寡及科技水準有

表 5-3：全國維穩預算與中央本級支出

年份	全國維穩預算（億元、人民幣）	中央本級支出（億元、人民幣）	佔總數
2010	5,140.07	816.74	15.9%
2011	6,244.21	1,024.53	16.4%
2012	7,017.63	1,142.89	16.3%
2013	7,690.8	1,289.89	16.8%
2014	8,150（《明報》獨家）	1,389.15	17.0%
2015	?	1,541.92	?

資料來源：歷年中央與地方財政預算、財政部網站、《明報》

明報製圖

關。

以大陸現在的社會經濟環境，想要控制星星之火，必須投入大量的人力與科技技術，這些都需要政府的預算來支應。當然，大陸的預算中根本沒有「維穩」這一科目，但各界都將公共安全預算視爲維穩的預算。按照呂秉權所做的統計，從二〇一〇年開始，維穩預算就持續增加，但二〇一四年的預算書中就看不到二〇一五年的實際預算數（見表5-3）。[135]這樣的做法，或許是因爲此一預算被錯誤解讀，或者是因爲中共不想讓外界知道，在此一預算上做文章，總之是欲蓋彌彰。

根據各種媒體報導，大陸現在維穩的預算已經超過了國防預算，但根據官方的說法，「中國的公共安全支出涵蓋公安、消防、緝私等諸多領域，遠非只是維穩那麼單一。」類此報導「無非是想誤導受衆，製造中國社會『不穩定』、『維穩代價高昂』的假像。」[136]不過，無論如何，維穩需要龐大經費是無可掩飾的事實，只是究竟有高，恐怕也只有共產黨自己心知肚明了。說起來這也是一個矛盾的現象，經濟發展既播下了民主化的種子，卻也同時提供政權壓抑種子的資源。這兩種力量的抗衡也就決定了民主化的進程。

中共的控制能力也展現在對網路與媒體的控制上。根據哈佛大學三位學者的研究，中共訂有網路管理辦法，各個內容供給者（Internet content provider，簡稱ＩＣＰ）就必須依據辦法來監控，因此這些ＩＣＰ就必須雇用近一千人左右來負責這項工作。這些人就是俗稱的網警，全部加起來約有兩萬到五萬人，此外還有二十五萬到三十萬的五毛黨員。[137]「抱歉，指定的主題不存在或已被刪除或正在被審核」這幾個字對常上大陸網站的人，應該都不陌生。而且大部分的帖子都在二十四小時內被刪除，甚至有朋友告訴我，有些帖是幾小時內就刪掉。看來，對中共來說，網路就是一個戰場，雖然官方目前占優勢，但這是一個持久戰，因爲戰場無法關閉。

網路之外的電子與平面媒體也是民衆訊息主要的來源之一，從正面角度而言，是強化民族主義以及愛國主義的機制（mechanism），從反面言，可以管制一些負面訊息的出現。一些有關民族主義的研究均指出，教育與媒體是最重要的兩個機制，大陸至今沒有新聞與出版自由，其背後的道理已不用多言。中共政權的控制能力，可以由一事而窺全豹，以八九民運為例，現在的年輕人知道的並不多。劉曉波在二〇〇六年曾說：「大屠殺之後的十七年來，中共借助於暴力鎮壓、意識形態灌輸和利益收買，成功地扭曲了和清洗了民族記憶，用鮮血積累起來的道義資源也被揮霍得所剩無幾。」[138]然而就在同一篇文章，他又說：「在主流民意的積極壓力和消極抵抗的雙重作用之下，民間資源迅速擴張，官府資源迅速萎縮，官方固守舊制度的成本越來越高，管制能力也越來越弱，力不從心已經成為中共現政權的統治常態。」

這種樂觀的看法，似乎是太一廂情願了。李凡教授的看法應該比較接近現實，他說：「總體格局來講是國家強，國家非常之強，雖然公民社會人口是兩到三億，但是人是分散的。社會不是團結起來想推翻共產黨領導，只是說每個人想維護自己的利益，所以社會總體的力量從總量上是弱的，從各個地方來看更弱。」[139]張千帆的描述更傳神，他說：「在國家管制下，中國民間力量仍然很弱，一盤散沙，欠缺行動能力……改革三十年，中國社會力量雖然壯大了許多，但總體上仍未走出無信仰、無組織、無共識的『三無』狀態。」[140]

北京大學袁剛教授在一場研討會中說：「習、李上台以來，大抓意識形態，習近平說意識形態是非常重要的工作，是極其重要的工作。現在學校、機關、社會各界都在收緊意識形態，我們學校上個星期院裡面開教工會，還強調說要與中央保持一致，上課不要亂講。」[141]看來，自由派的冬天還未過去，又來了一陣寒流。

二〇一三年五月，中共中央印發了《關於當前意識形態領域情況的通報》，也就是俗稱的「九號文件」，要求黨員幹部與七項危險的西方價值觀做鬥爭，其中一項就是公民社會，排第三。中國維權律師、前公盟成員滕彪接受訪問時說，「自習近平上台以來，獨立民間組織的生存環境更加惡化……原來可以活動的一些機構，像傳知行、立人圖書館等很多不太敏感的機構都被關閉，很多負責人被捕、被判刑。（政府）對相關資金的控制，包括意識形態上的控制明顯加劇了。」[142]

公民社會不只不能講，更要從嚴管理，要切斷與國際的關聯。二〇一四年十一月，廣州出台〈社會組織管理辦法〉，要求從二〇一五年一月一日起，凡接受境外資金捐助的NGO，需至少提前十五天向登記機關以及相關部門書面報告。[143]二〇一五年五月五日，中國政府公布了〈境外非政府組織管理法（草案二次審議稿）〉，公開徵求意見。這個辦法對在大陸註冊於境外非政府組織，不論是人事、活動、資金都實施嚴密的管控，而且不是由民政部門監管，直接由公安部門監管。

除此之外，這段時間，不少維權人士及律師都被公安機關逮捕，例如：（一）公盟創辦人、憲政學者許志永二〇一四年一月被北京市第一中級人民法院以「聚眾擾亂公共場所秩序罪」判處有期徒刑四年；（二）人權活動人士曹順利二〇一四年在被中國警察拘留期間死亡；（三）獨立記者高瑜於二〇一五年五月三十日被逮捕；（四）浦志強於二〇一四年五月被逮捕，二〇一五年十二月二十二日被判有期徒刑三年；（五）二〇一五年七月上旬，上百位中國內地的律師、民間維權人士、上訪民眾及律師和維權人士之親屬，突然遭到公安當局大規模逮捕、傳喚、刑事拘留的事件，部分人士則下落不明。被刑拘、帶走、失聯、約談、傳喚、或短期限制人身自由，涉及省分多達二十三個；（六）陸財經雜誌記者王曉璐曾撰文指出，中國證監會有將「護盤基金」退出股市的計畫，卻反被北京當局認爲他是「股災兇手」，因而遭到逮捕。

根據保護記者協會（Committee to Protect Journalists）二〇一五年十二月公布的報告，二〇一五年全球共有一百九十九位記者被關押，而中國大陸就有四十九人，占總數四分之一，而且是連續第二年囚禁最多記者的國家，並同時創下單年囚禁記者數量的新紀錄。[144]

二〇一六年二月十九日習近平高調參訪人民日報、新華網以及中央電視台三家最主要的媒體，並表示「黨的新聞輿論工作堅持黨性原則，最根本的是堅持黨對新聞輿論工作的領導。黨和政府主辦的媒體是黨和政府的宣傳陣地，必須姓黨。黨的新聞輿論媒體的所有工作，都要體現黨的意志、反映黨的主張，維護黨中央權威、維護黨的團結，做到愛黨、護黨、為黨。」[145]如此毫不忌諱地強調媒體要「姓黨」，在胡錦濤時代並未聽聞，習近平所要求的，當然不是只有這三家媒體，而是所有中國內部的媒體。

由這幾年的變化可以看得出來，中共對言論的掌控是愈來愈嚴，像任志強在其微博上一批評政府要姓黨，立即引來鋪天蓋地的政治攻擊。以他目前的身分，公然挑戰習近平，結果被留黨察看一年處分，應算是幸運的了。[146]

隨著時代的變化，中共的統治技術及控制技巧也隨之進化。誠如 William J. Dobson 所言，「獨裁者也在學著更新他們的統治術，試圖讓專制制度更有彈性、更靈活，甚至更有效率。」[147]看來，習近平確比江澤民、胡錦濤強硬，但這是因為資源更多，力量更強，更有自信，還是心理愈來愈恐懼呢？不同人有不同解讀，沈大偉顯然認為是後者。個人認為，看大陸，必須從整體來看，而不能只從單一面向來解讀，整體而言，習近平是有更大的企圖心，在這個企圖心下，任何想阻礙的石頭，他都會想辦法搬開。

（4）統治集團內部凝聚力

堤防裂縫是決堤的前兆。不論是威權政體或極權政體，統治集團內部的紛歧，往往是決定轉型時機以及方式的關鍵因素。杭廷頓（Samuel P. Huntington）研究第三波民主化也發現，「民主經常是由那些願意背叛其支持者利益以達成其目的之領袖，推動而成。」[148]就發展路徑而言，誠如大陸自由派學者張千帆所言：「上下互動的變革是多數人希望看到的中國發展方向，但是變革或改良需要符合一定的政治與社會條件。如果體制內可大體分爲強硬的保守派和開明的改良派，體制外大體分爲願意與改良派合作的溫和派與革命激進派，那麼改良派必須在體制內戰勝保守派，溫和派則在體制外壓倒激進派。」[149]

但是，現在中共內部有改良派嗎？胡耀邦和趙紫揚的殷鑑不遠，溫家寶偶爾會談談政治改革，但也只是一些口惠，不算是改良派。更重要的是，改良派恐怕很難得到軍方的支持。張千帆自己也認爲，「總體上講，中國現狀是強硬派壓倒改良派，還掌握軍隊的絕對忠誠。」[150]現在的政治局常委會，目前也看不出有鬆動的地方，習近平似乎已掌握全局。有人認爲習近平打擊貪腐會製造內部敵人，觸動內鬥，但被鬥者已失去了道德正當性，沒有動員能力，而且沒有軍隊的支持，根本不可能有勝算的機會。

蘇聯共產黨因有戈巴契夫以及葉爾欽，才會先啓動政治改革，但也導致共產黨的終結。對中共來說，這是一個非常深刻的教訓。在中共領導階層看來，戈巴契夫是向西方的價值觀讓步，才會走到那個地步，因此中共現在是力抗西方的價值觀，強調中國特色或中國模式，而「中國夢」就是總其成的代表。

談大陸民主，是一件讓人心中五味雜陳的事。不少人對中共統治充滿極度厭惡，視之如邪惡之大全，而且在他們眼中，這樣的體制早已累積了不知多強的爆發能量，中共統治的崩潰隨時可能發生，而且應該很快發生。這樣的看法，不能說毫無根據，卻是過多的一廂情願。個人看大陸民主，是從人民的角度來思考。對大陸人民來說，如何生活，如何保有對未來的希望，如何穩定過渡到民主，或許遠遠比手上立即擁有一張選票更有意義。民主化，重點在於民主化之後能夠避開陷阱，使體制得以創造更大的福祉，而不是只求快而已。有時候，寧走曲線，因爲比直線更爲穩當。

由前面幾節的分析可知，社會經濟條件已種下了民主的種子，正在蓄積力量，但執政者條件目前仍居於主動以及主控的地位，並利用民族主義爲自己延長戰略機遇期，因此，短期內不容易看到民主化的里程碑。然而，即使要民主，那又是什麼樣的民主呢？引進美國的制度嗎？那恐怕是災難，不是解方。[151]老實說，目前的學術理論還沒有辦法提出一個令人滿意的答案，因爲大陸的規模太大，內部太複雜，即使不少學者主張要有頂層設計，但截至目前爲止，也沒有任何具說服力的構想。

就政治改革的策略而言，大陸學界也有不同的意見，像李凡認爲不可能有預先的設計，如頂層設計，而主要是依靠「改革領導力」，而胡偉、熊光清則認爲要有自上由下採取頂層設計。胡偉認爲：「從政治工程學或憲政工程學的視野看，民主化不能摸著石頭過河，而應當進行戰略規畫，制定路線圖和時間表，從而指引民主進程，滿足社會期待，抑制激進訴求。」[152]政治學者福山（Francis Fukuyama）則建議中國大陸從法治著手來推進政治發展。個人認爲，這應該是較符合大陸情況的看法，但這必須仰賴中國共產黨的克制，尤其在牽涉到人權的領域上。[153]

在改革的策略上，也有學者主張成立政治改革特區，如陳劍，主張「將一些政治改革的內容在一些地區進行試點，取得了較爲成熟的經驗後，就可以在一定面積或全國推廣，可以形成較爲普遍共識，避免因認識分歧而影響改革的推進。」[154]不過，這種想法，從香港經驗可知，在當前情勢下並不太可能。即使大陸有些地區有些政治改革的試驗，但基本上都是在基層，變動程度也不是很大，而且沒有政治特區之名。

1 徐斯儉，〈為何不能對房間裡的大象裝可愛？中共黨國資本主義與服貿〉，想想論壇，二〇一四年三月二十三日。http://www.thinkingtaiwan.com/content/1863

2 有關大陸的思想解放，可參考馬立誠、凌志軍，《交鋒：當代中國三次思想解放實錄》，台北：天下文化，一九九八年五月。另外，大陸今天面對的情況，尤其是政治改革部分，又何嘗不是如此。

3 同前注，頁九〇。

4 毛澤東、李登輝都很在乎自己的路線能不能在自己離開後依然繼續，否則毛不會欽點華國鋒，並說，你辦事，我放心；李也不會在卸任前發表兩國論。

5 這幾篇文章包括〈關於反對資產階級自由化〉、〈用四項基本原則指導和規範改革開放〉、〈誰說社會主義「講不清」〉、〈社會主義能夠救中國〉、〈改革開放可以不問姓「社」姓「資」嗎？〉、〈庸俗生產力觀點是十分有害的〉、〈關於樹立社會主義改革觀的七個問題〉等等，一直到一九九一年底，陸陸續續都有類似的文章在報刊雜誌發表。

6 引自馬立誠、凌志軍，《交鋒：當代中國三次思想解放實錄》，頁一二三。

7 三個代表就是中國共產黨要「要始終代表中國先進社會生產力的發展要求；要始終代表中國先進文化的前進方向；要始終代表中國最廣大人民的根本利益。」

8 鄧小平也不若毛澤東，重大決策還是要諮商主要元老如陳雲、葉劍英、李先念等。

9 大衛．藍普頓（David M. Lampton）著，《從鄧小平到習近平》，林添貴譯，台北：遠流，二〇一五年七月，頁六。

10 同前注，頁八六。

11 阮紀宏，〈強黨弱國務院的習體制〉，《信報財經新聞》，二〇一三年三月六日。http://www1.hkej.com/dailynews/cntw/article/ 強黨弱國的習體制

12 習近平，《習近平談治理國政》，北京：外文，二〇一四年十月，頁一〇一。

13 Dogan, Mattei: Conceptions of Legitimacy, Encyclopedia of Government and Politics 2nd edition, Mary Hawkesworth and Maurice Kogan editors, Vol. 2, pp. 116-219. London: Routledge 2003.

14 朱雲漢認為大陸的正當性在於民享，而非民有與民治，但一黨統治想要長期維持民享政府的正當性，需要很多條件配合。請參閱朱雲漢，〈中國模式與全球秩序重組〉。

15 不少學者都認為經濟持續的成長是中共正當性的重要基礎，但基本上這是治理能力的表現。

16 大衛．藍普頓，《從鄧小平到習近平》，頁一五七。

17 參考維基百科，「國務院機構改革」條目。

18 邱志淳，〈政府組織改造與評估政府組織改造與評估——以日本、韓國、中國大陸為例〉，《行政院國家發展委員會委託研究報告》，二〇一〇年三月，頁八七。

19 例如二〇一一年七月溫州動車發生事故，鐵道部即宣布上海鐵路局正副局長和黨委書記立刻免職，接受調查。二〇一四年大陸昆山市出現工廠爆炸的工安事件，書記及市長都被調職。

20〈落馬百虎1/3系軍虎或凸顯習近平的一大憂慮〉，新唐人，二〇一五年四月二十七日。http://www.ntdtv.com/xtr/b5/2015/04/27/a1193472.html

21 張尼、馬學玲，〈40名軍老虎入籠中國鐵腕反腐從嚴治軍〉，中新網，二〇一五年八月一日。

22 共產主義本質上是國際主義，如「工人無祖國」、「全世界無產階級聯合起來」等口號。毛澤東主政時，民族主義並非官方的意識型態。

23 沈旭暉，《解構中國夢》，香港：中文大學，二〇一五年，頁一九。

24 可參閱 Lai, H., The Domestic Sources of China's Foreign Policy. Regimes, leadership, priorities and process. London/New York: Routledge, 2010.
H. Holbig, Ideological Reform and Political Legitimacy. In T. Heberer & G. Schubert（Eds.）, Regime Legitimacy in Contemporary China. Institutional Change and Stability（pp. 13-34）. London and New York: Routledge, 2009.
Janka Oertel, Foreign Policy and Regime Legitimacy - China as a Responsible Peacekeeper? Conference paper.

25 Asia Barometer Survey, 引自 Zhengxu Wang, Generational Shift and Its Impacts on Regime Legitimacy in China

26 于建嶸，〈合法性與中國未來的政治發展——當前意識形態爭論之評價〉，愛思想網站，http://www.aisixiang.com/data/92147.html

27 大衛．藍普頓著，《從鄧小平到習近平》，林添貴譯，頁一二。

28 同前注，頁一〇一。

29 林毅夫，《解讀中國經濟》，台北：時報，二〇〇九年三月，頁二二八。

30 引中國國家統計局資料。

31 BBC中文網，〈IMF稱中國成全球貧富差距最大國之一〉，二〇一五年三月二十七日。http://www.bbc.com/zhongwen/trad/world/2015/03/150327_imf_china

32 李凡，〈中國當前政治改革的幾個重要問題〉，二〇一五年七月十一日，愛思想網站。http://m.aisixiang.com/data/90330.html

33 鄭永年、楊麗君，《中國崛起不可承受之錯：內政、外交十大顛覆性錯誤的可能性與應對之策》，北京：中信集團，二〇一六年三月。書中有非常精闢的分析，值得參閱。

34 如戴旭，《肢解中國》，台北：風格司藝術創作坊，二〇一四年十二月。

35 鄧小平，〈目前的形勢和任務〉，中共中央文獻編輯委員會編，《鄧小平文選》第二卷，北京：人民，一九八三年，頁二〇五。

36 有興趣的讀者可參閱 Roger Irvine，Forecasting China's Future: Dominance or Collapse? New York: Routledge. 2016.

37 章家敦，《中國即將崩潰》，侯思嘉、閻紀宇譯，台北：雅言文化，二〇〇二年。

38 Gordon G. Chang, The Coming Collapse of China: 2012 Edition, Foreign Policy, December 29, 2011. http://foreignpolicy.com/2011/12/29/the-coming-collapse-of-china-2012-edition/

39 華盛頓共識最簡單的內涵即自由市場與政治開放，可參考維基百科 Washington Consensus 條目。

40 David Shambaugh, The Coming Chinese Crackup, Wall Street Journal, 2015/3/6. 不過，他在一年後又反悔了，他在與中國人民大學重陽金融研究院執行院長王文溝通時說：「現在，我必須要澄清，我不認為中國會崩潰，我也不希望中國崩潰，我不要中國崩潰，我喜歡穩定，也喜歡中國改革，包括政治改革、經濟改革和社會改革。」請見沈大偉，〈一定要告訴中國人，我不認為中國會崩潰〉，《環球時報》，二〇一六年三月一日。

41 馬丁・賈克，《當中國統治世界》，李隆生譯，台北：聯經，二〇一〇年，頁二〇六。

42 如 Daniel Lynch, The End of China's Rise, Foreign Affairs, January 11, 2016.
The yuan and the markets, The Economists, January 16, 2016.
Paul Krugman,〈中國皇帝的新裝〉，《紐約時報中文網》，二〇一五年八月六日。
Keith Bradsher,〈「掌門人」習近平難掌大局，中國經濟走向脫軌〉，《紐約時報中文網》，二〇一六年一月十日。

43 李厚穎，〈大辯論：中國經濟在五年內崩潰？〉洞見（Insight Post）國際事務評論網，http://www.insight-post.tw/asia-pacific/20141028/10386

44 谷棣、謝戎彬主編，《我們誤判了中國》，台北：風雲時代，二〇一五年八月，頁五二。

45 李道成，〈陸地方官員自保消極不作為〉，《中國時報》電子報，二〇一五年四月十二日。http://www.chinatimes.com/newspapers/20150412000364-260108

古清兒，〈江貪腐治國後果顯現 官方承認大批中層不作為〉，《大紀元》電子報，二〇一五年九月三十日。http://www.epochtimes.com/b5/15/9/30/n4539625.htm

46 除了 David Shambaugh 之外，Jerome A. Cohen 亦表達類似看法，參考 The insecurity underpinning Xi Jinping's repression, *The Washington Post*, September 23, 2015. https://www.washingtonpost.com/opinions/the-insecure-underpinning-of-chinese-repression/2015/09/23/f8f33720-6092-11e5-9757-e49273f05f65_story.html

47 〈習近平新政：七不講後又有十六條〉，ＢＢＣ中文網，二〇一三年五月二十八日。http://www.bbc.com/zhongwen/trad/china/2013/05/130528_china_thought_control_youth。所謂七不講是指：普世價值不要講、新聞自由不要講、公民社會不要講、公民權利不要講、中國共產黨的歷史錯誤不要講、權貴資產階級不要講、司法獨立不要講。

48 Dingding Chen, Sorry, America: China is not going to collapse, *National Interest*, March, 10, 2015. http://nationalinterest.org/feature/sorry-america-china-not-going-collapse-12389

49 李松，〈民意調查的中國路徑〉，《國際先驅導報》，二〇一五年二月二日。

50 對此一議題有興趣的讀者可參閱 Tianjian Shi, The Cultural Logic of Politics in Mainland China and

Taiwan, London: Cambridge University Press, December 2014.

51 Pew Research Center,http://www.pewglobal.org/database/indicator/3/country/45/
問卷的問題為：Overall, are you satisfied or dissatisfied with the way things are going in our country today?

52 Zhengxu Wang, Public support for democracy in China, *Journal of Contemporary China,* Nov. 2007, p. 571.

53〈對話：習近平不是中國的戈爾巴喬夫〉，BBC中文網，二〇一二年十月三十一日。

54 同注48。

55 林中斌，〈習近平──六十年來政治資本最雄厚的中共領導人〉，《獨立評論》，二〇一四年一月六日。

56 對於這些在網路上支持中共的人，香港人戲稱之為「五毛黨」。

57 Dingding Chen, Sorry America; China is not going to collapse.

58 姚監復，〈習近平絕不是中國的戈爾巴喬夫〉，《動向雜誌》三二六期。

59 Abraham F. Lowenthal & Sergio Bitar, Getting to democracy, *Foreign Affairs,* January/February 2016.

60 同注48。

61 林毅夫，〈中國經濟將在未來幾年保持年均七%的增長〉，新華網。

62 盛卉、潘婧瑤、楊柳，〈人民日報社社長的巴西「公開課」：十二字闡述「新常態」〉，人民網，http://politics.people.com.cn/BIG5/n/2015/0618/c1001-27178884.html

63 Is China Really Cracking Up? A ChinaFile Conversation，http://www.chinafile.com/conversation/china-really-cracking

64 China overtakes US for foreign direct investment, BBC News, January 30, 2015.

65 同注63。

66 Erik Izraelewicz 著，《當中國改變世界》，姚海星、裴曉亮譯，台北：高寶，二〇〇六年，頁四三。

67《二〇一三年度中國對外直接投資統計公報》。請參考 fdi.gov.cn。

68 Steve Lohr，Who's Afraid of China Inc.? JULY 24, 2005，*The New York Times*。http://www.nytimes.com/2005/07/24/business/yourmoney/whos-afraid-of-china-inc.html?_r=0

69 引自 Mineweb, 1 May 2009. http://www.mineweb.com/archive/australia-opposition-party-wants-rio-tintochinalco-deal-halted/

70 Nolan, Peter, *Is China Buying the World,* Cambridge: Polity Press, 2012. P. 16.

71 請參考大陸國家外匯管理局網站及 Blackrock 網站。

72 Anne-Britt Dullforce, FT 500 2015 Introduction and methodology.
http://www.ft.com/cms/s/2/1fda5794-169f-11e5-b07f-00144feabdc0.html#axzz3kepg5Uvs

73 Peter Nolan, Is China Buying the World., p. 18.
David Shambaugh, Are China's multinational corporations really multinational? East Asia Forum, 21 June 2012. http://www.eastasiaforum.org/2012/06/21/are-chinas-multinational-corporations-really-multinational/

74〈風評：習近平訪美「錢洗美國」〉，風傳媒，二〇一五年九月二十四日。http://www.storm.mg/article/66257

75 George Parker, Jamil Anderlini, UK allies baffled by red carpet treatment for Xi, Financial Times, Oct 21,

2015.

76 Steven Erlanger，〈英德競相討好中國，歐洲為經濟利益妥協價值觀〉，《紐約時報》中文網，二〇一五年十月二十三日。http://cn.nytimes.com/china/20151023/c23britain/zh-hant/

77 同注75。

78 有關中方投資金額，英國官方說法從兩百五十億英鎊到四百億英鎊都有，四百億英鎊是首相所說。參閱 Jim Pickard, Gill Plimmer, Geroge Parker, Cameron chases moving targets to pin down value of Xi's legacy projects, Financial Times, Oct. 23, 2015.

79 Yu Liu and Dingding Chen, Why China Will Democratize, The Washington Quarterly, winter, 2012, p. 58.

80 陳志柔，〈中國大陸社會抗議的性質和趨勢〉，陸委會，《大陸與兩岸情勢簡報》，民國九十七年五月，頁一一一—一一五。

81 魏城，〈透視：中國民主化前景〉，ＢＢＣ中文網，二〇〇四年六月四日。http://news.bbc.co.uk/chinese/trad/hi/newsid_3760000/newsid_3768200/3768293.stm

82 Zhengxu Wang, Generational Shift and Its Impacts on Regime Legitimacy in China, p. 2.

83 王建勛，〈從專政到憲政，困難與挑戰〉，ＦＴ中文網，二〇一六年一月十四日。www.ftchinese.com/story/001065735?full=y

84 中央社，〈央視新台長上任首日傳畢劍福遭整肅〉，二〇一五年四月八日。

85 笑蜀，〈信力建案是政權基礎空心化的信號〉，ＢＢＣ中文網。二〇一五年九月七日。http://www.bbc.com/zhongwen/trad/indepth/2015/09/150907_viewpoint_china_corruption_educationist

86 李凡，〈中國當前政治改革的幾個重要問題〉，愛思想網站，二〇一五年七月十一日。http://

m.aisixiang.com/data/90330.html

87 大陸社科院副院長李慎明這一篇短文可謂為代表──〈以美國為首的西方國家的民主制度沒有普世性〉，《光明日報》，二〇〇九年三月十九日。

88 張維為的一篇一書可謂代表作：張維為，〈優質民主才是好東西〉，人民網，二〇〇九年六月十二日。http://theory.people.com.cn/GB/148980/9460437.html

張維為，《中國震撼》，上海：上海人民，二〇一一年。

89 習近平，《習近平談治國理念》，北京：外交，二〇一四年十月，頁八二。

90 許耀桐，〈中國式民主的新路〉，原載《人民日報》，引自愛思想，二〇一五年九月二十五日。http://m.aisixiang.com/data/92520.html

91 陳君碩，〈中國式民主「不換廚師可換菜單」〉，《中時電子報》，二〇一五年十二月十六日。http://www.chinatimes.com/newspapers/20151216000832-260309

92 Zhengxu Wang, Generational Shift and Its Impacts on Regime Legitimacy in China, p.3

93 自Seymoru Martin Lipset開啟此一研究以來，後繼者甚多，形成了所謂的現代化理論。

94 如Henry Rowen, Bruce Gilley, Shaohua Hu等。參考Henry S. Rowen, "The Short March: China's Road to Democracy," National Interest, no. 45（Fall 1996）. Shaohua Hu, Explaining Chinese Democratization（Westport, CT: Praeger, 2000）. Bruce Gilley, China's Democratic Future: How It Will Happen and Where It Will Lead（New York: Columbia University Press, 2004）.

95 Henry S. Rowen, "The Short March: China's Road to Democracy," *National Interest* 45（Fall 1996）: 61–70.

96 Henry Rowen, Why China Will Become a Democracy, *Hoover Digest*, January 30, 1999. http://www.

hoover.org/research/why-china-will-become-democracy

97 Henry Rowen , When will the Chinese People Be Free, *Journal of Democracy*, Vol. 18, No. 3, July 2007, p. 38.

98 Zhengxu Wang, Nation Building, State Building, andthe Road to Democracy:political development in 60 years of the People's Rrpublic, Briefing Series – Issue 54, Septermber 2009, p. 4.

99 Dominic Barton, Yougang Chen, and Amy Jin, Mapping China's middle class, *McKinsey Quarterly*, June, 2013. http://www.mckinsey.com/insights/consumer_and_retail/mapping_chinas_middle_class

100 引自 John Boulter, China's Emerging Middle Class: Challenges and Opportunities, *Future Directions International*, Thursday, 28 February 2013.

101 Credit Suisse Research Institute, *Global Wealth Report 2015*, p. 32.

102 Bruce J. Dickson, "Surveying prospects for political change: Capturing political and economic variation in empirical research in China" in Contemporary Chinese Politics: New Sources, Methods, and Field Strategies, Allen Carlson, Mary E. Gallagher, Kenneth Lieberthal, Melanie Manion（eds.）New York: Cambridge University Press, 2010. Pp. 200-218.

103 Kellee Tsai, *Capitalism without Democracy,* Ithaca, Cornell University Press, 2007.

104 Jie Chen & Chunlong Lu, Democratization and the Middle Class in China: The Middle Class's Attitudes toward Democracy, *Political Research Quarterly*, 64（3）705–719, 2011. 此一研究主要調查中產階級對三條民主準則（權利意識、對政治自由的評價和公眾參與）和一種基本的民主制度（政治領導人的競爭性普選）的態度來衡量他們對民主的支持。

105 Ibid. p. 716.

106 Martin King Whyte, China Needs Justice, Not Eguality, *Foreign Affairs*, May 5, 2013.

107 范亞峰，〈中國民主化的轉型模式〉，天安門母親網站。

108 Tony Saich 的研究指出，二〇〇九年時，有九五．九％的受訪者對中央政府相當或非常滿意，但到了地方政府，就掉到六一．五％，請參閱 Tony Saich, Chinese governance seen through the people's eyes, East Asia Forum. http://www.eastasiaforum.org/2011/07/24/chinese-governance-seen-through-the-people-s-eyes/

109 張凱銘，〈和諧社會的挑戰：中共社會中的群體性事件問題探析〉，《弘光學報》六十六期，二〇一二年，頁七二—七四。

110 Ian Johnson, Xi's China: The Illusion of Change, *NYR Daily*, November 24, 2015. http://www.nybooks.com/daily/2015/11/24/xi-china-illusion-of-change/

111 李凡，〈我國公民社會的現狀〉，天則雙周論壇，二〇一四年九月十二日。

112 Gary King, Jennifer Pan, Margaret E. Roberts, How Censorship in China Allows Government Criticism but Silences Collective Expression, *American Political Science Review*, May 2013, pp. 1-18.

113 Ian Johnson, Civil society in China. http://www.ian-johnson.com/projects/civil-society-in-china

114 李凡，〈我國公民社會的現狀〉。

115 根據 Freedom House 二〇一二年新聞出版自由的排名，在一百九十七個國家中，中國和緬甸並列第一百八十七名。

116 個人不用軟性極權一詞，因為軟性帶有價值色彩，不如彈性一詞更能彰顯其特色。

117 朱嘉明，《中國改革的歧路》，台北：聯經，二〇一三年，頁一〇九。

118 趙紫陽，《國家的囚徒》，台北：時報，二〇〇九年，頁三〇一—三〇二。

119 同前注，頁三〇二。

120 鄧小平，《鄧小平文選（第三卷）》，北京：人民，一九九三年，頁三一〇。

121 同前注，頁二八四。

122 陳筑君，〈陸少將直言，台非陸核心利益〉，《中國時報》，二〇一五年九月十五日。

123 倉田徹，〈「中國式」和「世界標準」——牽動世界的香港民主化問題〉，日本網，二〇一四年十一月二十日。

124 百度百科，「社會管理」條目。

125 〈扎扎實實提高社會管理科學化水平　建設中國特色社會主義社會管理體系〉，《人民日報》，二〇一一年二月二十日。http://paper.people.com.cn/rmrb/html/2011-02/20/nw.D110000renmrb_20110220_2-01.htm

126 李凡，〈中國當前政治改革的幾個重要問題〉。

127 同前注。

128 同前注。

129 Sheri Berman, The Promise of the Arab Spring, *Foreign Affairs*, January/February 2013 Issue. https://www.foreignaffairs.com/articles/libya/2012-12-03/promise-arab-spring

130 例如福山在接受「鳳凰評論」採訪時建議：中國要從法治開始，而不是從民主開始。

131 Benjamin Joseph Darr, Nationalism and state legitimation in contemporary China, dissertation, 2011, University of Iowa.

132 沈旭暉，《解構中國夢》，頁二九一。

133 〈習近平為中東發展開中國處方〉，中國日報網，二〇一六年一月二十二日。

134 David Shambaugh, *China Goes Global: The Partial Power,* Oxford: Oxford University Press, 2013.

135 呂秉權，〈消失的維穩費再現或又超軍費?〉評台網 pentoy.hk

136 〈捏造「中國維穩預算」缺乏基本常識〉，新華網，http://news.xinhuanet.com/politics/2011-04/06/c_121272130_2.htm

137 Gary King, Jennifer Pan, Margaret E. Roberts, How Censorship in China Allows Government Criticism but Silences Collective Expression, *American Political Science Review,* May 2013, p. 1.

138 劉曉波，〈從文革到六四看中國民主化的困境〉，《大紀元》，二〇〇六年六月十八日，轉自《動向》二〇〇六年六月號。

139 李凡，〈我國公民社會的現狀〉。

140 張千帆，〈中國憲政轉型的可能前景〉，FT中文網，二〇一五年五月十八日。www.ftchinese.com/story/001062037?full=y

141 袁剛發言，見于建嶸，〈合法性與中國未來的政治發展——當前意識形態爭論之評價〉，愛思想網站，http://www.aisixiang.com/data/92147.html

142 〈獨立NGO在中國遭遇寒冬〉，VOA，二〇一五年十月三日。

143 同前注。

144 China, Egypt imprison record numbers of journalists, Committee to Protect Journalists. https://cpj.org/reports/2015/12/china-egypt-imprison-record-numbers-of-journalists-jail.php

145 〈習近平：黨和政府主辦的媒體必須姓黨〉，文匯網訊，二〇一六年二月十九日。http://news.wenweipo.com/2016/02/19/IN1602190061.htm

146 〈任志強質疑「官媒姓黨」被留黨察看一年〉，BBC中文網，二〇一六年五月二日。

147 威廉·道布森，《獨裁者的進化》（The Dictator's Learning Curve）謝惟敏譯，台北：左岸文化，二〇一四年，頁四一二。

148 Samuel P. Huntington, The Third Wave: Democratization in the Late Twentieth Century, The Oklahoma University Press, 1991, p. 169.

149 張千帆，〈中國憲政轉型的可能前景〉。

150 同前注。

151 美國式的民主，有它的歷史文化因素，移植成功者很少，即使美國自身，也深陷金權民主的兩難。個人並不認為美式民主能適用於大陸。

152 胡偉，〈中國的民主政治發展應有頂層設計〉，《探索與爭鳴》，二〇一三（二），頁二六—三一。

153 于盈，〈福山：中國式民主要從法治開始〉，財新網，二〇一五年十一月二十五日。

154 陳劍，〈建立中國政治改革試驗區〉，愛思想網站，二〇一五年八月二十八日。www.aisixiang.com/data/related-91778.html

第六章　中共對台政策的邏輯

掌握中共對台政策政的邏輯，有如掌握洋流的流動，不僅可以了解過去的變化，也有助於我們預測中共未來的對台政策，同時也有助於台灣形成具有戰略意義的兩岸政策。

面對大陸，有兩句話特別重要。第一句是「知己知彼，百戰百勝」，這誰都懂，但知己難，知彼更難。尤其像中共，政策過程有如大黑箱，各種有關中共的書，就像瞎子摸象一樣，各說各話。白邦瑞（Michael Pillsbury）是長期在美國中情局處理中國事務的官員，二〇一五年他出版《二〇四九百年馬拉松》一書，有如懺悔錄，道出自己長期以來爲中共鷹派所騙的經歷，並重新詮釋中共的大戰略。[1]白邦瑞認爲美國犯了大錯，不過，美國至今仍是第一軍事與經濟強權，就算犯錯，也有犯錯的本錢，但台灣沒有犯錯的本錢，尤其是戰略上的錯誤。美國走的是大道，台灣走的是鋼索，台灣不只沒有犯錯的本錢，也沒有不了解大陸的本錢。

第二句話是「小事大以智」，[2]我們不能期望大陸「大事小以仁」，因爲主動權掌握在大陸手上，而且即使大陸事台灣以仁，台灣也不能流於樂觀，必須了解其背後的道理。更重要的是，仁與智二者是相應的，「無智」則對「無仁」，唯有智才能引仁。小事大以智，這個智，就是在知己知彼的基礎上，了解大陸對台政策的邏輯，同時找出台灣長期的因應戰略。更重要的是，藍綠兩黨必須在兩岸事務上形成戰略共識，否則台灣永遠像一片散沙一樣，讓中共漁翁得利。

本章嘗試從中共各種對台政策的變化中找出其背後的邏輯。中共的對台政策以及兩岸關係，從一九四九年到現在，歷經相當大的變化。有些變化很明顯，是現象面的變化，很容易注意，但有些變化則較隱晦，屬於深層的變化，並不容易察覺，卻對台灣卻有重大影響。海水波浪儘管變化萬端，深層的洋流才是決定海水流動方向的因子；掌握中共對台政策政的邏輯，有如掌握洋流的流動，不僅可以了解過去的變化，也有助於我們預測中共未來的對台政策，同時也有助於台灣形成具有戰略意義的兩岸政策。

研究中共的對台政策，不能只從兩岸關係的角度來觀察，必須放在更大的脈絡裡來理解，才能掌握其邏輯。中共對台政策有五大邏輯：政權存亡邏輯、民族主義邏輯、發展優先邏輯、實力邏輯以及成本效益邏輯。這五個邏輯先簡要說明如下，後續各節中再詳爲論述：

（一）政權存亡邏輯是指中共政權最高的核心利益就是維護中共政權於不墜，任何事件只要涉及政權存亡，中共就沒有退讓的餘地，必然採取強硬的立場。[3]但也正因爲如此，中共會避免類似事件的發生，採取預防措施（例如發表措詞強硬的聲明），以防範自身也必須因此付出相當代價。

（二）民族主義邏輯是指民族主義既是中共正當性的基礎，也是主張對台統一的合理化基礎，而主權與領土的統一是民族主義的重要象徵。就此而言，大陸對台的論述，經常圍繞民族主義。

（三）發展優先邏輯是指大陸改革開放後，以爭取發展爲重要戰略目標，只要不涉及政權存亡，都以發展爲優先，在發展優先邏輯之下，民族主義都可以暫時先忍讓，所謂韜光養晦即是。放在兩岸關係上，小局從服大局，大局是發展優先邏輯，小局就是和平統一及和平發展。可以這麼說，發展優先邏輯是利用時間（戰略機遇）、創造空間（選項）的戰略。

（四）實力邏輯是兩岸關係最終發展的關鍵。實力邏輯是指發展並運用某些能力，以達到限制敵人的選項，最後使敵人屈服的邏輯。本節將探討大陸實力的類型及其相應的策略。

（五）成本效益邏輯，對大陸而言，就是以成本最低的方式來達成統一的目標。這個成本，考慮的不只是統一的成本，也會考慮到治理的成本。本節將探討在兩岸關係如此密切的今日，大陸如何在成本效益邏輯下，在台灣內部形塑有利多數。

一、政權存亡邏輯

中共統治集團最關心的第一件事，就是政權的存亡，這是最高的核心利益。大陸解放軍少將喬良曾提到大陸的核心利益就只有兩條，他說「中國共產黨的執政地位不能動搖」、「中華民族復興的道路不能中斷」這兩條才是大陸的核心利益，「釣魚台不是、黃岩島不是、連台灣都不是。」[4]一般人聽到這樣的說法，可能會嚇一跳，竟然「釣魚台不是、黃岩島不是、連台灣都不是」大陸的核心利益。但喬良的說法，體現的正是兩種層次邏輯的不同。釣魚台、台灣不是大陸的核心利益，並不代表大陸就放棄了釣魚台的主權，或者說台灣可以獨立。喬良說法的真正意義是：只要釣魚台還有爭議在，只要中國還能在釣魚台周圍巡邏，釣魚台問題就不是核心利益問題，因為在可管控範圍內，不屬於政權存亡邏輯以及民族主義邏輯所管轄。台灣問題也一樣，只要台灣沒有宣布獨立，在可管控範圍內，就無涉政權存亡，所以說不是核心利益。

任何事件，只要中共領導人認為涉及到政權存亡，必然無所退讓，採取武力亦在所不惜。中共於一九四九年成立中華人民共和國，在打了幾年仗後，也是兵疲馬困、百廢待舉，更何況還有台灣尚未拿下，可是卻在一九五〇年成立「中國人民志願軍」加入韓戰，與美國對抗，所為何來？雖然學界有不同的看法，然而試想一旦美國打下北韓之後，到時美國的勢力就直接布署在鴨綠江邊，而大陸內部情勢尚未穩定，台灣尚未統一，此時美國勢力再陳兵東北邊境，對中共將是生死存亡的威脅。即使到了今天，北韓都是中國大陸安全上的一個重要緩衝，也是籌碼，具有高度戰略意義，因此中國大陸可以說是北韓最主要的支援國家。就算布希把北韓列為流氓國家，但也不敢像打伊拉克一樣輕舉妄動，因為中共不可能坐視不管。同樣地，二〇一五年至二〇一六年間，北韓試爆氫彈及發射導彈，美國再怎麼不滿，也必須與中國大陸一起商討如何制裁北韓，而不是片面採取行動。[5]

再舉一個例子，六四天安門事件，最能反映中共在政權存亡邏輯下的作為。鄧小平之所以在六四天安門事件中動用軍隊鎮壓學生運動，主要原因就是涉及到中共政權的存亡，而且必須用強制鎮壓的手段，產生殺雞儆猴的效果，讓民主化的力量心生恐懼。對於香港雨傘運動，個人也始終認為大陸不會讓步，因為這也是政權存亡邏輯的範疇，中共擔憂堤防只要破一個口，就會決堤。所謂「穩定壓倒一切」，就是這個邏輯必然推演出的結論。

就台灣問題言，相當多學者都認為涉及中共政權的安危，因為只要台灣一獨立，可能產生骨牌效應，影響到新疆、西藏、乃至於香港的獨立運動，而且中共長期以來灌輸的民族主義，只要台灣獨立，除了動武之外，中共幾乎沒有其它的選項。這個看法基本上沒有錯，但從另外一個角度來看，大陸其實是希望盡量避免將台灣問題升級為政權存亡邏輯的範疇內，因爲還有其它的邏輯決定大陸的行動。

韓戰之後，台灣問題的確接近政權存亡邏輯的範圍，一方面因爲台灣有美國在背後撐腰，形成「兩個中國」之勢，這是中共堅決反對之事，另一方面，中共也擔心美國協助國民黨反攻，威脅中共的政權。韓戰爆發後，美國出現了所謂「台灣地位未定論」的說法[6]，讓大陸擔憂台灣落入了美國的手裡，因此在韓戰後，大陸也透過幾次軍事衝突來表達其決心。中共曾兩次砲擊金門，一方面測試中美的協防，另一方面也宣示一旦台灣從大陸分離出去，其必然用武之決心。八二三砲戰後，毛澤東在九月六日與蘇聯外長葛羅米柯會談時表明，中國炮擊金門的意圖只是要懲罰國民黨軍隊，阻止美國搞「兩個中國」，而不是要馬上解放台灣。[7]美國即使與台灣有共同防禦條約，但處處阻撓蔣介石的反攻計畫，應該與大陸的政權存亡邏輯有關，亦即美國判斷一旦台灣脫離中國，必然會將美國捲進戰爭。[8]

一九六〇年代後，中共已了解美國的戰略是圍堵並且避免捲入兩岸戰爭，退守台灣的國民黨已不構成大陸政權存亡的威脅，大陸也開始思考其它統一的途徑。一九六一年六月，毛澤東再次表示：如果台灣歸還中國，「我們容許台灣保持原來的社會制度，等台灣人民自己來解決這個問題。」一九六三年一月，周恩來後來用「一綱四目」來總括大陸的對台政策。[9] 等到中華人民共和國取代中華民國成為聯合國的會員國，且中美建交之後，基本上台灣議題已淡出政權存亡邏輯的範疇，這個情況一直到台灣政治生態因民主化出現巨大變化之後，政權存亡邏輯才再度影響中共的政策。

從鄧小平改革開放以來，大陸對台政策有三根支柱：「一個中國」、「和平統一」、「一國兩制」。政權存亡邏輯及民族主義邏輯決定了「一個中國」原則，而且貫穿從毛澤東到習近平所有領導人，至於「和平統一」與「一國兩制」，以及後來的「和平發展」，皆是發展優先邏輯下的政策。

一個中國原則屬於戰略層次，沒有改弦易轍的餘地，歷來大陸領導人有關台灣的講話，以及各種的白皮書或對台檔案，都不會忘記一個中國原則的表態。不論是江澤民、胡錦濤、或是習近平，有關一個中國原則的談話，幾乎是一以貫之。不過，對於一個中國內涵的表述，從二〇〇〇年開始就已有了一些改變。一九九三年的白皮書強調「中央政府在北京」，二〇〇〇年二月的白皮書仍強調「中華人民共和國政府是中國的唯一合法政府」，但從二〇〇〇年八月二十四日錢其琛發表談話後，「大陸和台灣同屬一個中國」成為標準表述，不再提誰是合法政府，也不單提「台灣是中國不可分割的一部分」。

但這種變化是屬於戰術層面的變化，中共的立場很清楚，中華民國已經滅亡，這也是我方一直強調面對現實，而中共始終不願在此有所讓步。二〇〇八年五月開啓的兩岸協商，也是在海基、海協兩會架構下進行，協議由雙方董事長及會長簽署。至於所謂「合情合理的安排」，也是在一個中國的框架下，這是台灣不論朝野，不太願意單提「一個中國」四字，且對於政治談判都抱著遲疑態度的原因。

對中共而言，政權存亡邏輯是無可退讓的，兩岸議題一旦進入政權存亡邏輯的範疇，大陸可選擇的空間就很小。因此，大陸方面也是盡力防範兩岸議題進入這個範疇。大陸在國際上已取得「一個中國」原則的廣泛認可，而且是由中華人民共和國代表中國，當然沒有必要與台灣在其內涵上糾纏，重要的是要避免台灣把問題帶向政權存亡邏輯的範疇。一九九六年的台海危機、二〇〇〇年發表「一個中國原則與台灣問題」白皮書、針對民進黨二〇〇〇年執政後的一些作爲、以及二〇一五年的地動山搖說，基本上都是在預防兩岸議題進入政權存亡邏輯的範疇。

（二）一九九六年台海危機

一九九五年美國同意李登輝到美國訪問，讓兩岸之間原本脆弱的信任幾乎完全喪失，而台灣又將在一九九六年舉行第一次總統直接民選，這是極具主權象徵的作為。對中共來說，飛彈試射固然會引起台灣民眾的反感，甚至增加李登輝的聲勢，但此時如果不傳遞清楚的訊息，恐怕美國和台灣都會產生誤判。一九九六年的飛彈試射，用的是空包彈，其用意本來就是一種戰略訊息的傳達，而不是眞要武力犯台。有些評論認為中共的一些作為經常在反助選，這種說法只看到戰術層面而忽略了戰略層面的判斷。

(二) 二〇〇〇年發表「一個中國原則與台灣問題」白皮書

大陸國台辦曾發表兩份白皮書，一份是在一九九三年八月發表的「台灣問題與中國統一」白皮書（簡稱一九九三白皮書），以及二〇〇〇年發表的「一個中國原則與台灣問題」白皮書（簡稱二〇〇〇白皮書），二者時間點不同，目的也不同。

從名稱來看，第一份白皮書的重點在「中國統一」，第二份白皮書的重點則在「一個中國」原則。主要是因為大陸認為李前總統自一九九〇年代開始就「逐步背棄一個中國原則，極力推行以製造『兩個中國』為核心的分裂政策，一直發展到公然主張兩岸關係是『國家與國家，至少是特殊的國與國關係』，嚴重損害了兩岸和平統一的基礎……。」10

從內容來看，一九九三白皮書的體系較完整，至於二〇〇〇白皮書，則是全面圍繞著一個中國原則的各面向在鋪陳，包括反對公民投票、兩德模式、以及兩岸是民主和制度之爭的論調，同時強調大陸捍衛一個中國的原則。換言之，二〇〇〇白皮書有極強的針對性。

從態度來看，一九九三白皮書可以說是立場的表示，屬於平鋪直敘式，較少威脅的口吻。反觀二〇〇〇白皮書，則充滿肅殺之氣，尤其對李前總統的批評，篇幅大且口氣嚴厲，更提出了「三個如果」，大陸會採取斷然措施，包括使用武力等等，而且「絕不容忍、絕不姑息、絕不坐視任何分裂中國的圖謀得逞。」

（三）二〇〇〇至二〇〇八年民進黨執政後的一些作為

大陸在一個中國原則上從不鬆口，尤其是民進黨執政期間，在這個問題上表現得比二〇〇八年後更為強硬。中共基本上把民進黨定性為台獨政黨，彼此缺乏互信，尤其在民進黨執政這一段期間，有幾個現象是中共十分關切的：(1)陳水扁一連串去中國化的作為；(2)完成公投法的立法，並在大選中進行公投，民進黨無異於握有一項法律上的武器；(3)陳水扁不斷宣稱二〇〇六年要公投複決新憲法，並且要在二〇〇八年實施，彷彿已有了路線圖。這些都讓大陸十分憂心台灣一步步往獨的方向靠攏，因此，如何防止兩岸議題進入政權存亡邏輯的範疇，是當時中共的主要考量之一。這也是所謂「硬的更硬」那一部分。

1. 發表五一七聲明

二〇〇四年的大選，固然有兩顆神秘子彈的因素，但陳水扁操作台獨與公投的議題也炒熱了氣氛。陳水扁連任，中共此時擔憂的是公投議題持續延燒，如果沒有強硬表態，恐怕事態發展會愈來愈難收拾。二〇〇四年五月十七日，也就是在陳水扁第二任就職之前，大陸國台辦發表了一份聲明，一般稱為「五一七聲明」，提出了五個絕不：「我們堅持一個中國原則的立場絕不妥協，爭取和平談判的努力絕不放棄，與台灣同胞共謀兩岸和平發展的誠意絕不改變，堅決捍衛國家主權和領土完整的意志絕不動搖，對『台獨』絕不容忍。」此外，該聲明並且要求台灣當權者必須在「懸崖勒馬」與「一意孤行」間作一選擇，並表示：「如果台灣當權者鋌而走險，膽敢製造『台獨』重大事變，中國人民將不惜一切代價，堅決徹底地粉碎『台獨』分裂圖謀。」所謂懸崖勒馬，就是指「公投制憲」而言。中共防範兩岸議題進入政權存亡邏輯範疇之心，眞可謂昭然若揭。

2. 制定反分裂法

儘管大陸發表了「五一七聲明」，陳水扁依舊在五二〇就職演說中表明，在二〇〇八年卸任總統之前，希望能夠交給台灣人民及我們的國家一部合時、合身、合用的新憲法。在這一段期間，美國固然也對陳水扁政府的作爲表達不滿，然而對於公投似乎起不了太大的作用。面對陳水扁連番的挑釁，就胡錦濤個人而言，不能不有所作爲，否則會被視爲軟弱，而對中共來說，也必須在這個時候劃下紅線。此時中共選擇的是〈反分裂國家法〉，同樣的，中共也不是不知這個法律會讓台灣民眾反感，但權衡之下，如果能讓兩岸議題不進入政權存亡的邏輯的範疇內，仍然是必要而且值得。

二〇〇四年十二月，大陸人大常委會公布將審議〈反分裂國家法〉草案，且隨後決定提交全國人大進行審議。與大陸一般平均三年左右的立法過程比起來，這個程序明顯是因應情勢的特殊作爲。

總而言之，大陸制定反分裂法，一方面是因應民進黨政府往台獨方向傾斜的切香腸作爲，另一方面是因應公投法，因此，他們希望透過反分裂法表明態度，劃下紅線，並把非和平方式的主動權拿回手上，這也是向美國施壓的重要手段。誠如卜睿哲所言，反分裂法「中國動用武力的標準不僅是籠統與模糊的，也是高度主觀的。」「標準的模糊性有助於中國領導人在界定何時會出現台灣問題上，擁有更餘裕的操作空間。模糊性也讓中國領導人保有主動權」。11

(四)二〇一五年的地動山搖說及坍塌說

二〇一五，又是大選前一年，此時中共評估的兩岸情勢有兩個重點：(1)台灣經歷太陽花及反課綱學運後，已清楚可見台灣年輕一代是所謂天然獨，而國民黨似已無力扭轉此一趨勢；(2)民進黨的蔡英文有很大的機率贏得大選，甚至於國會過半。面對這個情勢，中共的立場轉趨強硬，習近平於二〇一五年三月四日兩會期間參加民革、台盟、台聯委員聯組會的會議，藉機表示「九二共識」是兩岸共同的政治基礎，如果基礎不牢，將會地動山搖。

二〇一五年五月習近平會見國民黨主席朱立倫時強調，堅持「九二共識」、反對「台獨」，是兩岸關係和平發展的政治基礎，其核心是認同大陸和台灣同屬一個中國。二〇一五年八月兩會會談後，國台辦主任張志軍在接見海基會協商代表團時也說，「如果沒有『九二共識』的共同政治基礎，在這一基礎上建立的政治互信以及相關制度化協商機制就會坍塌。」二〇一五年九月十六日國台辦記者上，發言人馬曉光再一次重述張志軍主任的講話，如果沒有「九二共識」的基礎，兩會協商的機制一定坍塌，而且在這一根本性問題上，任何負責任的政黨都必須做出明確回答。

（五）二〇一五馬習會

二〇一五年十一月三日晚上突然出現了馬習會的新聞，有如一顆震撼彈，也難怪蔡英文主席會有「我們遭到突襲」之說。馬習會從二〇一三年起就一直吵得沸沸揚揚，但自二〇一四年北京APEC後，雙方官方及民間智庫似乎就不再討論此一議題，各界也以爲馬習會恐怕是南柯一夢而已，沒想到竟然敗部復活，翻身成爲歷史事件。馬習會能夠成功，雖是雙方各取所需，但顯然是大陸採取主動。對馬英九來說，它的意義在於兩岸願意以政權對政權的方式來面對彼此，林中斌亦稱馬習會是「一國兩府」概念成眞。[12]除此之外，每一位領導人都希望他的政治遺產能爲繼任者所繼承，馬英九也不例外，何況，九二共識是凸顯國民黨與民進黨差異之處，馬英九實在沒有拒絕的理由。

從大陸的方面來看，此次會面意義有四：(1)肯定兩岸過去七年多來在九二共識基礎上所達成的成果。(2)藉機向國際社會表明，兩岸是兩岸中國人自己的事情，不希望外國插手，就像習近平在開場白中所說：「我們應該以行動向世人表明，兩岸中國人完全有能力智慧解決好自己的問題。」(3)更嚴格的確立九二共識與一個中國原則的關係。(4)明的是馬習會，暗的是蔡習會，亦即會中的訊息是以最正式、最高層的方式講給蔡英文聽的。張志軍會後轉述習近平的話說：「堅持一個中國原則，是兩岸關係改善發展的根本政治基礎。」「『九二共識』之所以如此重要，在於其體現了一個中國原則，清晰界定了兩岸關係的根本性質，表明了大陸與台灣同屬一個中國，兩岸關係不是國與國關係，也不是『一中一台』，而是一個國家內部的關係。正如習近平所強調的那樣，沒有這個定海神針，和平發展之舟就會遭遇驚濤駭浪，甚至徹底傾覆。」

張志軍在會後記者會的談話，其實並無新意，都是習近平之前講過的話，但透過國際記者會，展現了堅決強硬的態度，似乎也不怕有所謂的反輔選問題，其目的與其說是要逆轉選情，不如說是對蔡英文下了哀的美敦書，讓蔡英文沒有任何迴避的空間。值得注意的是，中共的表態已經不只是要防止民進黨在天然獨的壓力下踩紅線，而且是由政權存亡邏輯結合實力邏輯來逼民進黨就範。

二〇一六大選後，中共即不斷透過學界及官方的發言，甚至於採取一些行動，例如與甘比亞建交、詐騙犯遣大陸，以及WHA邀請函加註聯合國決議及一個中國原則等等，對蔡英文步步進逼，希望蔡英文了解大陸堅定的態度。蔡英文總統五二〇就職演說，用申論的方式來闡述她的兩岸政策，儘管提到了中華民國憲法以及兩岸人民關係條例，但可看出是刻意迴避對九二共識的表態。然而，大陸國台辦當天就發表聲明說這是一份未完成的答案卷，明確要求民進黨政府必須回答所謂的根本問題。此外，聲明中還強調，「國台辦與台灣陸委會的聯繫溝通機制和海協會與台灣海基會的協商談判機制，均建立在『九二共識』政治基礎之上。只有確認體現一個中國原則的政治基礎，兩岸制度化交往才能得以延續。」這一份聲明是一個政策與口徑的定調。

中共態度爲何會如此強硬？這一點必須從政權存亡邏輯來理解。首先，對中共來說，台獨意識在台灣愈來愈強，尤其是在年輕世代之中。如果任由這個趨勢發展下去，一旦跨越了不可逆轉點（the point of no return），就進入了政權存亡邏輯，中共就沒有什麼選擇空間。中共現在是利用實力邏輯來遏止台獨意識的成長，以免其跨過門檻。當然實力邏輯包括軟硬兩手，但硬的一手應該比過去更多也更硬。

其次，如果中共此時在九二共識上讓步，正好坐實了蔡英文所言，只要民進黨贏得選舉，中共自然就會向民進黨靠過來。這種讓步，恐怕只會更進一步強化台獨意識的發展，而且會傷害原來在台灣也堅持九二共識的黨派及人士。

最後，中共在東海與南海正面臨美日大國及周邊國家的挑戰，如果中共此時在九二共識這種核心利益上對民進黨讓步，將嚴重影響中共在國際上的可信度(credibility)，而最終也會形成對其政權存亡的挑戰。

對習近平而言，他現在沒有對台灣軟弱的本錢；對中共來說，即使不能逆轉台灣年輕人的天然獨，至少必須利用實力來迫使台獨支持者認清台獨是走不通的路，否則兩岸議題可能在短期內進入政權存亡邏輯。簡而言之，中共只開出兩岸交流唯一的一張門票——九二共識，現在就看民進黨要付出什麼代價了。

由以上事件可知，台灣往獨的方向愈明顯時，大陸的防範作為也愈強烈，而且隨著實力增長，由模糊而清晰，例如台灣通過〈公投法〉，大陸就制定〈反分裂國家法〉。面對民進黨再度執政，中共為了維護過去八年兩岸交流的基礎，對「九二共識」也改採清晰態度，例如習近平等一再強調，九二共識的「核心是認同大陸和台灣同屬一個中國」。對國民黨來說，「九二共識」就是「一中各表」，大陸雖不認同這樣的詮釋，但也不拒絕。這是因為雙方有基本的政治互信，而且就算是「一中各表」，還有「一中」存在。然而中共與民進黨沒有互信，中共也深怕受騙，不願給民進黨其它表述的空間，因此刻意界定九二共識的內涵，其「核心是認同大陸和台灣同屬一個中國。」

二、民族主義邏輯

思考兩岸關係，民族主義絕對是不能忽視的核心邏輯之一。對中共來說，統一是民族的使命，而兩岸統一的障礙又與美國等所謂外國勢力有關。其實，民族主義是貫穿大陸外交以及兩岸政策的重要思維，也是中共政權正當性的基礎之一。毛澤東與蘇聯的交惡，或多或少也受到民族主義的影響。中華人民共和國成立之初，仍須仰賴蘇聯的援助才能抗衡美國，因此有了一邊倒的戰略，但從民族主義的角度來看，中共並不想一直當蘇聯的小老弟。赫魯雪夫想要以成立共同艦隊及制衡美國第七艦隊爲名，將蘇聯的潛艇停靠中國港口，卻被毛澤東一口回絕，搞得雙方不歡而散。[13]

從兩岸分治開始，兩岸議題始終與民族主義有關。一九五四年底中華民國與美國簽訂〈中美共同防禦條約〉，一九五五年中共就發動一江山戰役，奪取大陳島。這絕非時間上的偶然，而是中共認爲〈中美共同防禦條約〉是美國干涉中國內政，它不僅要有所強烈的回應，同時也測試美國的決心與協防的程度。

民族主義邏輯與中國近代史中所受到的民族屈辱有密切的關係，中國追求「富」與「強」的訴求，從十九世紀傳承至今。民族主義的訴求今天在大陸依舊生動有力，甚至於因爲中國大陸實力的上升，隨之水漲船高。對今日台灣年輕一代的人來說，由於歷史教育的差異，可能已經無法理解與體會這一點。

白邦瑞的《二〇四九百年馬拉松》一書認爲，過去美國情報界被中國大陸騙了，美國人過去相信「中國領導人的思維與我們相似，只要美國援助脆弱的中國，就可以協助中國成爲民主、和平的大國，不會有區域甚至全球稱霸的野心」[14]，就像中國大陸極力宣揚的和平崛起一樣。白邦瑞認爲中國的鷹派才是主流，他們「向毛澤東以降歷任中國領導建言，要報復百年國恥，期盼在二〇四九年，即共產革命成功一百週年時，取代美國成爲全世界的經濟、軍事和政治領袖。」[15]這就是百年馬拉松。如果有百年馬拉松，背後驅動的力量就是民族主義。大陸雖然有不少鷹派，就像白邦瑞書中所提到的那些人一樣，但白邦瑞把領導人的心態等同那些鷹派的心態是嚴重的失誤。個人認爲，民族主義在中共領導人心中，工具性的價值遠遠超過其理想性的價值。

習近平上台後提出的「中國夢」，亦是一種民族主義的號召，而且正如前一章所說，民族主義也是中共政權正當性非常重要的一個元素。從胡錦濤開始，大陸就將兩岸統一與中華民族復興強力聯結起來。雖然江澤民在慶祝中華人民共和國建政五十週年的大會上曾說：「實現祖國的完全統一和維護祖國的安全，是中華民族偉大復興的根本基礎，也是全體中國人民不可動搖的堅強意志。」然而眞正把「中華民族偉大復興」提升到一個號召性概念的，則是胡錦濤。

中共把「中華民族偉大復興」提高到一個全民性的訴求，有其內部的考量。大陸發展到這個階段，經濟成長亮眼，國際地位提升，但各種不均衡的現象日趨嚴重。爲緩解這些問題的壓力並爭取處理這些問題的時間（戰略機遇期），中共必須運用類似像「中華民族偉大復興」這樣的心理號召，讓民衆因爲對集體（中華民族）的未來（偉大復興）有所期待，而容忍個別的不幸與不滿。哈爾珀（Stefan Halper）即指出，新的中國國家理論試圖建立在兩大概念之上：中國的經濟奇蹟，以及中國復興的宏大思路。這是經濟成長以及民族主義的結合，二者相互依存。「如果沒有民族主義的話，那麼市場改革就可能演變爲挑戰中共合法性的社會力量。如果沒有經濟成功創造的物質基礎，中國的民族主義就可能轉向政府自身，發洩其不滿於中共高層身上。」[16]

「中華民族偉大復興」不僅可以用來應付內部的需要，在兩岸關係上也有其作用。胡錦濤認爲「中華民族偉大復興」是當前中華民族的努力目標，而這個目標必須要兩岸同胞攜手合作，必須要透過兩岸統一來實現。他在和台灣各界人士會面時，經常把「中華民族偉大復興」掛在嘴上。胡錦濤之所以強調「中華民族偉大復興」，可以說是民族主義的一種運用，尤其是把它和辛亥革命聯結起來，變成中華民族的民族任務。個人認爲，「中華民族偉大復興」除了具有戰略及安全意義外，也是用來和「台灣意識」對抗的概念工具，做爲將來大陸採取非和平手段的心理基礎。

三、發展優先邏輯

所謂發展優先邏輯，簡言之，就是鄧小平所說的以經濟建設爲中心，或者說就是「改革開放」，與毛澤東主政時期的階級鬥爭邏輯及革命輸出邏輯，是非常鮮明的對比。一個中心（即以經濟建設爲中心）的提法，說明了其重要性，對大陸的內政、外交、兩岸政策，都具有指導性的作用。

在發展優先邏輯之下，大陸需要的是和平的國際環境，包括台海在內。爲了發展，大陸停止輸出革命，更是放低姿態，爭取美國、日本、世界銀行的各種科技、軍事、金錢的援助。白邦瑞在《二〇四九百年馬拉松》一書就列舉了十多項美國援助中國的方案，中國大陸能有今日發展，美國的角色確實不可忽略。[17]中國大陸參與的是由西方，主要是美國所制定的資本主義世界經濟體系，中國的發展也得益於這個體系，而且發言權愈來愈大，但儘管如此，大陸仍然是時時戒愼恐懼，對所謂「和平演變」的提防始終不敢鬆懈。[18]

大陸雖然已是世界第二大經濟體，第三大軍事強國，但仍落後於美國一大截，即使經濟實力，也無法和歐盟相比，因此即使到了今日，發展優先邏輯依舊主導大陸領導人的思維。這三個戰略層次的邏輯，有時並不一致，會產生矛盾，尤其是民族主義邏輯與發展優先邏輯，如何平衡這些矛盾，是大陸領導人的考驗。這一點由中美關係即可了解。習近平倡導新型大國關係，可以說就是這兩種邏輯之間的平衡。新型大國關係，一方面把中國和美國拉到一個平起平坐的地位，但一方面又向美國保證，中國無意挑戰美國的地位，希望能避免所謂「修昔底德的陷阱」。[19]白邦瑞顯然只看到民族主義對大陸的誘惑力，卻沒有看到發展優先邏輯對大陸的制約作用。

美國對中國大陸的政策過去幾年已讓人嗅到不尋常的氣氛，包括支持日本的安保法、與印度交好、大幅改善與越南關係、及接觸緬甸等等，而在習近平二〇一五年訪問美國之前，美國也公開對網路攻擊表示不滿。習近平當然了解，這種氛圍不利於發展優先邏輯的進行。事實上，習近平多次強調中美兩國是合則兩利，鬥則俱傷，二〇一五年在美國訪問期間，更特別利用公開機會以及媒體專訪闡明此一觀點。[20]

除此之外，習近平二〇一五年九月二十八日在紐約聯合國總部出席第七十屆聯合國大會，以「攜手構建合作共贏新夥伴　同心打造人類命運共同體」爲題發表演講，他不僅稱「和平、發展、公平、正義、民主、自由，是全人類的共同價值，也是聯合國的崇高目標」，而且宣布要中國決定設立爲期十年、總額十億美元的中國—聯合國和平與發展基金，支持聯合國工作、促進多邊合作事業。中國將加入新的聯合國維和能力待命機制，並建設八千人規模的維和待命部隊。中國決定在未來五年內，向非盟提供總額爲一億美元的無償軍事援助，支持非洲常備軍和危機應對快速反應部隊建設。他並且強調，未來應堅持「多邊主義」、「共贏理念」、「對話協商」，倡導一條「對話而不對抗，結伴而不結盟」的交往新路。「大國之間不衝突、不對抗、相互尊重、合作共贏。大國與小國相處，要平等相待，踐行正確義利觀，義利相兼，義重於利」。「大家一起發展才是眞發展，可持續發展才是好發展」。習近平這是在爭話語權，並且展現積極參與國際的態度，營造中國「負責任大國」的國際形象，不論對內對外皆具有正面意義。這些作爲，只有同時從民族主義邏輯以及發展優先邏輯來理解，方能掌握其精髓。

回到兩岸上，發展優先邏輯也發揮了指導性的作用。個人認爲，「和平統一」與「一國兩制」可以說是發展優先邏輯下的必然政策。「和平統一」的主張可以說是兩岸交流、合作、協商的前提，因爲這些都是屬於和平手段的範疇，因此，由「和平統一」

到「和平發展」也是自然的發展。中共與美國建交的同時，人大常委會同時發表了〈告台灣同胞書〉，提出了對台政策的新內涵，這絕對不是偶然。中共認爲，美國是解決台灣問題的關鍵，在與美國建交之後，台灣基本上已失去了法理台獨的國際依靠，剩下的問題只是如何以及何時統一而已。

今天的大陸對台政策，仍延續這一份〈告台灣同胞書〉的基本內涵，包括：（一）強調兩岸交流合作的共同基礎是一個中國及反對台獨；（二）和平統一方針；（三）三通的呼籲；（四）合情合理的安排。

何謂「合情合理的安排」？告台灣同胞書說：「在解決統一問題時尊重台灣現狀和台灣各界人士的意見，採取合情合理的政策和辦法，不使台灣人民蒙受損失。」二〇〇八年十二月三十一日胡錦濤在告紀念台灣同胞書三十週年的講話中提到「對於台灣參與國際組織活動問題，在不造成『兩個中國』、『一中一台』的前提下，可以通過兩岸務實協商作出合情合理安排。」二〇一二年十八大政治報告上，胡錦濤又說：「希望雙方共同努力，探討國家尚未統一特殊情況下的兩岸政治關係，作出合情合理安排」。二〇一三年紀念辜汪會談二十週年時，張志軍表示，大陸堅持在「一個中國」的立場上尋求連接點、擴大共同點，增進維護「一個中國」框架的共同認知，探討建構「合情合理」

政治關係的安排。

二〇一三年APEC年會上，習近平會見蕭萬長時說：「我們已經多次表示，願意在『一個中國』框架內就兩岸政治問題同台灣方面進行平等協商，做出合情合理安排。」二〇一四年二月習近平會見連戰時表示：「至於兩岸之間長期存在的政治分歧問題，大陸願在一個中國框架內，同台灣方面進行平等協商，做出合情合理安排，相信兩岸中國人有智慧找出解決問題的鑰匙來。」二〇一五年五月會見朱立倫主席時又說：「雙方可以在一個中國原則下進行平等協商，做出合情合理安排。關鍵是要『慮善以動，動惟厥時』。」

從這些語言脈絡來看，在大陸領導人的心中，合情合理的安排其實就是「一國兩制」。一九八一年九月，時任人大常委會委員長的葉劍英提出了「葉九條」，可以說是對合情合理安排的詮釋，也是「一國兩制」的先聲，這四個字後來在隔年，也就是一九八二年一月，首度由鄧小平提出來。所謂「一國兩制」，其意義如下：（一）在國際上，中華人民共和國代表中國；（二）國共兩黨透過平等會談達成統一目標；（三）統一後，台灣作為特別行政區，可以實行與大陸不同的制度，擁有立法權與司法權，終審權不需到北京，同時可以擁有軍隊，享有高度自治。[21]簡單地說，台灣就像香港一樣，成爲特別的地方政府，只是擁有更大的自主空間而已。

一九八五年三月，大陸第六屆全國人大三次會議正式把「一國兩制」確定爲大陸的一項基本國策。自此之後，「一個中國」、「和平統一」、「一國兩制」就成了大陸對台政策的三個支柱。

然而，從胡錦濤開始提合情合理的安排之後，似乎另有所指，官方也沒有正式的詮釋，聽起來像是一種協商的邀請，也就是其具體內涵仍有待兩岸協商。但個人認爲，「一國兩制」仍然是大陸領導人心中對合情合理安排的想像，除非大陸對此保持開放的態度，否則台灣不宜貿然就同意上政治談判桌。

在改革開放的發展優先邏輯之下，大陸積極參與國際，對兩岸也改採和平統一的主軸。在發展優先邏輯之下，台灣不再是大陸領導人心中的急迫性議題，台灣是一個長期的問題，解決的時機在未來。此所以王毅在二〇一二年時說：「解決台灣問題、實現兩岸統一，是中國共產黨人承擔的重大歷史使命。對此，我們具備堅定的決心、充分的信心和應有的耐心。」決心不必說了，而信心來自於何處？王毅坦白說出了中共的想法：「我們的信心源於大陸自身實力的日益壯大和兩岸關係的不斷發展。」至於耐心，則是因「台灣問題涉及政治、經濟、法律、國際關係以及民族情感等方方面面，錯綜複雜，千頭萬緒。兩岸多年隔絕造成的各種分歧與誤解，更是冰凍三尺，非一日之寒。」

信心與耐心是實力邏輯以及發展優先邏輯下的潛藏心態，表現於政策上則是兩岸之間的交流協商以及不同層次之間的互動。

四、實力邏輯

不論是對大陸或台灣而言，兩岸問題的最終解決靠的是實力。實力，就是權力，可以強制別人做他原本不願做的事，也可以限制別人不做他原本想做的事。有實力，才有決定的權力或權利；沒有實力，就只能任人擺布。誠如俄國總統普丁說：沒有實力的憤怒是無意義的，這就是國際關係的現實。從大陸的角度來看兩岸，有三類實力特別重要：（一）軍事實力；（二）經濟實力；（三）形勢實力。軍事實力與經濟實力是什麼不用多說，至於形勢實力，則是國際結構所產生的限制力。從二〇〇〇年開始，大陸這三種實力都有很大進步。

軍事實力

大陸要處理兩岸問題，最根本的核心，其實就是實力夠不夠的問題。對大陸來說，中美實力的差距是解決台灣問題的關鍵，也是中華民族偉大復興的關鍵。在這個命題之下，大陸必須增強軍事實力，擴大與美國的戰略利益，使美國最終不願爲了台灣而得罪中共，而且也無力抗衡中共以軍事方式對付台灣。

大陸之所以未採取軍事手段，除了發展優先邏輯的原因之外，美國的干預是大陸的另一個顧忌。江澤民曾說：「台灣人口兩千萬，而我們有十二億。雖然台灣自認富有，可是大陸比較大。就像個瘦子和胖子。我體重八十多公斤，如果我們要打架，沒有什麼問題，我會贏。但是如果有個大個子站在他身旁說：『別打架。』我們會仔細想一想。」[22]一九九六年飛彈危機時，美國柯林頓總統就派了兩艘航空母艦到台灣海峽，其目的在於展現其必要時用武的決心。與美國軍事衝突，是政治風險極高的事。但實力的邏輯的另一面就是，當大陸軍事實力能夠確實阻絕美軍的及時介入，有必要時，大陸就會採取軍事手段，而美國也莫可奈何。實力邏輯就是要創造這個條件。

大陸當前的軍事實力與美國仍差一大截，但美國是全球警察，備多力分，尤其在中東地區的戰爭與反恐任務，用去大量的資源。除此之外，美國的經濟力量在二〇〇八年金融海嘯之後也大不如前。事實上，美國在二〇一一年便開始大砍國防預算，（如圖6-1）學者一致認爲對美國國家安全必然造成影響，因此也討論如何因應預算不足情況下

圖 6-1　美國國防預算趨勢圖

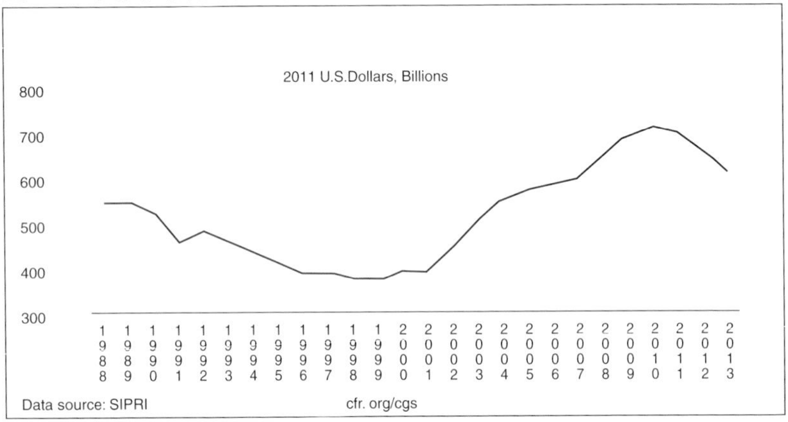

資料來源：Dinah Walker,Trends in U.S. Military Spending, Council on foreign relaations. http://www.cfr.org/defense-budget/trends-us-military-spending/p28855

的資源配置。[23]事實上，美國航空母艦已少出勤，多保養，根據新的艦隊計畫，「到二○一六年九月底爲止，平時將會有兩艘航空母艦，以及二十七艘水上戰鬥艦在海外活動。」對大陸來說，這是好消息。

從發展優先邏輯來看，大陸現階段並沒有意願，也沒有必要與美國展開全面的軍備競賽，一來所需的資源尚不足，二來不符合其所欲營造的和平崛起的形象，三來也不想讓美國有太大的戒心。「中國不跟美國比拚空軍、海軍的軍備競賽，它大量投資在不對稱武器系統上，求取最大投資效益。」美國防部出版的《二○一二年度中國軍力報告》也指出，「中國人民解放軍現代化主要致力於建立一支在『資訊化條件下的局部戰爭』中，具有作戰能力並可以取得勝利的軍事力量。」而所謂局部戰爭，其實就是潛在台海衝突。就台海可能發生的衝突而言，大陸對美國的海軍力量仍不敢輕視。一九九六年飛彈危機時，柯林頓派兩艘航空母艦來到台灣海峽，給了中共很大的刺激：如果不能取得海上拒止的能力，將永遠受制於美國的海權。[24]

根據龔培德（David C. Gompert），大陸並不需要以航空母艦來擊沉航空母艦，因爲科技的進步「正改變海上防禦與攻擊的平衡態勢，並傾向對前者有利，導致制海難度提高，而海上拒止則變得更容易」。[25]「中國大陸正在運用資訊技術——包括感測技術、網路鏈結、導引載台及武器——以提升並擴大其運用飛彈、潛艦和網路武器攻擊水面艦的能力。」[26]而爲了避免新興海權與既存海權重蹈二十世紀英德與美日之間的戰爭，作者主張美國應推動東亞海上夥伴關係，邀請大陸加入，以合作代替對抗。然而，中國大陸是否加入，其中一項因素就是台灣，因爲大陸不可能放棄武力這個選項，而一旦美國對合作的需求到達一定程度後，台灣是不是又要成爲被犧牲的對象呢？

二〇一五年有兩份報告値得注意。一份是蘭德公司發表的「中美軍力計分卡」（The US-China military scorecard），另一份是瑞士信貸銀行研究中心所做的一份報告〈全球化的終結或更多極化的世界〉（The End of Globalization or a more Multipolar

World?）。前者可看出大陸軍事實力的變化，後者可看出大形勢實力的變化。

蘭德公司（Rand Corporation）是美國有名的智庫，經常關注中國的軍力發展，二〇一五年發布了一份美中軍力計分卡的報告，以台灣及南海兩地爲情境，評估從一九九六到二〇一七年美中在十個領域的軍事實力差距。這十張計分卡包括：

（一）空軍與飛彈計分卡

1.中國攻擊美國空軍前進基地的能力：評估人民解放軍阻止美國軍隊使用空軍前進基地的能力。

2.中美在台灣及南海空戰的能力：評估美中在台灣及南海取得空中優勢的相對能力。

3.美國滲透中國領空的能力：評估美國滲透中國空防的能力。

4.美國攻擊中國空軍基地的能力：評估美國攻擊中國空軍基地及破壞其運作的能力。

（二）海軍計分卡

5.中國反艦作戰能力：評估人民解放軍摧毀或損害美國航母及其他艦艇的能力。

6.美國反艦作戰能力：評估美國摧毀中國兩棲船艦及護衛艦的能力。

（三）太空、網路及核武計分卡

7.美國反太空能力與中國太空系統：評估美國阻止或妨礙中國使用衛星的能力。

8.中國反太空能力與美國太空系統：評估中國阻止或妨礙美國使用衛星的能力。

9.美中網路戰能力：評估美中在網路上取得軍事優勢的相對能力。

10.美中戰略核武能力：評估美中在遭受核武攻擊後生存及報復的能力。

以台灣爲場景來設想前九張計分卡，從一九九六年到二〇一七年，大陸在每一張計分卡上的表現都是持續進步，但在第一張及第五張計分已取得優勢，在二、三、七、八張計分卡上與美國平分秋色，只有在四、六、九三張計分卡上仍處於劣勢。至於第十張卡，亦即核武能力，大陸也由過去的低度信心上升到中度信心，而美國則一向維持高度信心。誠如報告所言，中國大陸不必在每一方面都與美國爭長短，而是集中力量針對其關切的主要情境發展其優勢。（詳圖6-2）這是一個值得台灣警惕的趨勢。

此外，根據美中經濟安全評估委員會於二〇一〇年向國會提出的報告，中國大陸已經可以運用其傳統的飛彈能力攻擊美國在東亞的六個空軍基地中的五個，而且如果中國能迅速改進其轟炸機隊的能力，也能攻擊位於關島的第六個基地。[27]

國防是建立在經濟發展之上，只有經濟快速的成長，才能提供國防所需要的資源。美國是世界第一軍事強國，也是世界第一經濟強國。大陸這幾十年來快速的經濟發展，成爲其軍事實力的後盾，但經濟實力本身也是重要的外交工具。運用軍事力量是成本最

圖 6-2　1996 至 2017 中美軍力計分卡摘要

計分卡項目	1996	2003	2010	2017
1. 中國攻擊美國空軍前進基地的能力				
2. 中美空戰的優勢				
3. 美國滲透中國領空的能力				
4. 美國攻擊中國空軍基地的能力				
5. 中國反艦作戰能力				
6. 美國反艦作戰能力				
7. 美國反太空能力				
8. 中國反太空能力				
9. 美中網路戰能力				
10. 核子第二擊能力：美國一貫維持高度信心，中國由低度走向中度信心				

圖示說明：

美國能力		中國能力
主要優勢		主要劣勢
優勢		劣勢
勢均力敵		勢均力敵
劣勢		優勢
主要劣勢		主要優勢

資料來源：Eric Heginbotham, The US-China Military Scorecard, RAND Coorporation, Santa Monica, 2015, p. 330.

高，風險最高的手段，大陸很清楚，棍子只是擺在那兒，讓人看見，卻不用的東西，眞正有用的東西還是胡蘿蔔。

經濟實力

從經濟實力的角度來看，大陸經濟規模十分巨大，爲全球第二大經濟體，而台灣又對大陸高度依賴，這些數據已不用贅言。不少人一提到台灣對大陸的依賴，即憂心不已，但眞正要憂心的不是依賴，而是台灣產業被大陸複製、超越、然後取代的危機。[28]這是經濟實力的關鍵。

首先，大陸是一個龐大的經濟體，市場大、產業完整，台灣根本不能望其項背，而從大陸產業發展的過程來看，它一步一步升級，很多產業都後來居上了。「從石化到面板，從鋼鐵、水泥到太陽能，中國發威擴產，搞垮台灣六分之一出口產品，第十大出口產品PTA，一夕覆滅。」。[29]大陸的面板業從二〇〇〇年以後開始發展，京東方已超越了台灣的面板廠；二〇一一年台灣PTA出口金額爲一千零八十一億美元，短短兩年，因爲大陸廠的擴產，到二〇一三年，掉了八成，只剩下一百五十九億美元。

我們常使用的手機，每個元件都有中國廠商在競爭，在超越，在取代。台灣面板企業群創光電董事長段行健說：「山寨把我們超過去，騎驢超過我們騎馬的。」[30]過去，很難想像大陸生產的汽車可以銷到大陸，但根據《紐約時報》二〇一六年一月的報導，三款大陸生產的 Volvo、Buick、以及 Cadilac 汽車已開始銷售到美國，而且得到消費者的肯定。[31]在新興的遊戲產業，大陸藉著其廣大的網路平台，在二〇一五年也以兩百二十二點二億美元的盈收打敗了美國（兩百一十九點四億美元）和日本（一百二十三點六億美元）。[32]

當然，大陸經濟也面臨很嚴峻的挑戰，現在正在進行經濟結構的調整，也就是所謂的進入經濟新常態。習近平在二〇一五年博鰲論壇上表示：「大陸經濟發展進入新常態，正從高速成長轉向中高速成長，從規模速度型粗放成長轉向品質效率型集約成長，從要素投資驅動轉向創新驅動，」[33]這個方向對台灣經濟既是大挑戰，也是大機會，重點就看台灣如何因應。過去享受便宜地價、低廉勞力、政策優惠的時代已經隨經濟成長而消失，不論是外商的跨國企業或台商，都面臨獲利的降低的挑戰，有的縮減營運，有的撤到內陸，有的甚至撤到東南亞或其它國家。[34]這其實是大陸經濟實力不斷增強的必然現象。

在兩岸脈絡下看大陸經濟實力的運用，可從過程面與結果面來分析。先從過程面來看，大陸過去是用吸星大法來借重台灣的實力，現在則是採兩手策略：一手是將台灣實力納入紅色供應鍊，另一手則是要取代台灣的實力。六四事件後，中共的國際形象大壞且面臨國際的抵制，亟需資金人才來提振經濟，而此時的台灣又面臨轉型的壓力，兩者各有所需，於是促成一九九〇年代大批台商前進中國大陸，既解決了台灣傳統產業的問題，也幫助了大陸經濟的發展。

二〇一五年民進黨主席蔡英文訪美時曾拜會美國攻勢現實主義大師 John Mearsheimer，據會後轉述，Mearsheimer 指出，「台商在九〇年代大舉投資中國，幫中國把經濟發展起來，結果創出一個大怪物，而中國的國力持續壯大，美國要保護台灣就會越來越困難。」這是事實，卻也是經濟邏輯的必然，即使歷史再來一次，台商還是會做一樣的選擇。不過，Mearsheimer 也太誇大台商的力量，台商的確幫了中國大陸，但大怪物的形成恐怕更多的是國際的力量。隨著大陸愈來愈深的國際化，好像武俠小說所形容那樣，得到各家各派的內力，實力已大大增強，成爲武林高手。此時的大陸，已從借重台灣的階段慢慢走向取代台灣的階段，也可以說，兩岸經濟之間的互補性在降低，而競爭性在增加。

個人印象最深刻的是面板業。在二〇〇三年左右，大陸才開始發展面板業，那時的

圖 6-3　2016 各國 8.5 代面板產能與市占預估

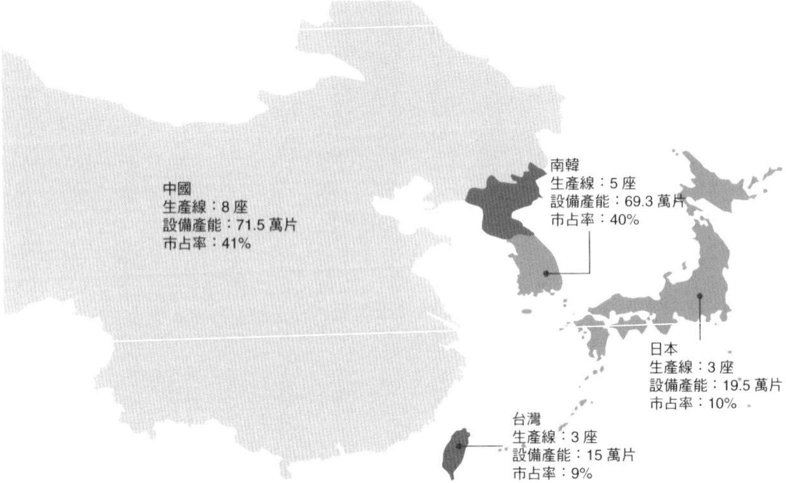

資料來源：袁顥庭，〈大陸面板廠 兩年內超台趕韓〉，《中國時報》，2015 年 04 月 25 日。

京東方，還有後來的上廣電，都長期經歷大幅虧損的階段，如果沒有官方的資金挹注，早就倒閉了。現在大陸有京東方、中電熊貓、和華星光電等面板大廠，根據預測，如圖 6-3 所示，至二〇一六年，中國大陸八．五代廠的產能市占率將達四一%，而台灣只有九%。除此之外，大陸是產業鍊上下完整，例如華星光電的控股公司為 TCL，就是全球第三大 LCD 品牌電視。兩岸協商貨貿談判時，我方一直要求將面板列入，因為關稅對於面板的競爭力有很大影響，但大陸始終不願意。就如同大陸官員所說：「現在我們自己已經有了面板廠，時機已經過了。」這個現象，恐怕也會出現在其它產業，政府與企業不能不未雨綢繆。

至於當前的兩手策略，則是取代與吸納。什麼是取代，就是台灣能做的，大陸也能做，大陸不必再用台灣的零組件。這也是大陸產業發展必然會有的階段，不足爲奇，重點是台灣產業不能原地踏步。至於吸納，則是台灣能做，大陸不能做，或台灣比大陸做得更好更先進的，就想辦法買技術、人才或納入紅色供應鍊中，以達到縮短學習曲線以及升級的目的。學者研究已指出，大陸在推動轉型升級之後，「供應鏈結逐漸構築完整，外商競爭日益激烈，使得台灣赴陸投資所帶來的貿易效益削弱……很顯然地，隨著中國大陸產業結構調整，台灣對陸出口高度成長時代已經過去，對陸貿易大幅順差情形恐將好景不再。」[35]更值得警惕的是，大陸已漸漸有一種「不給糖就搗蛋」（treat or trick）的心態，例如二〇一五年紫光欲入股聯發科，據媒體報導，紫光集團董事長趙偉國揚言，「台灣若不開放陸資投資台灣IC設計產業，建議大陸官方禁止台灣的晶片在陸銷售。」[36]

台灣曾有一家新創公司，公司已開始有獲利，台灣與大陸的創投都來拜訪。台灣的創投公司表示興趣，但希望這家公司能提供 Business Plan 做爲投資的評估；大陸的創投公司則說：「你們未來發展的 Business Plan，我們幫你們寫，怎麼在大陸發展，我們已經有了規畫。」私下聊天時，大陸創投則更直白表示，投資你們一方面是尊重，另一方面是想加快腳步，其實我們如果要的話，只要幾個月的時間，立刻可以山寨你們的產品。這恐怕是台灣企業發展的一個難題或困境。

因爲有紅色供應鍊，大陸挖角以及戰略合作的誘惑就更大。長期在電子業工作的朋友告訴我，大陸看中的是現在位於中高階層的管理人才，年紀約五十歲上下，他們提出的條件是以人民幣來支付台灣同樣數額的薪水，而且一簽約至少保證就是兩年。換言之，在大陸工作兩年，等於在台灣工作十年。其他還有更具戰略性的手法，例如紫光在二〇一五年投資台灣封測大廠力成二五％的股權，又高薪挖角華亞科董事長高啓全，接下來又想要與聯發科合作。這樣的做法已經不再是取代了，而是將台灣的產業納入紅色供應鍊的一環。

眼看兩岸經貿關係發展，從一開始單純的傳統產業外移，接著是台灣電子產業把大陸當成供應鍊的一環，但現在所謂紅色供應鍊興起，大陸反而要過來把台灣變成它的供應鍊的一環，不禁令人唏噓。

由此可知，大陸的兩岸經濟戰略十分清楚且持續一貫，而且挾著全球化以及本身經濟實力的優勢壓境而來，不幸的是，我們看不到台灣的戰略性思考。

台灣對大陸的開放在二〇〇八年後雖然比較放寬，但事實上仍相當謹慎，由來自大陸的批評即可見一斑。[37]台灣民眾對兩岸經貿關係全面自由化也抱著疑慮，徐斯儉的研究即指出，「認為兩岸經貿往來對台灣經濟發展有負面影響的民眾中，支持『太陽花運動』的比例超過七成（七〇．六％）。」[38]然而，謹慎與恐懼都無法因應大陸以經濟實力為基礎的戰略。

最後，隨著大陸經濟實力的增加，大陸在對台工作上，工具也愈來愈多，包括吸引更多的台商、對旅遊市場的掌控、對兩岸貿易的干預、對台灣的採購等等。實力邏輯一來增加可運用的工具，二來增加工具使用的效果，但使用什麼工具則由成本效益邏輯決定。

形勢實力

最後談形勢實力，這是利用各種國際正式與非正式的政治、經濟組織來限制甚至於壓制台灣選擇空間的力量。瑞士信貸銀行有關未來全球化走向的報告，已透露端倪。根據報告，從二〇一〇到二〇一三年之間是全球化與多極化的甜蜜點，但未來則有三種可能：（一）全球化繼續進行；（二）進入多極世界；（三）全球化結束。所謂全球化繼續進行代表：美元仍然是主要貨幣，西方的跨國企業仍然主導全球，國際法與組織本質上也是西方主導；經濟上，總體經濟波動不大，貿易持續成長，少有保護主義；社會政治方面，有更多的人權發展，以及開放的社會。

至於多極世界，主要是亞洲的興起，使世界經濟立足在三大支柱上：美洲、歐洲與亞洲。在這種情況下，新的世界性組織誕生（如亞投行），美元不再主導，出現更多的區域性金融中心，更多的區域性法治，城鄉流動甚於跨國界流動，政治上則是管理式民主（managed democracies）的興起。[39]

事實上，多極化的一些情境已經是事實了。以大陸的戰略，多極化應該是這三個情境中機率最高的一個。多極化的背後也是軍事實力，根據報告，美國依然是世界軍事最強的國家，但俄國排第二，中國大陸排第三，日本排第四，印度排第五。

大陸現在愈來愈懂得如何善用其經濟力量來建構形勢實力，亞投行就是一個很好的例子。亞投行不是單純的一個銀行而已，它是大陸將經濟實力轉換爲其它力量的一個場域，雖然美日抵制不願加入，但歐洲各主要國家如英國、德國、法國都不願配合美國。二〇一五年是大陸與歐洲關係一個重要的轉捩點，與六四後不可同日而語。二〇一五年習近平訪問英國，得到最高規格的接待，緊接著又有荷蘭國王亞歷山大、德國總理默克爾、法國總統奧朗德接踵訪華，象徵了中國大陸與歐洲將邁入戰略夥伴的關係。其實歐盟已經連續十一年穩居中國最大貿易夥伴地位，中國亦是歐盟第二大貿易夥伴，二〇一四年雙方貿易總額就突破六千億美元。現在大陸也正積極在歐洲進行投資，二〇一五年習近平訪英就簽署了高達四百億英鎊的投資，未來雙方經貿關係進一步的深化，已成爲一個可預見的趨勢。

在國際關係上，經濟工具（economic statecraft）也是達到目標的手段，而且也相當有效，它既可以用來制裁，也可以用來誘惑。[40]實力邏輯在經濟領域，其實就是利益的加減乘除而已！台灣想要融入區域經濟，但週邊國家都要看大陸的臉色，原因之一就是大陸所能提供的誘惑高於台灣，這是非常現實的事。即使是台灣已經加入的國際組織，大陸的實力也足以影響台灣在其中的地位。過去幾年，甚至於一些非政府組織都有要求我方改名的要求。當習近平說：「兩岸可以適時務實探討經濟共同發展、區域經濟合作進程相銜接的適當方式和可行途徑，爲兩岸經濟合作增添新的活力。」其言外之意十分明顯，亦即大陸才是台灣與區域經濟合作進程銜接方式的關鍵。如果將世界當成一個大棋盤，台灣已很少有下子的空間，不論東南北那一向，最後都會通到西邊的方向，這是一個很難改變的格局，除非中國大陸內部發生劇變。

表 6-1　五種策略與三種實力

	打台灣	嚇台灣	買台灣	餓台灣	孤台灣
軍事實力	★★★	★★	★	★	★★
經濟實力	★★★	★★	★★★	★★★	★★
形勢實力	★★★	★★	★	★★★	★★★

註：★多寡代表有效執行策略所需要的實力強度

今年WHO的邀請函更是大陸形勢實力的代表作，從發出邀請函的時機、加註聯合國決議及一中原則，都刻意讓我們感受到幕後那一隻操控的黑手。

實力邏輯下的策略選擇

有實力，才有選擇與決定的權力（利）。隨著大陸這三類實力的增強，其可選擇的策略也增加，包括：打台灣、嚇台灣、買台灣、餓台灣、孤台灣（表6-1是五種策略與三類實力的關係）。大陸從來沒有放棄打台灣的選項，但以當前大陸內外情勢來看，打台灣所需要的實力強度最高，或者說成本最高。嚇台灣，則屬於文攻武嚇，例如一九九六年的飛彈危機、以及對李登輝和陳水扁的各種批判等等。買台灣，就是在台灣內部透過各種經濟手段，拉攏民心，形塑有利多數，一來阻止台獨的發展，二來可降低對大陸的敵意，有利於統一後的治理。餓台灣，主要是透過經濟實力以及形勢實力，採取各種手段阻撓兩岸經貿交流，甚至於取代台灣產業，以及阻斷台灣參與區域經濟整合等等，讓台灣經濟失去成長的動力，進而影響人民的態度。孤台灣，則是透過形勢實力，讓台灣在國際上被徹底孤立，例如學者所預言的雪崩式外交。

這五種策略，除了打台灣之外，並不互斥，重點是中共是否具備執行策略所需要的實力強度。例如中共可以針對不同的對象採取嚇台灣與餓台灣的策略，也可只採取餓台灣的策略；而餓台灣與孤台灣策略，可以一併使用，也可以分開使用。而每一項策略之下，也有不同的工具可以使用，或者說也有程度之別。至於如何搭配組合，就看中共各項實力的強弱、兩岸情況的變化、以及成本的高低而有不同的變化。

這幾項策略中，買台灣基本上不論是從統一與治理的角度來看，都是成本最低的選項，但策略的選擇，所考慮者不僅成本因素，一旦台灣愈往的獨的方向走，大陸愈有可能採取餓台灣與孤台灣的策略。至於策略的效果，則看實力的強弱、台灣的內部政治而定。馬英九總統執政期間，兩岸關係改善，展開各種經濟交流合作，可說是買台灣的策略，然而從太陽花一直到二〇一六年大選結束，從大陸的言論與動作來看，其對台政策應已定調。簡單地說，今天大陸的實力已非二〇〇〇年時可以比擬，她已經開始運用實力來壓迫新政府接受九二共識，看來餓台灣與孤台灣只是遲早的問題而已。

五、成本效益邏輯：形塑有利多數

二〇〇〇年第一次政黨輪替後，經常聽到一句話，就是大陸對台政策「硬的更硬，軟的更軟」，其實硬的更硬，就是在戰略上表現強硬，而軟的更軟則是在戰術上促進兩岸之間的交流。

成本效益邏輯有戰略層次以及戰術層次的意義。就戰略層次意義言，是指統一的時機與方式；就戰術的層次言，則是在未統一前如何以最有效的方法來形塑有利多數。統一是有代價的，包括統一的方式以及統一後的治理，如果成本太高，可能危及政權存亡邏輯或發展優先邏輯，相信中共理性的選擇是寧可等待，再創造條件，而這也是台灣的機會。

當前的兩岸關係，台灣難以走向獨立，大陸的實力則不足以統一，然而台灣是被限定在一定的範圍內，而這個範圍大小，從一九九〇年代後，隨著兩岸實力的此消彼長，台灣能夠決定的部分愈來愈小。重要的是，兩岸開始交流之後，實力邏輯才可以進入台灣的內部運作，而在二〇〇〇年之後，大陸更積極擴展兩岸之間的非官方關係，也就是開始利用其實力在台灣內部形塑有利多數，使台灣不致於走向獨立。

二〇〇〇年大選是中共對台政策的一個關鍵。國民黨敗選的結果，政黨輪替，對中共來說，這是一個全新的局面。這個新局面促使中共思考，它的對台政策必須放在台灣的民主制度這個架構下來運行。換言之，透過民主制度的運作使台灣不致走向獨立，最後進而對統一抱持開放的態度，那是最合乎成本效益的作法。中共雖然不能參加選舉，但台灣是一個民主開放的場域，政策形成的過程是各種力量角力的結果，中共如果想要創造對其有利的條件，最好的策略就是進入這個競技場，影響政策的形成。當然，中共不是要爭取執政多數，但可以形塑政策上的「有利多數」。

陳水扁在二〇〇〇年當選總統，並且宣布「四不一沒有」之後，中共的對台政策也出現了一些轉變，童振源認爲是「內外兼施」和「軟硬兩手」。[41]個人認爲，中共的反應與前述戰略層次邏輯以及戰術層次邏輯所預期的完全一致，一方面要強調它的底線與堅持（戰略層次），但同時也要尋找突破口，以形塑有利多數（戰術層次）。這些突破口，包括政治面、經濟面、與外交面，大陸與台灣建立了重重的聯結，企圖將台灣牢牢拉住，並且慢慢往統一的方向前進。

政治面

對中共來說，如果台灣內部只有獨的聲音，沒有統的意見，那必然很快進入了政權存亡邏輯的範疇，如何增加反獨的力量，可以說是中共二〇〇〇年以來對台政策的主軸之一。台灣內部只要沒有獨立的共識，大陸就有充分的戰略時間繼續發展，增強實力。

1.放寬一個中國的表述。過去，大陸在表述一個中國原則時，不僅態度強硬，而且是以中央對地方的心態，所以說台灣是中國的一部分。但二〇〇〇年八月二十四日，大陸副總理錢其琛提出了一個新的表述，後來被稱為新三句：「世界上只有一個中國，大陸和台灣同屬於一個中國，中國的主權和領土完整不容分割。」這個說法，後來不僅各領導人使用，江澤民並在二〇〇二年十六大政治報告及胡錦濤在二〇〇七年十七大政治報告中均有引用。這樣的說法，有把「台灣」與「大陸」擺在同等地位的考量，而且不再提「中華人民共和國是唯一代表中國的合法政府」。這種表述顯然是顧及了台灣民眾的心理感受，但更重要的是，中共應該也想創造協商的條件。

民進黨執政之初，兩岸都在調整策略，但經過一番沉澱之後，應該是兩岸再度展開協商的一個契機，因為一來民進黨沒有選舉的壓力，二來陳水扁尚可壓住獨派的力量，而且國民黨沒有反對的理由，中共也應該願意嘗試。只是這個視窗的時間很短，後來因爲雙方完全失去了信任，再加上選舉因素，陳水扁應該就無心創造與中共協商的條件了。

民進黨執政時，兩岸協商的條件必然是雙方都要做某種程度的退讓。但陳水扁並不領情，一方面強調統一並非台灣的唯一選項，另一方面又表示國統會並非不可挑戰的圖騰，使得雙方根本沒有協商的基礎。吳玉山認爲，「在過去台灣是用維持現狀和統一與中共周旋，現在則是用獨立、維持現狀、與統一和北京交涉。這是加碼的動作，一方面增加了台灣的談判空間，一方面也增大了海峽緊張的態勢。」[42]但本文不能不懷疑，陳水扁後來加碼，目的並非增加談判空間，而是內部政治需要。就像第三章所說，「穩定」只是語言，「區別」才是政策，因此增加海峽緊張態勢，但又不至於失控，作爲內部政治動員的動能來源，或許才是陳水扁的眞正目的。

2.與國民黨、親民黨、新黨合作。當然，主要是國民黨，因爲她是唯一有可能執政的政黨。二〇〇〇年民進黨執政，創造了國民黨與共產黨合作的戰略契機，共產黨希望國民黨代表的反台獨力量能夠再度執政，國民黨希望能夠藉兩岸關係的和平與合作，爲台灣爭取更多發展的時間與機會。二〇〇五年連戰率國民黨到大陸進行和平之旅，雙方共同發布新聞公報，其中連胡會的五項願景，已列入兩黨的正式文件。

3.直接建立基層關係。二〇〇八年以前，大陸官員要來台灣並不容易，但二〇〇八年以後，兩岸大門打開，中共從中央到地方的官員，可以說是密集訪問台灣，其中國台辦有些官員更與各地基層建立了十分密切的關係。有些參訪行程，他們甚至於逕自與地方聯繫安排。曾經有一位國安官員對我說，我們和民進黨最大的不同是我們不排斥統一，但怎麼做，就要看中共自己表現了。

大陸與台灣社會團體的交流，從二〇〇〇年以來，可以看出三個趨勢，一是面向愈來愈廣，包括了各類的社會團體，例如宗教團體、工商團體、青年團體、農漁團體等等；二是方式愈來愈多元，包括交流互訪、舉辦論壇、學術合作等等；三是制度化，變成定期舉辦的活動，有些甚至已延續十年以上，如海峽青年論壇。現在每年在福建舉辦的海峽論壇，最具代表性；二〇一五年第七屆的海峽論壇，據媒體報導，參加者超過一萬人。[43]

特別值得注意的是，習近平在二〇一四年五月以後的對台政策談話中，開始重視青少年交流這一塊，顯然與青年推動的太陽花運動有密切關聯。他多次指出，要創造條件讓兩岸青年多交流、多交往，而且從青年最切身的問題下手，例如提供青年創業的舞台、機會等等。阿里巴巴集團主席的馬雲在二〇一五年三月三日就宣布要「成立基金，將斥資百億元支持台灣年輕企業家發揮創意及潛力創業，希望能在今年下半年開展計畫。」[44]

除此之外，兩岸婚姻已達三十五萬對以上，這些人以及其後代未來會對兩岸關係產生什麼影響，我們現在不敢斷言，但無可否認，他們至少代表兩岸之間的社會聯結。事實上，大陸配偶盧月香曾設立「中華生產黨」，後又由其先生改爲「中國生產黨」，並曾參與二〇一四年地方選舉的活動。[45]

4.拉攏民進黨內的溫和力量。前國安會秘書長蘇起曾說，在兩岸議題上，國民黨沒有政策上的問題，只有人的問題；民進黨則是沒有人的問題，但政策上沒有共識。中共自然不會放棄拉攏民進黨內的溫和派，或者說是交流派。二〇〇二年一月二十四日在紀念江八點七週年的大會上，中共副總理錢其琛表示，要對那些不高喊台獨的民進黨人士網開一面，歡迎他們到大陸參觀訪問以及商討兩岸經貿合作機制。這其實也是一種對民進黨的心理戰。錢其琛同時再呼籲三通，雖然不再把一個中國當作前提，但仍必須當做一個國家內部的事務，可用「民間對民間、行業對行業、公司對公司協商的辦法」。同年十月十八日，媒體又報導錢其琛指出，兩岸三通，大陸可以不提「特殊國內航線」，而定位爲兩岸航線。

近年來，民進黨的縣市首長訪問大陸，包括陳菊、賴清德、蘇治芬等，大陸都以禮接待。民進黨前主席謝長廷主張憲法一中及憲法共識，也曾於二〇一二年十月及二〇一三年六月兩次訪問大陸。二〇一三年下半年民進黨召開華山會議，甚至於出現凍結台獨黨綱的建議，雖未通過，但都可以看到大陸影響的痕跡。不過，隨著太陽花運動及反課綱，民進黨內的風向似已有轉變，雖然蔡英文主張維持現狀，但事實上溫和派或交流派的主張反而沒有聲音了。

經濟面

大陸在經濟面上所使用的工具，有些是非結構性的，有些是結構性的。所謂非結構性的工具，主要是指一些惠台措施而言，尤其是在二〇〇〇至二〇〇八年民進黨執政時期。事實上，中共一向十分重視經濟面的力量，因爲經濟關係一旦建立，就很難切斷，而且它本身就會有自我深化與擴展的力量。一九七九年的告台灣同胞書中，中共就有了三通的呼籲。陳水扁二〇〇四年連任之後，儘管中共在五一七聲明中聲色俱厲，但也不忘提出經濟上的誘惑，包括：（一）實現全面、直接、雙向「三通」，以利兩岸同胞便捷地進行經貿、交流、旅行、觀光等活動；（二）建立緊密的兩岸經濟合作安排，互利互惠。

二〇〇六年第一屆兩岸經貿文化論壇之後，大陸更宣布單方面的，亦即不涉及協商的所謂惠台措施。[46]這些作為，都是過去未曾有的，而且可以看出，大陸把重點擺在農漁業以及常來往兩岸的民眾利益身上。其後不管是在兩岸經貿文化論壇或海峽論壇，大陸都會宣布所謂的惠台措施。二〇〇八年之後，大陸也多次增加對農漁產品的採購，如採購盛產的香蕉，還有大家熟悉的台南學甲鎮虱目魚的契作養殖等等。

大陸挾著其龐大市場的吸引力以及兩岸經濟之間血管相通的特性，對台灣的影響不只是經濟而已，也必然會擴及到政治上。例如長榮、奇美等過去與民進黨較接近的企業，隨著兩岸經貿關係的緊密，在態度上都有所調整。二〇一二年大選時，不少企業主表態支持九二共識，也證實了大陸透過經濟形塑多數的效果。

兩岸經濟既然血管相通，大陸就可以讓血管變窄、變濁，在血管裡加上膽固醇，阻礙流通等等，這是大小經濟體之間最不公平的地方。簡單來說，台灣貨物要進大陸，要快要慢，大陸有各種的程序可以卡你，你也莫可奈何；大陸也可以對台資企業查帳或進行種種干擾，讓台灣的母公司蒙受巨大損失；大陸也可以大幅降低觀光客來台的數目。

大陸會怎麼用，就看成本效益如何了。

外國企業在台灣，不必特意和政府打交道、建交情，台商在先進民主國家投資做生意，也不必特意和當地政府建立關係。但大陸和其它世界各國不一樣，不論是台商或外商，與當地政府沒有關係就有關係，有關係就沒關係。不少台商都說，大陸是一個人治的社會，有時領導人一換，對前任的承諾或協議就不認帳，此類例子屢見不鮮。在大陸，台商經商要給紅包，那是司空慣見，而台商也經常被當地人坑騙，卻投訴無門；有不少案子，即使海基會一封又一封的傳眞，都沒有結果。如果追問下去，答案往往是這個案子很複雜。這「複雜」兩個字，暗藏了多少官場黑暗，道盡了多少台商辛酸。

每次有地方首長到台灣訪問，當地台商幾乎是義務的全陪，甚至於負擔相當的費用。這都是世界其它各地台商少有的現象。台商在大陸成了夾心餅乾，它聯結上下兩塊餅乾，卻是不由自主。

另外值得一提的是陸客來台，這算是兼具經濟面與社會面的工具，但短期內以經濟面的影響較大。自二〇〇八年開放陸客來台之後，人數即年年成長，二〇一四年就已接近四百萬人次左右，占台灣所有觀光客約四成，可以說是我國旅遊業的最大宗。爲了因應陸客及其他國家觀光客的成長，各地飯店、餐飲、遊覽車等旅遊相關產業均做了相當投資。某次到高雄與旅遊業者座談，晚上散步街頭，這些業者一下手指某棟樓，一下手指另棟樓，就說在陸客來之前，這些都是空屋，現在都成了旅店。根據二〇一五年八月十八日《旺報》的一篇報導，「去年來台旅客平均每人每天花費最高的是日客，但『最會買』的卻是陸客，是日客的兩倍多，更是歐美觀光客的六倍多。估計光是去年陸客就為台灣帶來約兩千零九十八億元的觀光外匯收益，遙遙領先各國旅客。」[47]

最近這幾年，每逢中菲關係緊張之際，大陸就發出「中國公民暫勿前往菲律賓」的通知。以二〇一四年為例，據媒體報導，自九月十二日中國發出赴菲旅遊警告後，中國遊客人數直線下降，從八月份的一萬八千四百七十九人，銳減到九月的七人。長灘島度假村協會主席塞爾米（Dionisio Salme）說，「我們感到很擔心，我們確實受到影響。」「長灘島的主要海灘的酒吧和夜總會裡雖然擠滿本國和來自其他國家的遊客，但是那些平時接待一車車中國遊客的大型度假村，幾乎沒有任何客人。」[48] 某次與大陸旅遊局官員餐會，對方提到他們如何運用限制觀光客來施壓菲律賓。兩岸關係一旦緊張，誰說大陸不會採取類似的手段。事實上，現在旅遊業已感受到陸客減少的寒意。

兩岸經貿關係也有社會面，雖然沒有正式的統計，但粗估而言，在大陸生活的台商、台幹以及眷屬約近百萬人之多。這些人未必支持統一，但應有相當比例不會贊成台獨，因為他們的身家財產都建立在兩岸的和平上。這些近百萬的台商，據了解有愈來愈多人與大陸人結婚，他們在兩地工作、生活、結婚，將兩地聯結起來，是一種潛在而長期的影響力。

外交面

兩岸關係，不能只從兩岸來看，還必須放在國際關係的架構內來觀察，尤其必須納入美國因素。[49] 長期以來，美國對台灣是既支持又限制，一直是兩岸關係變化中的一個重要變數。所謂既支持又限制，主要是以維持海峽現狀為目標，既要支持台灣的安全，但也限制台灣的行動。過去是限制蔣介石對大陸採取軍事行動，民進黨執政時則是限制採取法理台獨的衝撞。也因此，台灣領導人對這種結構關係的變化，十分的敏感，例如李登輝發表兩國論，與當時柯林頓宣布新三不有關。[50]

陳水扁早已瞭解，美國支持對其政權的重要性，在二〇〇〇年就職之前，先將就職演說講稿送給美國人過目，可見其在心理上對美國的倚賴。在他八年執政的過程中，他也學會了如何利用這個國際結構來維護自己的利益，但也因為如此，大陸加強了國際社會對台灣的圍堵。[51]

美國的台海政策其實相當穩定，包括三個公報與台灣關係法，幾乎是官方的一貫說詞，就像大陸談一個中國原則一樣。對美國來說，最重要的核心利益依然是台海現狀與和平。不過，共和黨的小布希政府與民主黨的柯林頓政府，仍然有相當的差異。

小布希在就職之初，在台海政策上，扭轉了柯林頓向北京傾斜的態勢。柯林頓稱大陸爲「戰略合作夥伴」，但小布希則界定其爲「戰略競爭夥伴」，也因此，美台關係也趨向友好的方向發展，例如提供相當的軍售、提升交流的層次、以及放鬆過境外交的管制等等。[52]不過，美國雖然視大陸爲「戰略競爭者」，或者是「威脅」，但美國並不想與中國大陸發生軍事衝突，更不想因爲台灣的冒險行爲而被捲入。簡言之，布希政府儘管對陳水扁政府友好，提高台灣的籌碼價值，但它希望的是一個適當吵鬧的台灣，而不是麻煩製造者的台灣。

在國際現實中，台灣與美國及大陸的三邊關係，多少會受到重大國際事件的影響。九一一恐怖攻擊之後，小布希政府所面對的是一個迥異於柯林頓時期的國際關係，在小布希政府外交政策中，反恐的優先順序被提高到最高的位置。在這樣一個新形勢中，美國對待中國大陸的方式自然也不一樣，換句話說，美國需要中國大陸的合作，尤其是在亞太地區方面，這樣它才可以更有效地投注心力在反恐工作上。對美國來說，此時的大陸不再是「戰略競爭夥伴」，而是「建設性合作夥伴」（constructive, cooperative partnership）。

中共自然也瞭解這個形勢，欲藉這個結構來壓縮台灣的行動空間，大陸與美國的高層互訪次數比以前多，美國對台灣問題的發言，也愈來愈不利於台灣。民進黨政府或許出於擔心，或許出於維護政權的需要，想要衝撞這個新形勢，例如：（一）二〇〇二年八月三日與正在東京舉行年會的世界台灣同鄉聯合會舉行視訊會議，竟然說出：「台灣跟對岸中國『一邊一國』，要分清楚。……個人誠懇呼籲和鼓舞大家，要認眞思考公民投票立法的重要性和迫切性。」（二）二〇〇三年推動公投法，並且多次宣示要在二〇〇六年舉行新憲公投，然後在二〇〇八年實施。（三）二〇〇六年終止國統會及終止國統綱領的適用；（四）二〇〇八年推動公投入聯。[53]

在台灣、美國與大陸的戰略三角關係中，一旦台灣認爲美國向大陸過度傾斜時，即會擔心原來的羅曼蒂克型會朝結婚型演化，而在結婚型中台灣的利得最小，因此會想要阻止這個情形發生。例如李登輝一九九九年七月提出兩國論的時機以及陳水扁二〇〇二年八月提出「一邊一國」的時機，都代表領導人內心的一種不安全感。

事實上，美國及大陸對台灣的行爲都有一個預設的容忍空間。台灣的行爲如果在雙方都容忍的空間或其中一方可容忍的空間內，都不會引起太大的問題，然而一旦被美國與大陸均認爲超出了容忍的空間，就會面臨嚴峻的警告與壓縮。陳水扁一有上述動作，大陸就與美國聯手進行「安全控管」，除了陳水扁派員至美國說明外，美方也經常派員到台灣。尤其是在二〇〇四年大選前，美國的代表來台灣，對陳水扁政府表示不滿，而且口氣相當嚴厲。二〇〇三年十二月溫家寶訪問華府，小布希在白宮記者會上公開點名所謂台灣的領導人。[54]儘管如此，陳水扁爲了選舉，還是一路往前衝。[55]

二〇〇四年選舉結束後，美國副助理國務卿凱利於四月二十一日，也就是陳水扁再度就職前，在國會衆院國際關係委員會作證時，表示：「美國不支持台獨，也不支持片面改變美定義下的台海現狀」，並且肯定九二共識的存在，而且認爲這是九三年辜汪會談的基礎。此外，美國副國務卿阿米塔吉在接受香港鳳凰電視台專訪時，表示希望陳水扁在就職演說中重申四不一沒有的承諾。國家安全會議亞大資深主任葛林警告：「如果陳水扁試圖利用未來四年讓台灣自大陸實質獨立，走向正式獨立，他將冒著失去美國支持台灣的危險。」「台灣要付出的代價就是它的安全。」在陳水扁總統推動公投法之時，國台辦官員曾說：「這裡（大陸）已和美國鄭重說了，扁企圖利用公投來實現台獨。美國會對扁起重要作用。」但顯然大陸並不滿意美國對台灣的施壓效果，也因此中共想要自己另起爐灶，這才有了〈反分裂國家法〉的制定。這段時間，據國台辦官員透露，美國官員如萊斯（Susan Rice）等密集訪中，「確認如果扁眞的幹，中國的確會動武。太平洋司令說他們有台灣關係法，我們說，如果你們要保護台灣的話，那我們要面對現實。所以他們很清楚了解我們的立場……而且扁已多次向美國表示會聽話。」同時，大陸也利用台灣「麻煩製造者」的形象來積極爭取其它國家的支持，法國即表示並不反對大陸通過反分裂法。

國際尊嚴，這是台灣人最在意的地方。根據《遠見雜誌》所做的民調，台灣民衆對大陸不滿的地方，以打壓台灣國際空間的比率最高。每每只要有此類事件登上新聞版面，都會造成一定影響。大陸在二〇〇四年後也開始面對台灣的外交處境問題，在五一七聲明中即有一項內容指出：「通過協商，妥善解決台灣地區在國際上與其身分相適應的活動空間問題，共用中華民族的尊嚴。」在二〇〇五年四月二十九日的連胡五項和平發展共同願景中，其中第四項內容如下：「促進恢復兩岸協商後，討論台灣民衆關心的參與國際活動問題，包括優先討論參與世界衛生組織活動的問題。雙方共同努力，創造條件，逐步尋求最終解決辦法。」這在二〇〇〇年以前是很難想像的事。事實上，在其後的國共交流中，當時的連主席即以參與世界衛生組織爲突破口，數度向大陸提出台灣如何共同參與的事宜。

一九九〇年代，台灣在外交上仍有實力和中共抗衡，民進黨執政時已開始顯現劣勢，所謂烽火外交，連民進黨自己人都批評。這一個變化，即是兩岸實力消長所致。二〇〇八年以後，兩岸外交休兵是兩岸關係和緩的一環，否則外交上的對抗必然外溢至其它領域，使兩岸關係再度緊張。從二〇〇八年開始，只有一個非洲國家甘比亞與我斷交，但大陸並未與之建交，這是外交休兵下的默契。外交休兵是兩岸關係和緩的一環，所以一旦兩岸關係生變，外交休兵恐怕也不復存在。前陸委會副主委林中斌即曾撰文指出，一旦兩岸關係生變，很可能出現雪崩式的外交。前海基會秘書長高孔廉則認爲可能出現的是「漸進式」的斷交狀況。[56]不論是「雪崩式」或「漸進式」，都代表中國大陸已經完成了外交布局，不是不能，而是現在不願意而已，一旦兩岸關係生變，何時、何種方式，主動權都操在大陸手中。

做爲一個大國，中國大陸其實在國際關係各個領域都著墨甚深，除了聯合國及其週邊組織之外，其它領域都可以看到大陸深度的參與，而且大陸也長期經營非洲與中南美洲的關係。台灣在這幾年能夠年年以觀察員的身分出席世界衛生大會，並在二〇一四年首度應邀列席世界民航組織，也都是外交休兵下的默契安排，這些也都可能隨著兩岸關係的變化而變化。

對台灣而言，更重要的是參與區域經濟組織，尤其是東協（RCEP）、跨太平洋夥伴協定（TPP）等組織。然而，大陸已遠遠跑在台灣前面。二〇〇二年中國大陸與東協簽署全面經濟合作架構協定（The Framework Agreement of Comprehensive Economic Cooperation Agreement，以下簡稱中國—東協CECA），二〇一〇年中國大陸與東協六國、二〇一五年與東協十國完成貿易自由化的目標。我們從這幾年與大陸談判的經驗可知，大陸是希望台灣先與大陸完成經貿自由化之後，再來談參與其它的區域經濟整合。儘管民進黨希望能夠同步進行，但現實的狀況是大陸憑藉實力足以「成事不足，敗事有餘」。對其它亞太國家來講，得罪台灣不會有什麼損失，但得罪大陸可能會面臨相當的損失，這個算盤，不用打就知道其結果了。

最近大陸提出「一帶一路」的經濟戰略構想，並打鐵趁熱成立「亞投行」，除了美日抵制之外，大多數亞太國家及歐洲大國都已加入，而台灣因爲內部政治因素，只能在最後一刻申請，但想也知道，大陸不可能讓台灣成爲創始會員，申請的動作只是一種政治交待而已。

現在亞太地區有兩個主要的經濟整合板塊，一塊是TPP，一塊是RCEP，前者由美國主導，後者由大陸主導。TPP的十二個會員國在歷經五年談後，於二〇一五年十月五日達成協議，被視爲歐巴馬的外交成就。[57]台灣當然希望能同時參與這兩個組織，但無論台灣內部是否準備好，都要看大陸的態度如何，尤其大陸也有表態欲加入TPP。TPP各會員國有沒有必要爲了台灣而得罪大陸呢？這個因素往往不是台灣所能掌握的。至於加入RCEP，和解的兩岸關係更是必要條件。

總而言之，隨著大陸實力的增強，台灣的外交空間只會更困難而已！

什麼時候開始收網？

大陸已透過政治面、經濟面、外交面的種種工具拉住了台灣，這些聯結就像繩索一樣，可鬆可緊，大陸什麼時候開始拉緊這些繩索，完全看大陸對於成本效益的判斷。統一是大陸最終的目標，如何用成本效益最大的方法來達到其目標，則是其思考的重點。二〇〇五年以後，似乎證明了大陸和平發展的策略有一定的效果，國民黨於二〇〇八年重返執政，兩岸之間舉行了十一次會談，簽署二十三項協議。然而自二〇一三年出現太陽花學運，二〇一四年出現反課綱學運之後，大陸已開始重新評估其政策之成本效益。現在民進黨已贏得二〇一六年的總統大選，九二共識又是一份未完成的答案卷，那大陸又將如何調整其政策？

前述政策工具，大概都兼具雙重性質，既可以是胡蘿蔔，也可以是棍子，例如陸客來台觀光。對大陸來說，二〇〇五年至二〇一五年是給胡蘿蔔，但如果胡蘿蔔無法變成棍子，則根本失去了工具的意義。據個人了解，大陸已有學者主張所謂的三反，即反彈、反思、反轉。反彈，亦即將胡蘿蔔變成棍子，讓台灣感覺到痛，感到痛之後才會進行兩岸關係的反思，有了反思，兩岸關係才有可能再度反轉到大陸所預期的「和平發展」的道路上。當然，那些工具會反彈，反彈到什麼程度，個人無法斷言。個人擔憂的是，這種反彈的做法會更加深台灣社會的反裂，而這也是大陸的預期目的之一，讓台灣永遠陷於內部的分裂之中。

荒謬的是，這種內部的分裂亦是台灣短期內可免於兩岸軍事衝突的原因。寫到此處，不能不長嘆一聲！藍綠之間的距離難道比紅綠或紅藍之間的距離還遠嗎？個人可以斷言，在兩岸問題上，藍綠沒有和解、沒有共識的一天，台灣就不會有燦爛的未來。

---

1 白邦瑞書中的論點，從現實主義來看，其實並非新論，在美國學界亦不少見。

2 引自孟子：「以小事大以智，以大事小以仁。」

3 用政權存亡邏輯而非國家生存或國家利益的原因有二，一是中共仍然是非民主國家，政權與國家界線模糊，二是在兩岸關係架構下，用政權存亡邏輯較適宜。

4 陳筑君，〈陸少將直言，台非陸核心利益〉，《中國時報》，二〇一五年九月十五日。

5 中共今日支持北韓，理由已不同於韓戰時，主要是北韓共產黨一旦垮台，將對北京造成難以預料的後果，甚至危及政權存亡，中共又豈能坐視。

6 杜魯門總統在一九五〇年六月二十七日的聲明中表示：「台灣未來地位的決定，必須俟太平洋安全的恢復、對日和約的簽訂或經由聯合國的考慮。」請參閱林博文，《一九四九石破天驚的一年》，頁一六三。

7 李曉海，〈從兩次炮擊金門看毛澤東對台政策的變化〉，《戰爭史研究》第三期，二〇〇一年。

8 可參考林孝庭，《台海．冷戰．蔣介石》，台北：聯經，二〇一五年。

9〈毛澤東籌畫用武力解放台灣為何沒能實現？〉二〇一三年五月二十三日。http://history.people.com.cn/BIG5/n/2013/0523/c198865-21584349-3.html

至於一綱四目，一綱是指台灣必須統一於中國，四目是指：（一）台灣統一於祖國後，除外交必須統一於中央外，台灣之軍政大權、人事安排悉委於蔣介石；（二）台灣所有軍政及經濟建設一切費用不足之數，悉由中央政府撥給（按：當時台灣每年赤字約八億美元）；（三）台灣的社會改革可以從緩，俟條件成熟並尊重蔣介石的意見，協商決定後進行；（四）雙方不互派特務，不做破壞對方團結之事。

10 國台辦，《一個中國原則與台灣問題白皮書》。

11 卜睿哲（Richard C. Bush）、歐漢龍（Michael E. O'Hanlon）著，《不一樣的戰爭》（*A war like no*

other）林宗憲譯，台北：博雅書屋，二〇一〇年六月，頁一〇五—一〇六。

12 黃瑜萱，〈林中斌評馬習會：「一國兩府」概念成真〉，聯合新聞網，二〇一五年十一月四日。

13 林博文，《一九四九石破天驚的一年》，頁八二—八五。

14 白邦瑞，《二〇四九百年馬拉松》，頁四四。

15 同前注，頁五一。

16 斯蒂芬．哈爾珀（Stefan Halper），《北京說了算》（*The Beijing Consensus: How China's Authoritarian Model will Dominate the Twenty First Century?*），王鑫等譯，新北市：八旗文化，二〇一〇年十月，頁一七三。

17 詳見該書第三章。

18 一九八一年鄧小平曾說：「資產階級自由化的核心就是反對黨的領導」，一九八五年他又說：「資產階級自由化就是崇拜西方資本主義國家的民主、自由，否定社會主義」，一九九一年解放軍出版社出版了《反和平演變的策略與方法》一書。

19 亦即崛起的新大國必然與原大國之間產生軍事衝突。這一概念來自修昔底德的名言：What made war inevitable was the growth of Athenian power and the fear which this caused in Sparta. 只要把 Athenian 換成 Chinese，Sparta 換成 US 即可。

20 習近平訪美前夕接受《華爾街日報》書面專訪，提到「這兩個大塊頭不合作，世界會怎樣？歷史和現實都表明，中美兩國合則兩利、鬥則俱傷。」

21 中共中央台灣工作辦公室、國務院台灣事務辦公室編，《中國台灣問題（幹部讀本）》，北京：九州出版社，一九九八年，頁六六—六八。

22 大衛．藍普頓，《從鄧小平到習近平》，頁一四一。

23 Clark A. Murdock, Kelley Sayler, Kevin Kallmyer, *Defense in an age of austerity*, Novermber, 2011, CSIS.

24 海上拒止簡單地說就是阻止他方進入我方認定為重要水域的能力。

25 鞏培德（David C. Gompert），《西太平洋海權之爭》，國防部編譯，二〇一三年，頁三五。

26 同前注，頁一六。

27 *Report to Congress of the U.S.-China Economic and Security Review Commission 2010*, p. 90.

28 這是《天下雜誌》五五四期的封面故事：「中國威脅全面來襲：複製你、超越你、取代你」，二〇一四年八月二十日。

29 陳良榕，〈中國威脅全面來襲〉，《天下雜誌》五五四期，二〇一四年八月二十日。

30 黃亦筠，〈山寨變正宮：全球科技業笑不出來〉，《天下雜誌》五八七期，二〇一五年十二月九日，頁九〇。

31 Lawrence Ulrich,〈中國製造終於敲開美國市場的大門〉，《紐約時報》中文網，二〇一六年一月二十六日。http://d2wcb84bbsje1x.cloudfront.net/business/20160129/c29wheels/

32 Panos Mourdoukoutas, One Industry Where China Beats US And Japan, Forbes, Dec 27, 2015.

33 中央社，〈習近平：經濟新常態 不能只看成長率〉，二〇一五年三月二十八日。http://www.cna.com.tw/news/acn/201503280201-1.aspx

34 此一現象大概從二〇一〇年左右時候開始，從各種新聞報導看來，一直持續至今，可參考《經濟學人》二〇一四年一月二十五日的報導〈The China loses its allure〉，以及樸勝虎、趙萌、李少民，〈跨國公司在中國面臨新挑戰〉，《金融時報》，二〇一五年十月二十一日。

35 戴肇洋，《兩岸經濟關係的往昔、現今與未來之研究》，頁八。

36 劉康彥、蒼弘慈、唐玉麟，〈紫光併聯發科　經部態度保留〉，《中國時報》，二〇一五年十一月三日，A2版。
37 唐永紅，〈當前兩岸經濟合作之深化發展：問題、挑戰與路徑〉，《全球政治評論》第四十七期（二〇一四），頁一九—二二。
38 徐斯儉、沈筱綺，〈「太陽花運動」與中國因素〉，中研院研討會論文。
39 請　參　閱 Credit Suisse Research Institute, The End of Globalization or a more Multipolar World? September, 2015. https://doc.research-and-analytics.csfb.com/docView?document_id=x657558&serialid=CKNMlWfHjw7rZyk%2BUGmvnQWrpsyCCwGev4oQ%2FngdrE8%3D
40 可參考 David A. Baldwin, Economic Statecraft, Princeton, Princeton University Press, 1985.
41 童振源，〈十六大之後的中共對台政策展望〉，遠景基金會座談會講稿，二〇〇二年十月二十四日。www3.nccu.edu.tw/~ctung/Documents/W-C-c-5.doc
42 吳玉山，〈是轉機還是危機〉，《海峽評論》一一八期（二〇〇〇年十月）。
43 蔡敏姿，〈海峽論壇／俞正聲：兩岸發展已到關鍵時刻〉，《聯合報》，二〇一五年六月十四日。
44 陳慧菱，〈馬雲百億元助青年創業　曾銘宗表敬佩　但陸資金投審會將審核〉，鉅亨網，二〇一五年三月四日。http://news.cnyes.com/Content/20150304/20150304215115982887910.shtml
45 請參考維基百科，「中國生產黨」條目。
46 例如首屆論壇閉幕式上，由大陸國台辦主任宣布了十五項所謂的惠台措施。
47 李鋅銅，〈陸客在台消費　七年累計破兆元〉，《旺報》，二〇一五年八月十八日。http://www.chinatimes.com/newspapers/20150818000932-260301
48 Aurora Almendral，〈中國遊客減少　菲律賓倍感壓力〉，BBC中文網，二〇一四年十月二十八日。http://www.bbc.com/zhongwen/trad/world/2014/10/141025_world_outlook_philippines_china_tourism

49 有關大陸、台灣、美國學界對美國因素的探討，可參考明居正，〈國際體系層次理論與兩岸關係：檢視與回顧〉，包宗和、吳玉山主編，《重新檢視爭辯中的兩岸關係理論》，台北：五南圖書，二〇〇九年九月，頁三一二—三一六。

50 蘇起，《危險邊緣》，台北：天下文化，二〇〇三年十二月，頁七六—七九。

51 亦可參閱卜睿哲，《不一樣的戰爭》，頁一〇〇。

52 鄭端耀，〈美國的兩岸政策演變〉，《兩岸開放二十年回顧與展望》，台北：財團法人兩岸交流遠景基金會，二〇〇七年十一月，頁一四九—一八二。

53 卜睿哲認為陳水扁是錯誤地將小布希政府的善意當成了空白支票。卜睿哲、歐龍漢，《不一樣的戰爭：台灣的選擇　中國的焦慮　美國的挑戰》，頁一〇〇。劉世忠，《歷史的糾結》，頁三二。

54 當時的副國務卿阿米塔吉在二〇〇三年十一月十八日表示，美國在台灣關係法中的義務不超過「提供軍備」及「在亞太駐軍」。亞太副助卿薛瑞福（Randy Shriver）在二十日更特別召集台灣駐華府記者舉辦一場記者會，宣布「如果有任何在公投或制憲上的動作觸及讓台灣的狀態傾向台獨，美國將不會支持」，並明白表示：「布希政府的政策就是不支持台灣獨立。」布希在十二月十日與中共總理溫家寶在白宮橢圓形辦公室聯合接受記者訪問，在訪問中，布希當著溫家寶的面表示：「美國反對任何由台灣及中國片面改變現狀的決定，而台灣領導人最近的言論及行動顯示他可能已經決定片面改變現狀，這也是美國所反對的。」

55 參考林濁水，《共同體：世界圖象下的台灣》，台北：左岸文化，二〇〇六年，頁二六八。

56 唐詩，〈小英當選將會「雪崩式斷交」？高孔廉：有可能漸進式斷交〉，《民報》，二〇一五年五月二十九日。

57 根據媒體報導，「跨太平洋夥伴協定」（Trans-Pacific Partnership, TPP）涵蓋十二個會員國、八億人口，包括澳大利亞、汶萊、加拿大、智利、日本、馬來西亞、墨西哥、新西蘭、秘魯、新加坡、美國和越南，占全球國內生產毛額（GDP）總值近四成，是亞太目前最重要、影響最大的區域經濟組織之一。

第七章　台灣的戰略思考

面對大陸的崛起，台灣該當如何？最根本的挑戰是我們還有多少時間，還能爭取多少時間，又應該如何利用這些時間以維護台灣的主體性。

面對大陸的崛起，台灣該當如何？前面六章都是為回答這個問題而準備。這個問題，可以逃避一時，卻終究要面對，而且愈早面對，愈坦誠面對，愈有可能找到更好的答案。這樣的問題，不容空洞的文字來虛應，不容輕佻的語氣來逃避。這一章，是我個人對這個問題最嚴肅的思索。

柯慶生在《中國挑戰》一書中指出，中國崛起對美國有雙重挑戰：（一）如何一方面強化美國在亞洲的力量，但又要讓大陸相信美國無意阻撓大陸的崛起；（二）如何說服一個具有民族主義心理的發展中大國對國際社會有所貢獻。[1]台灣不是大國，思考問題的角度當然和美國不一樣；對台灣來說，最根本的挑戰是我們還有多少時間，還能爭取多少時間，又應該如何利用這些時間以維護台灣的主體性。

一、應對大陸的政策邏輯

中研院二〇一五年曾進行一次有關統獨的研究調查，結果如下：

（一）只有一六．一％選擇統一，但有高達四九．七％預期「台灣被中國大陸統一」。

（二）支持「獨立」者有四六．四％，但其中只有三五．九％評估將來可能獨立，卻有三七．〇%認為未來會「被統一」。

（三）預期「台灣被中國大陸統一」的比率高於支持「獨立」的比率。

（四）選擇「中間立場」的人有三七．五%，但只有一四．四%預估台灣未來可以繼續「維持現狀」，而有五一．三%的人認為會「被統一」。[2]

這些數字說明了，台灣民眾在意願與預期之間存在相當的落差，尤其是有半數的人預期「台灣將被中國統一」，比支持獨立者還多，而且支持獨立者中也有三七．〇%的人認為未來會「被統一」。從中共的角度看，這個落差愈大，愈符合其戰略利益。從台灣的角度來看，這個差距其實就是民眾對「被統一」的無奈感、危機感與恐懼感，因此才有太陽花運動。無奈感，來自於兩岸實力的差距愈來愈大，是難以扭轉的趨勢；危機感與恐懼感則是因為這個進程似乎在加快，而看不出台灣有應對之道。誠如吳介民、廖美所言，「危機意識促使人們關心公共事務，參與討論。『兩岸服貿協議』就是在這樣的氛圍中被公民社會否決。」然而這種對兩岸事務的「關心與討論」，其中究竟有多少理性因素，令人懷疑。今天再回頭來看，不禁讓人懷疑那算是一場「公民運動」嗎？在這種情況下，有人傾向民族主義式的對抗，鼓動國族的建構，而這正是我人所憂心的兩岸走向。

前一章提到了大陸對台政策的五大邏輯，面對這五大邏輯，台灣的策略是什麼？在回答這個問題之前，必須先講兩個觀念。第一個觀念得先問，面對大陸，台灣最需要的是什麼？如果問政治人物，他們大概會說「捍衛台灣的主權或尊嚴」之類的話。這是一種空間概念的思考，但個人認為，在空間問題上，台灣能決定的事不多，而且事倍功半，其實，台灣最需要的是時間。像 John Mearsheimer、Denny Roy 等都認為時間不是站在台灣這一邊。「雖然美國短期內會保衛台灣這個戰略資產，但這個關係能持續多久則不可知」，John Mearsheimer 認為十年內應該沒問題，但十年後就難講了。時鐘滴滴答答在響，台灣要有緊迫感，因此，台灣必須在兩岸互動中爭取更多的時間，才有可能創造更多的選擇空間。這也是第二章所說，台灣要把空間賽局轉為時間賽局。

第二個觀念是必須將大陸對台政策五大邏輯視為一個整體來理解與對待，因為其彼此相關，相互影響。舉例來說，政權存亡邏輯是為發展優先邏輯創造運作的條件，實力邏輯會影響成本效益邏輯的結果等等。當台灣思考如何應對大陸對台政策邏輯時，必須考慮到其相互關係，而不是單獨思考。從二〇〇八年開始到到現在，馬英九政府的大陸政策，缺少的就是這種整體性的戰略思考。

從爭取更多時間的角度來看，個人認爲，台灣的應對之道如下：

（一）迂迴政權存亡邏輯：以時間思維來應付空間思維

前一章提到，政權存亡是中共眞正的核心利益，兩岸關係愈接近這個邏輯範疇，就愈難建立互信，而且選擇空間會愈來愈小。從中共的角度來看，當然不希望兩岸關係進入這個邏輯的範疇，因爲違背了發展優先邏輯與成本效益邏輯，所以中共過去經常採取防範性措施。

如果我們把政權存亡邏輯想像成是一個空間的概念，但台灣需要的時間，因此台灣沒有必要陷在空間的概念中，與中共爭鬥。所謂好漢不吃眼前虧，在空間概念上與中共爭鬥，台灣不論是實力與國際關係，都很難占到便宜。可以這麼說，大陸在乎的是空間邏輯，但台灣應該在乎的是時間邏輯，亦即和大陸在時間上競賽。大陸的戰略機遇期被限縮，他們的腳步不會慢，而台灣的腳步要更快，否則台灣在空間與時間兩個向度上都輸掉自己，那就眞的很悲慘了。

中共的政權存亡邏輯與實力邏輯相關，實力不足時，政權存亡邏輯的主要作用在防範，屬於消極性的作用；然而當實力足夠時，政權存亡邏輯可以設下更嚴苛的條件，讓台灣可以選擇的空間更小。從一九九〇年代至今，尤其是民進黨再度執政後，我們可以很清楚地看到此一變化。

與中共政權存亡邏輯保持距離，並不表示中華民國要放棄主權，也不表示台灣必須犧牲尊嚴。首先，中華民國的憲法架構仍然是台灣推動兩岸關係的基本，即使蔡英文在競選時都強調要依中華民國憲政體制來推動兩岸關係。她自己進一步闡釋：「我所說的是中華民國現行憲政體制，我也以教授身分提供定義，包括憲法的內文、增修條例、相關憲政釋文、法官判決以及政府與人民的相關運用，只要是跟憲法、釋憲、運用有關，都含在我所謂的現行憲政體制裡。」[3]或許蔡英文仍不願接受九二共識，但在中華民國憲政體制下，即使困難，但未必不能找到一個可以替代九二共識的新基礎。

雖然九二共識一詞在台灣內部有不同的解讀，甚至於兩岸都未必一致，因此有人認爲是虛構的概念，必欲去之而後快。但從第二章九二共識的兩個歷史脈絡來看，九二共識事實上就是迂迴政權存亡邏輯的概念，也因此證明儘管兩岸戰略思考各有不同，但九二共識是足以維持兩岸的交流與合作的基礎。大陸在最近一年多來之所以如此強調九二共識，也正說明它更需要九二共識，可是因此反而對民進黨形成了「門檻效應」，要跨過這個門檻，好像就是投降一樣。

其次，國民黨從二〇〇八年執政至二〇一六年，雙方在「九二共識」的基礎上進行交流與合作，基本上與政權存亡邏輯保持了相當的距離，因此才有發展優先邏輯運作的空間，也建立了兩岸之間交流的管理機制。回顧兩岸關係的發展，從李登輝總統到陳水扁總統，將主力放在空間上的纏鬥，當台灣實力尚可以一搏時，或許仍然有攻有守，但可以看出來，兩岸實力差距愈來愈大，台灣如果仍然在空間上纏鬥，對台灣並不利。馬總統的兩岸政策，將戰場從空間轉移到時間上，兩岸外交休兵，儘管有一些批評，但台灣的邦交國並沒有減少（甘比亞斷交並非因兩岸鬥爭），還擴大了國際參與的空間。

截至目前為止，個人仍然認為「九二共識」是台灣最佳的戰略選擇。當然，台灣內部對於「九二共識」及一個中國原則仍有紛歧，尤其現在的民意是向台獨的方向傾斜，因此兩岸很容易再度陷入政權存亡邏輯的拉距戰，而忘了其它邏輯對台灣的重要意義。

除非民進黨能找到一個兩岸都能接受的政治基礎，否則「九二共識」是難以逃避的問題。面對「九二共識」，民進黨要破除三層心理障礙：(1)承認九二共識是向中共讓步的障礙。事實上，「九二共識」是兩岸雙方的共同需要，對大陸來說，一個和平發展的兩岸對其政權是最有利的，大陸也不希望兩岸再回到過去那種相互相抗的時代。(2)承認九二共識就是接受一中的障礙。雖然九二共識的內涵與一個中國仍有距離，接受九二共識與接受大陸的一中原則，並不能畫上等號，這個一中，對綠營而言，其實也可以包括了中華民國。

曾任國台辦主任的大陸外交部長王毅於二〇一六年二月二十五日在美國CSIS演講，談到兩岸關係時，不提九二共識，卻提憲法，讓一些人以為大陸立場有所鬆動，認為九二共識也不是鐵板一塊。但從其講話脈絡來看，他提到這個憲法的規定是「大陸、台灣同屬一個中國」，這其實就是大陸所謂九二共識的核心意涵。大陸理解蔡英文要說出「九二共識」四個字有困難，因此只要說出核心意涵即可，而且還可以加上憲法所稱的「中華民國」四個字。換言之，大陸期待蔡英文表示兩岸同屬一中，但他們也接受台灣表述這個一中就是中華民國。這其實就是國民黨的一中各表，國民黨談「九二共識、一中各表」，理直氣壯，堅持一個中國就是中華民國，因為國民黨對中華民國是發自內心的忠誠。這是藍營與綠營一個基本的差別，也是綠營的心理障礙。

(3)民進黨最憂慮的是，世界上絕大多數國家都接受一中原則，即台灣是中國的一部分：一旦台灣自己也接受了九二共識，等於是放棄了獨立的選項，等於向國際現實低頭。其實這就是一種空間對拉的思維。然而，不論從那一種指標來看，台灣從二〇〇八年到二〇一六年的八年期間，在外交上的表現並不差，世界各國也沒有因為「九二共識」而改變對台灣的政策或降低台灣的地位。舉例來說，台日漁業協議、台日投資協議、台新經濟合作協議、台紐經濟合作協議、台菲漁業協議等等，對台灣而言，都相當重要，也是兩岸關係和緩後才有的收穫。

蔡英文總統在五二〇就職演說中提及了中華民國憲法及兩岸公民關係條例，在WHO加註了一中原則的邀請函下，也以中華台北之名義出席。六四當天，不論蔡總統的臉書及民進黨的新聞稿，都用「中國大陸」取代其過去一貫使用的「中國」，已可以讓人感受到務實的改變。由此可知，民進黨與支持者之間的距離成為其克服九二共識的難關，也是紅綠之間建立互信的關卡。

（二）逆轉民族主義邏輯：以公民民族主義化解原生民族主義

民族主義是中共政權正當性的重要基礎，不僅展現於國際關係，也體現在兩岸關係上。習近平談兩岸關係，經常強調兩岸一家親，也將兩岸統一與中華民族偉大復興掛勾。中共的訴求基本上是一種原生民族主義，認為兩岸屬同一種族（血緣），有共同的歷史、文化與文字。

相對地，台獨運動也走向了原生民族主義，企圖分割台灣人與中國人、台灣文化與中國文化、台灣歷史與中國歷史，並且也有一些人著手於建構台灣文字。夏黎明指出，「台灣式的民族主義，一方面將具有敵意的中國視爲異己，另一方面在島內將歷史餘留的國民黨他者化。」4

從原生民族主義轉化成公民民族主義，台灣應在對待陸配、陸客、陸生上採取更積極的戰略作爲，亦即爭取更多支持與認同台灣公民價值的大陸民衆，這樣的人愈多，對兩岸和平的保障就愈大，未來甚至於可由量變導致質變。除此之外，台灣更可以將焦點轉向自身民主化的問題上。長期以來，台灣因爲陷入兩岸敵對思維，而對台灣民主存在過度的自我膨脹，甚至有學者還認爲可以用民主來對抗船堅砲利。兩岸的敵對意識以及政治體制上的對照，反而讓台灣失去了內省的動力。台灣民主面臨幾個重要問題：(1)民主的價值屈居統獨爭論之下，不僅扭曲民主的實踐，也難以發揮凝聚台灣的力量；(2)制度上立法院失去議事效率，即使是多數黨執政，也是一樣；(3)台灣的媒體與學界顏色過於鮮明，立場主導了報導與評論，所謂客觀中立在台灣成爲稀有的現象；(4)意識型態凌駕道德倫理，競爭淪爲鬥爭。

原生民族主義的一項特質，就是它訴諸於感性，不必說理，也無法溝通，心理如此認定，就沒有空間了。原生民族主義區分我與他的方式，不僅在於其原生特質，更在於其情感面的強烈性，所謂「非我族類，其心必異」，造成相抗衡的我他之間，彼此難以理解，當然更別談信任的建立了。兩岸都是原生民族主義，那只有對撞一途。問題是，兩岸對撞可不是兩輛同等級的汽車對撞，而是一輛坦克車與小轎車的對撞，其結果可想而知。莊子螳臂擋車的喻言中，如此形容：「汝不知夫螳螂乎？怒其臂以當車轍，不知其不勝任也。」這個「怒」字是關鍵，台灣豈可意氣用事，而「怒」恰好是原生民族主義的元素之一。

台灣的原生民族主義除了激化兩岸的對立以及台灣內部的裂痕外，更可怕的是，它會使台灣民衆失去了辨別與思考的能力。原生民族主義不重思考，只用很簡單的標準來判定敵我，結果，所有的大陸人都成了原生台灣民族主義的敵人。原生台灣民族主義不會區分中共和中國，在他們眼中，陸生、陸配、陸商，都是一體適用的敵人，因此心理上不僅歧視，更是仇視。陸生要來台灣求學，在野勢力反對，於是逼出一個「三限六不」的妥協，讓原來的美意打了折扣。陸配嫁來台灣，現在已有超過三十五萬人，他們的孩子都是我們中華民國的國民，也是道道地地的台灣人，可是如果他們的父母，乃至於他們自己，都受到社會某種看不見，卻感受得到的歧視，請問他們如何對這塊土地產生向心力？我們究竟希望他們成爲台灣的資產，還是把他們當成台灣的累贅？

其實，民族主義可以有另外一種內涵，它不必以血緣、歷史、文化爲標準。事實上，如果要區分的話，台灣現在有福佬人、客家人、外省人、原住民、陸配、外配等等，原生民族主族根本無法發揮凝聚台灣內部的力量。民族主義的另一內涵是以憲政民主爲基礎，成員共享基本的價値、權利、制度與生活方式。公民民族主義可以逆轉台灣原來的民主化運動，朝著更健康，更有吸引力的方向前進，如此則不僅可以迴避原生民族主義必然的對撞，更可以讓公民民族主義成爲引領兩岸政治發展的一個力量。

問題是台灣的原生民族主義是以成立新契約，建立新國家爲目標，使得公民民族主義很難有發展的空間。在台灣，民主的價値屈服於台獨價値的現象，可謂屢見不鮮。如果我們任由原生民族主義在台灣不斷地發酵，可以想見，公民民族主義難以抬頭。

個人之所以強調公民民族主義，因爲這是「基因策略」的基礎。基因策略是跳出兩岸思考的框框，將注意力集中在台灣內部事務上，改善台灣內部基因，讓台灣更吸引人，同時也能與大陸透過基因的交流，達到基因改造的效果。台灣的民主制度、經濟結構、社會正義、生活方式等等都還可以不斷提升，變成大陸民衆都心嚮往之的寶島，到時台灣也有如一件精緻藝術品，誰都愛惜，不忍心打破。

台灣既自認爲有軟實力，就應該有軟實力大國的信心，向大陸開放，讓基因策略可以發揮引領大陸變遷的效果。或者說，我們可以把公民民族主義想像成一種益生菌，這種菌愈多，兩岸的發展可以更健康，台灣的影響力也可以更大，更正面。一旦益生菌減少，人會生病，放在兩岸來看，也是一樣的道理。

（三）利用發展優先邏輯：共同延長戰略機遇期

大陸仍在崛起中，雖然日漸強大，但一來內部問題層出不窮，挑戰接踵而至，二來經濟與軍事實力仍與美國有一段差距，因此，發展仍然是硬道理。簡言之，發展優先邏輯依舊主導大陸的內政、外交與兩岸政策。發展優先邏輯需要有和平的環境，需要能取得所需要的資源，同時也要讓資源能夠更有效的利用。

以今天國際局勢來看，中美之間的競合關係愈來愈激烈，亦即雙方在勢力範圍上競爭日趨激烈，但在許多方面，尤其是經濟方面，又必須合作。雖然不少現實主義者認爲中國大陸的崛起必然造成中美之間的衝突，但個人比較認同柯慶生的觀點，亦即大陸是以維持政權爲第一要務，而且必須經濟不斷的成長，因此不太可能挑戰對其發展有利的現存秩序（status quo）。[5]「和平發展」就是發展優先邏輯的產物。

前一章提到，發展優先邏輯的核心思考是延長戰略機遇期，而台灣所要爭取的也是時間，從這一點來說，兩岸有共同的戰略需求。大陸的發展優先邏輯，經濟是核心，十八屆三中全會提出了多項深化的改革，五中全會提出了十三五計畫，而且在國際上，還有一帶一路的建設、亞投行的成立等等。二〇一五年底，國際貨幣基金會（IMF）決定將人民幣納入特別提款權（SDR）的貨幣標準籃中，成爲繼美元、歐元、英鎊、日圓之後的第五種國際貨幣，預計隔年十月一日生效。在這樣的過程中，台灣的角色似乎愈來愈不重要，此時台灣所要思考的問題是，究竟要不要參與？

對台灣而言，大陸國務院在二〇一五年五月印發的〈中國製造二〇二五〉文件，可能是最大的威脅與機會。這一份文件詳列未來十年如何從「製造業大國」邁向「製造業強國」的戰略計畫。根據報導，中國工信部部長苗圩表示，〈中國製造二〇二五〉並非只是一個工業四．〇的規畫，而是工業二．〇的補課、工業三．〇普及和工業四．〇示範的並聯式發展戰略規畫——既要包括新型產業的培育，也有傳統產業的改造升級。[6]

根據國務院發布的文件，〈中國製造二〇二五〉有九個戰略重點：(1)提高國家製造業創新能力；(2)推進資訊化與工業化深度融合；(3)強化工業基礎能力；(4)加強品質品牌建設；(5)全面推行綠色製造；(6)大力推動重點領域突破發展；(7)深入推進製造業結構調整；(8)積極發展服務型製造和生產性服務業；(9)提高製造業國際化發展水準。[7]

熟悉台灣製造業的人，應該可以從這裡感受到強烈的威脅以及廣大的機會。「在中國大陸這一波所推動的一連串結合歐亞優勢的戰略中，極有可能影響兩岸產業分工結構及當前技術差異，台灣產業倘若不同步追求技術升級及品質提升，絕對會在這一波中國大陸產業升級的過程中被淘汰殆盡。」[8]經濟學家馬凱曾在一場論壇中指出：「我看台灣經濟不是悲觀而已，而是崩潰！」他自道在二〇〇八年已經指出：「中國即將結束世界工廠，台灣必須轉向，但這八年產業完全沒有轉型，大家仍然扮演世界工廠的產業鏈中的低價代工角色，中國的世界工廠已經結束了，台灣必須再等下一個世界工廠來臨，也許還要五到十年。」[9]這樣的警告應該不是危言聳聽。

台積電董事長曾表示，他不怕中國的投資競爭，他說：「我們不怕紅色供應鏈，我們自己就是供應鏈。」的確，台積電是台灣的驕傲，張忠謀說，儘管台積電在銷售量、供應量方面，分列全球第三、第二名，但他相信台積電的影響力全球第一。日前有關**IPhone 6S**晶片的新聞，民眾喜歡台積電的晶片遠遠高於韓國三星的晶片，可見台積電在民眾心目中的地位。台積電董事長張忠謀的表態，或許會讓部分人感到振奮，但事實的眞相是，台灣有多少台積電？台灣有多少企業不怕紅色供應鍊？

張忠謀說得不錯，台積電現在技術領先大陸至少五年，發展到二〇二〇年還會領先大陸五年，何況「我們還會進步，所以我們會繼續領先」。然而，除此之外，不論是面板、LED、太陽能、DRAM、電腦週邊、系統等等，台灣都已經沒有優勢了，IC設計大陸也追趕得差不多了，甚至於聯發科都想要和大陸合作。

以上是電子業的情況，在文創產業及服務業，大陸方面也同樣擁有市場優勢。事實上，就在張忠謀談話沒多久，台積電就對外宣布，已向投審會遞件申請赴中國大陸設立十二吋晶圓廠與設計服務中心，地點就在江蘇省南京市，投資金額達三十億美元。台積電表示，這座晶圓廠初步規畫月產能兩萬片，預計二〇一八年下半年開始生產十六奈米製程。其實，這不只是設廠而已，根據台積電的說法，是要建立台積電在中國大陸的生態系統。為什麼？就像張忠謀所說，近年來中國大陸半導體市場成長快速，為能就近協助客戶並進一步增加商機，才決定在大陸設立十二吋晶圓廠與設計服務中心。[10]雖然這座廠的產能只占台積電產能極小的百分比，但只要開了一個縫，未來的情況就可想而知了。

然而，在台灣只要談到和大陸合作，就得面對各種基於意識型態的質疑。台積電在此時提出申請，恐怕也是擔憂一旦政黨輪替，台灣的產業環境將變得更不確定，因此決定在此時提出申請。台灣人或許該清醒一點，台灣參與與否，對大陸而言，並不是那麼重要；一方面大陸已有清楚的戰略目標，而且邁開了腳步，另一方面，大陸可以從歐美得到其所需要的技術。例如，大陸國務院總理李克強於二〇一四年十月十日訪問德國，顯然是有心之作，他與德國總理梅克爾共同發表「中德合作行動綱要：共塑創新」，內容特別列出「工業四．〇」，包括「兩國未來共同關注電動、高效能、智能、物聯網、雲端計算與大數據等領域。」[11]

反對參與大陸經濟發展者，擔憂台灣過度依賴大陸，卻忘了台灣沒有實力時，連自己也依賴不了，也忘了大陸可以從其它國家得到其所需要的技術，台灣的技術並不足以牽制大陸的發展。然而，台灣並非沒有參與的利基，例如大陸已意識到環保的重要，未來能源科技等相關綠色產業，台灣應可積極參與，一方面擴大市場，另一方面也可以回頭改變台灣的綠色產業，創造台灣特色的綠色生活。

（四）回歸實力邏輯：聚焦台灣優勢

國際舞台上，實力是發言的門票；兩岸關係裡，實力更是勝負的關鍵。這二十年來，中美的實力差距在縮小，兩岸的實力差距在擴大，台灣的危機已迫在眉捷。大陸很清楚，只有實力不斷增強，國際地位才能不斷上升，而且實力愈強，衍伸的效用也愈

表 7-1　兩岸 SWOT

Strengths	Weaknesses
1. 美國老大哥的支持 2. 產業競爭力 3. 綿密的國際經貿網絡 4. 人民素質高 5. 民主自由的社會 6. 創意無窮 7. 公益文化	1. 內部的紛歧 2. 政黨的惡鬥 3. 媒體與社會的意識型態化 4. 媒體的庸俗化 5. 產業發展的瓶頸
Opportunities	**Threats**
1. 和平的兩岸關係 2. 大陸經濟持續成長的潛力 3. 密切的兩岸經貿交流 4. 有信心的大陸 5. 面臨內外挑戰的大陸 6. 大陸社會的轉變	1. 實力日強的大陸 2. 紅色供應鍊的崛起 3. 台灣經濟對大陸的依賴 4. 大陸鷹派的力量 5. 韓國等新興國家的競爭

資料來源：作者自製

多。兩岸關係上，大陸同樣心知肚明，實力才是解決問題的關鍵。第六章已指出大陸透過軍事實力、經濟實力、以及形勢實力對台灣形成高度的壓迫。

然而，在台灣的兩岸論述中，充斥著主權、尊嚴、對等等概念，至於實力，則很少人提及，只有偶而談到軍事力量而已。實力，究竟是不重要，還是不敢面對呢？台灣的兩岸論述，充滿了一廂情願的虛無，完全離開現實，甚至於虛無到像義和團一樣，以爲只憑民主就可以對抗大陸的船堅砲利。對企業界人士而言，這簡直是不可思議的事，但在政治領域上，就是如此。企業界人士對企業生死的敏感度，放到了政治領域，卻因爲務虛而顯得麻木不仁。談實力邏輯，我們必須離開政治人物的思維，引進企業思維，才能突破現有的框架。

SWOT分析是企業管理一項非常有用的分析工具，S代表Strength，意指企業本身的優勢，W代表Weakness，是企業體本身的弱點，O代表Opportunity，是指企業發展的機會所在，T則代表Threat，是指企業所面對的，足以影響其生存發展的外在威脅。SWOT分析的目的，是在爲企業擬出競爭策略，對於優勢的部分，一定再精益求精，讓對手難以模仿或超越；對於劣勢，則應盡力消除或扭轉，甚至於使其成爲優勢；面對機會，則應掌握，讓它創造出最大的價值；最後，威脅是免不了的，或者用創新策略，或者使威脅的力量弱化。簡單的說，SWOT分析，就是幫助企業在競爭激烈的環境中找到致勝的策略。這個分析工具其實也可以用在兩岸關係的分析上，讓我們可以更清楚的了解台灣的優勢在那裡，弱點有那些，有什麼機會應該掌握，同時也知道面臨了什麼威脅。

有關台灣面對大陸的SWOT分析，個人嘗試將其列表如表7-1，並在下一節中做較深入的分析。

（五）、計算成本效益邏輯：趨吉避凶

個人嘗試將兩岸關係分成對立與和緩二類，並且分別從大陸與台灣的角度來分析其成本效益（表7-2）。對大陸而言，兩岸關係對立的成本包括：

1.失去台灣民心。從過去經驗來看，兩岸之間愈對立，台灣對大陸政府及人民的好感度愈低，例如兩國論發表時，依陸委會民調，高達八八．五%的民眾認為大陸對我政府有敵意。台灣人民對中共反感程度愈高，統一的成本也必然增加。

2.加深週邊國家疑慮。大陸在崛起的過程中，鄧小平主張「韜光養晦」，胡錦濤主張「和平崛起」及「和平發展」，但近年來習近平在軍事及外交上展現更強勢的作為，已造成週邊國家的疑慮。兩岸如果升高對立，必然讓週邊國家更為警惕，限制了大陸在此區域內的外交影響力。

3.台灣將愈來愈向美、日靠攏。兩岸愈對立，台灣除了向美、日更加靠攏外，別無二途。台灣愈向美、日靠攏，必然增加大陸處理兩岸與美國關係的複雜度，而且在大陸軍力仍無法與美國抗衡時，與台灣對立的成本反而更高。

4.大陸較難以在台灣內部運用統戰的手段。台灣雖是民主社會，但只有兩岸和緩的

情況下，大陸比較容易在這個民主競技場內發揮影響力，一旦兩岸對立，即限縮了大陸工具選擇的空間。

5.增加美國的籌碼，或者說強化了美國在戰略三角中的樞紐角色。兩岸關係對立之時，台灣在「中美關係」上的籌碼價值提高，當然也提高了大陸必須對美國做更多讓步的風險。

在效益方面，大概只有兩項：

1.可強化軍人的支持。兩岸對立，軍事的重要性提高，對於強化軍人的支持或多或少有幫助。

2.讓台灣更加邊緣化。兩岸關係對立，各國雖然會對大陸有所疑慮，但在與台灣發展關係時也更為忌憚，尤其隨著大陸軍事與經濟力量的提升，情況只會更嚴重。但這個效益愈大，另外一邊的成本也愈高，因為台灣民眾將更反對統一。

兩岸關係和緩，並非沒有成本，大陸也必須考慮：

1.和平演變。兩岸關係和緩，人民交流增加，包括觀光客、學生等等，台灣的軟實力具有很強的吸引力，這些都可能發展形成和平演變的力量。當然，這未必是政府主導的發展，而是兩岸交流的自然歷程。但這個成本並不是太重要，因為大陸已對全球開放。

2.台灣意識日增的風險。兩岸關係和緩，台灣民衆對大陸的好感度雖稍有之改善，但兩岸政治與社會本質上的差異，讓台灣民衆反而隨交流增加而更強化台灣意識，而這個意識是台獨的心理前提。這正是馬英九執政時的現象。

3.台灣會有愈來愈高的期待，大陸亦然。可以想像，如果雙方期待無法找到一個彼此可接受的方案，最後可能會使雙方之前所累積的善意與互信在一夕摧毀。

當然，兩岸和緩的效益也不少：

1.可以建構更密切的兩岸經貿網絡。兩岸經貿關係愈緊密，雖然未必會促成統一，但毫無疑問會增加獨立的困難度。在防獨上，具有相當效益。

2.增加大陸可以運用的工具選項。兩岸政策目標的落實，需要有更多的工具，而兩岸關係改善，可以增加大陸可運用的工具選項，例如陸客來台旅遊、陸客中轉等等。

3.可以強化對台灣內部政治的影響，亦即參與台灣民主競技場的競爭。這或許是大陸最爲重視的效益，讓人感覺處處可見，卻又不著痕跡。

4.大陸可以將資源與心力放在更重要的內外挑戰上。大陸在發展的過程中，不同階段有不同的挑戰與門檻，既要維持經濟成長，又要維護社會穩定，而且要應付東海南海等問題。兩岸和緩完全符合發展優先邏輯。

從台灣的角度來看，成本與效益又有所不同。從過去的經驗來看，兩岸之間的對立，對台灣將產生以下的成本：

1.要投注更多經費在軍事上。兩岸對立的情況，台灣就必須更強烈地展示捍衛的決心，這個決心的指標之一就是軍事採購。但軍事預算一增加，就會排擠其它的預算，而政府財政困難時，此一影響更大。

2.要投注更多經費在外交戰場上。兩岸在外交戰場上的廝殺，互挖牆腳的事，大家都不陌生。但隨著大陸的實力提升，這個經費只會增加，不會減少，而且效果可能還非常有限。

3.必須更向美國靠攏，但也提高了被美國拋棄的風險。兩岸對立，台灣絕對需要美國的支持。然而以現在的「中美關係」來看，兩岸對立並不是最好的選項，這一點由蔡英文二〇一二年及二〇一六年大選時兩岸政策的變化可以窺其奧妙。

4.經濟邊緣化的危機。台灣要參與區域經濟組織，大陸或許成事不足，但絕對敗事有餘。對其它國家而言，得罪大陸和得罪台灣之利害得失，算盤只要簡單一打，就可以知道答案。

5. 提高既存經濟關係的風險。兩岸經濟規模差異大，而台灣貿易順差又倚賴大陸，再加上大陸能承擔的風險比台灣高，兩岸對抗會增加台灣經濟成長的風險。兩岸現在的經濟關係，又與民進黨第一次執政時不同，因爲對立所產生的風險更高。

兩岸之間對立，對台灣的效益較有限，而且是視情況而變的（contingent）效益：

1. 內部危機感愈強，凝聚力愈強。這個效益隨時代不同而不同，也隨對立強度高低而變化，更與誰先挑釁有關。在過去兩蔣時代，效益較大，但隨著台灣民主化，效益隨之降低。何況，只有兩岸對立上升到一定程度時，才有可能這個效果，但那時也相對增加了其它的成本。

2. 台灣的戰略地位可能提高。這也得看情況而定，當中美關係較競爭時，適當的對立有助於提升戰略地位，例如在小布希政府的早期，但是一旦升高過度，則反而不利，例如二〇〇三年至二〇〇四年那一段時間，因爲美國可不想因爲台灣升高對立而被迫捲入與大陸的軍事衝突。

3. 展現台灣自決的決心。兩岸對立的主要基礎之一就是台灣的自主意識，尤其在國際事務上屢受大陸的阻撓，但這也要看台灣內部的情況爲例。就以〈反分裂法〉通過時爲例，雖然台灣民衆大部分持反對意見，但國民黨連戰主席訪問大陸的和平之旅依然得到大多數民眾的支持。

兩岸關係和緩，對台灣而言，也有成本：

1.大陸對台灣內部的影響力增強。這似乎是難以避免的現象。兩岸交流愈開放，大陸就愈有機會直接與台灣民眾接觸。例如「向下沉，往南走」的說法，就是要往更基層的民眾去交流，而且要往中南部走，因爲那是對大陸敵意較深的地區。

2.台灣經濟對大陸依賴的風險。關於這一點，很多人都提出警告。例如兩岸要簽署ECFA之前，呂秀蓮就警告說，台灣和中國之間的經濟整合將導致政治整合。她說，兩岸經濟合作架構協議的歷史意義，是爲中國企圖利用經濟整合達成政治統一的終極目標奠定基礎。[12]而希拉蕊在接受《商業周刊》專訪時也說：「如今的世界，我們都有某種程度的互依性，你們必須權衡到底要開放到什麼程度，以免失去經濟獨立。失去經濟獨立會影響你們政治獨立自主性。」[13]

最後是兩岸和緩對台灣的效益，大致而言有六項：

1.可以利用大陸發展來壯大自身。雖然兩岸關係不論對立與否，兩岸經貿都呈現成長趨勢，但在二〇〇八年前，兩岸之間離正常化、自由化、與制度化還有很大的距離。這種關係固然仍能維持台灣對大陸的出超，但在戰略布局上並無法展開更積極的作爲，

表 7-2　兩岸關係對立與和緩的成本效益

對大陸而言：

兩岸關係	成本	效益
對立	1. 失去台灣民心 2. 引起週邊疑慮 3. 中美關係緊張 4. 台灣愈向美國靠攏 5. 未來工具選項愈來愈少	1. 強化軍人的支持 2. 孤立台灣，台灣更加邊緣化
和緩	1. 和平演變 2. 台灣意識日漸成長的風險（所以不能放棄武力選項，並且要偶而展示） 3. 台灣愈來愈高的期待，尤其是在國際空間上，並進而到政治定位上	1. 可以建構更密切的兩岸經貿網絡 2. 增加可運用的工具選項 3. 可以強化對台灣內部政治的影響 4. 資源可以用在其它更迫切的內外挑戰上

對台灣而言：

兩岸關係	成本	效益
對立	1. 要投注更多經費於軍事上 2. 要投注更多經費於外交上 3. 必須更靠向美國，提高了被美國拋棄的風險 4. 經濟邊緣化的危機 5. 經濟依賴的風險更高	1. 內部危機感愈強，凝聚力愈強 2. 戰略地位提高 3. 展現台灣自決的決心
和緩	1. 大陸對台灣內部的影響力增強 2. 台灣經濟對大陸依賴的風險（如果沒有戰略）	1. 可以利用大陸發展來壯大自身 2. 軟實力的影響力 3. 可以專注於經濟發展 4. 可以管理兩岸交流：機制化 5. 更寬廣的國際空間 6. 走向制度之爭的可能性

使其效益更擴大、更持久。大陸是正在快速成長的經濟體，兩岸關係和緩，兩岸經濟可以走向正常化、自由化、與制度化，才能利用大陸發展來壯大自身的實力。

2.軟實力的影響力。兩岸交流，除了上層官員之外，觀光客與陸生的重要也愈來愈增多。這些交流讓大陸民眾可以親身台灣社會與大陸的不同，此即所謂基因策略的效果。

3.可以專注於經濟發展。當然，這個效益也要看台灣內部的政治而定。從馬總統的第二個任期來看，服貿到二〇一四年底都還無法通過，自由經濟示範區條例也躺在立法院超過一年的時間。但兩岸關係和緩，至少提供了一個台灣可以專注於經濟發展的機會，而且可以節省更多的外交以及軍事資源。

4.可以管理兩岸交流。兩岸之間的交流，已是無法阻擋的趨勢，而交流必然衍生問題。在對立時間，雙方無法建立機制來解決這些問題，然而一旦和緩，雙方就可以建立機制使交流更有秩序、更有效益。

5.更寬廣的國際空間。兩岸關係和緩的指標之一，就是大陸在國際事務上不像對立時期那樣，雙方不再互挖牆腳，也不必浪費外交資源。自從二〇〇八年以來，台灣已經連續七年以觀察員身份出席WHA，出席APEC的層級也提升到卸任副總統，並且首次參與了國際民航組織。

6.走向制度之爭的可能性。兩岸關係對立，只會導致更多的衝突，雙方也都陷入民族主義的動員之中，可以想見那將是兩岸的悲劇。兩岸關係和緩，雙方可以重新調整座標，導向制度之爭，尤其是台灣，更可以在這方面掌握主動性。

由表7-2可知，不論是對大陸或台灣而言，對立的成本都多於和緩的成本，而和緩的效益又多於成本的效益。因此，理論上，雙方都應該選擇和緩才是，然而，台灣是民主政體，台灣的選擇深深受到內部政治的制約，很難純粹理性的計算。

二、兩岸SWOT分析

對台灣未來而言，除了看成本效益之外，更重要的是戰略思考，才能因應大陸的崛起。SWOT分析，像一面鏡子，讓我們照照自己，也看看大陸。它可以讓我們更冷靜、更客觀地面對自己的優缺點，更坦誠地面對威脅，更積極地利用機會。這一節依據表7-1所列的的優勢、劣勢、威脅、與機會進行分析，由於是戰略觀點的分析，會先從機會著手，因爲這是將優勢轉化爲實力的戰略條件，其次再以台灣的優勢爲主，依情況將劣勢、威脅合併探討。

掌握機會之窗

表7-1列了六項機會，所謂的機會，是一種特定的時空條件組合，它給予台灣戰略機遇期，可藉之強化自身的實力，所以這是實力邏輯中非常重要的一部分。

1. 和平的兩岸關係

對於和平的兩岸關係，台灣不少人有三種迷思。第一種迷思認爲兩岸和平輕而易舉，根本不是困難的事。第二種迷思認爲兩岸和平可以長久維持下去，根本不必擔心兩岸會有戰爭風險。這也難怪，因爲台灣本島已有近七十年時間沒有戰火，金門、馬祖從一九七九年停止砲擊之後也沒有軍事衝突，像中東及其它地區的戰亂，根本不是台灣民眾所能想像。美國海軍戰爭學院副教授萊爾．戈爾茨坦（Lyle J. Goldstein）曾在《國家利益》雜誌上說：「大體來說，台灣從二〇〇八年來之所以沒上媒體頭版，唯一的理由就是馬英九大膽追求與大陸和解，急轉前兩任領袖的兩岸進程。此一具遠見的政策創造了八年平靜的歲月。只有不熟悉一九九七到二〇〇七海峽兩岸危險情境的人，才不會珍惜過去這幾年來的繁榮平靜。」[14]事實上，不少人對於一九九七到二〇〇七年之間的緊張情勢，也不認爲是什麼大不了的事。

第三種迷思是不知和平有三種：對抗性和平、僵滯性和平、與生產性和平，其中只有生產性和平才是機會。從二〇〇八年到二〇一六年，兩種不同的和平，何者有利，何者有害，不難做出判斷。

其實，和平的兩岸關係是果，一方面是國際關係結構的限制，另一方面是兩岸基於共同的戰略利益交集（發展優先邏輯）所造成的結果。大陸的崛起已經慢慢在改變國際關係的結構，亦即大陸的角色愈來愈重要，其影響力也愈來愈大。這是大陸實力邏輯的運作所促成的轉變，但這種轉變就像溫水煮青蛙一樣，台灣民眾的感受不是很深刻，甚至於不知不覺。

和平的兩岸關係，對台灣來說，就是時間，而時鐘滴答在響。生產性和平可以提供較長的戰略機遇期，而對抗性和平與僵滯性和平反而縮短台灣發展的時間，限制台灣活動的空間。台灣不能假設和平可以長長久久，以爲和平沒有代價；表面廉價的和平讓台灣不知珍惜時間，不知掌握機會，反而在長期的內耗之中，停步不前。

2.大陸經濟持續成長的潛力

改革開放三十年，大陸經濟成長的成就，有目共睹。儘管大陸經濟成長已碰到了結構性的挑戰，但這是成長蛻變必經之路，而且一旦蛻變成功之後，將產生更巨大的能量。麥肯錫全球研究院（MGI）深入大陸的產業進行調查，並在二〇一五年發表報告，認爲中國有可能從創新海綿，亦即從全球吸收與調整既有科技與知識，變成一個全球的創新領導者。[15]台灣這二十多來的經濟成長，與大陸密切相關，大陸未來的成長潛力，就是台灣要掌握的機會，事實上，也是全球都在競逐的機會。當然，台灣無法切斷與大陸的經貿關係，但思維上的進取或保守，會影響我們對機會的運用。俗話說，機會是給準備好的人，台灣究竟有沒有準備呢？

3.密切的兩岸經貿交流

從歷史看，兩岸的經貿交流不因政黨輪替而造成趨勢的變化，這是從量的角度來觀察，但從質的角度來看，又不一樣。

第一個不一樣，是政治帶來的不一樣。在民進黨執政時期，儘管兩岸經貿持續交流，但與國民黨二〇〇八年執政後情形比較，有本質上的差異：

（1）處理問題的機制：二〇〇八年以前沒有協議，當然也沒有處理問題的機制；國民黨政府則簽署了二十三項協議，爲兩岸經貿交流建立秩序以及溝通的機制。

（2）雙向的投資：二〇〇八年以前陸資不可能來台，總害怕這會是現代的「木馬屠城記」；開放陸資來台是二〇〇九年以後的事，兩岸從單向投資走向了雙向投資。

(3)更多的企業合作：除了行政院有搭橋專案外，兩岸不少企業也依自己的需要尋找合作夥伴，因此出現了不少策略性合作案例。當然，大陸來台入股一些產業，如封測、IC設計等等，也引起國人的憂心，擔心技術外流。

第二個不一樣，是發展帶來的不一樣。大陸經濟發展已歷經三十多年的時間，各項產業已逐步到位，從這個角度來看，兩岸經貿關係已有下列變化：

(1)從互補走向競爭：兩岸經貿接觸初期，台灣傳統產業到大陸發展，主要是利用大陸廉價的土地、勞力以及政策上的優惠；接下來的電子業到大陸，則形成了一個新的全球供應鍊；現在大陸各項產業均已具相當規模，與台灣競爭成份愈來愈多。

(2)依賴方向的改變：過去大陸依賴台灣的資金、與管理，但現在台灣對大陸的依賴（尤其是市場）遠甚於大陸對台灣的依賴。

(3)從非結構性關係進展到結構性關係：兩岸的經貿交流範圍，從過去小範圍到現在甚至於包括了金融領域。兩岸之間長期以來形成的複雜經貿網絡，已經無法逆轉，這是民進黨菁英都承認的事實。

為什麼說密切的兩岸經貿交流是機會呢？主要的立論有四：

(1)兩岸經濟發展程度雖在縮小之中，但仍有些許差距，而此一差距台灣應當善加利用。就以台積電爲例，在技術上以及營運制度上保持領先的情況下，可以將低一階的技術到大陸去發展。台灣的服務業也具有競爭力，也應該積極到大陸發展，創造機會。

（2）大陸仍只是發展中國家，經濟成長還有很大的空間，而大陸的成長就是台灣的機會。大陸的平均每人GDP只有七千多美元，服務業占比不到五成，中產階級的消費能力成長快速，而兩岸之間的經貿關係已結構化，更有近八萬家台商已在大陸發展，換言之，台灣應比其它國家更有條件來掌握此一機會。

（3）台灣本身規模小，經濟轉型如果能夠藉勢，可以更有效，更快速。大陸經濟正在轉型，台灣經濟也同樣非轉型不可，否則，大陸一旦轉型成功，而台灣依舊原地踏步，那將是台灣經濟的災難。經濟轉型如果能夠藉勢，利用大陸的市場或平台，那將更有效，更快速，尤其是生技產業、綠能產業、服務產業的發展。

（4）大陸仍是跨國企業的投資重點，而台灣是最好的橋樑。外資進入大陸，大部分仍然是著眼於內地的市場，而非出口。「外商直接投資總額中，大約只有四分之一是投資出口部門。剩下的七五％，是投資汽車、機械設備、化學、零售、房地產、能源等以國內市場爲主的產業。」[16]台灣應該利用目前兩岸經貿關係緊密的優勢，同時更積極地向世界與大陸開放，做爲二者之間的橋樑。這是一個三贏的策略，外資可降低風險，可減少適應大陸的學習曲線，台資企業可更為國際化，而大陸也因為投資的增加而促進經濟成長。

或許有人認為，大陸市場並不如想像中重要。[17]經濟學人曾在二〇一一年進行一項調查，報告顯示，目前中國對於大多跨國公司而言，仍是一個相對較小的市場，只有八%受訪者認為中國已是他們最大的市場，一七%的公司預計中國將在五年內成為其最大市場，還有二一%的公司認為這種情況會在五至十年內發生。中國遍地開花的家樂福超市主要營收仍在法國，二〇一一年其中國市場營收八十一點六九億歐元，還不到其全球總營收的一〇%。即便是幾乎在世界任何角落都能看到的可口可樂，中國市場的營收也只占其總營收的七%左右。[18]但這些跨國企業，早已是全球品牌，與台灣的情況迥異，台灣沒有這些優勢；台灣的企業固然也要走向全球，然而透過大陸或許才是捷徑。

4. 有信心的大陸

一個人有信心之後，才會有耐心。從過去的歷史來看，大陸愈沒有信心，兩岸衝突的程度愈高。信心來自於那裡？來自於實力，換言之，大陸這三十年多年的發展過程，國民所得大幅增加，國際地位大幅提升，這些都是信心的來源。就像前國台辦主任王毅在二〇一二年十八大召開前夕接受新華社專訪時所說：「我們的信心源於大陸自身實力的日益壯大和兩岸關係的不斷發展……我們的耐心基於對台灣問題的客觀分析……。對此，我們一方面要有清醒的認識，一方面也要保持應有的耐心。」[19]

信心是耐心的基礎，而耐心代表的就是時間，這正是台灣所最需要者。大陸愈有信心，對台灣也可能愈開放，對交流也會愈寬鬆。如果大陸沒有信心，又怎麼會開放其民衆到台灣來旅遊，學生到台灣來求學，而這些又是台灣可以發揮基因策略的前提。

然而，大陸現在是對自身實力仍有信心，卻對過去的政策效果開始動搖，因爲台獨意識並未因而降低，反而持續成長。結果，大陸的政策立場反變得更爲清晰與堅定。

5.面臨內外挑戰的大陸

大陸當前所面臨的內外挑戰，多且複雜，包括東海與南海的大國角力、國際角色扮演的困境、經濟結構的轉型、經濟成長的維持、民主化的挑戰、發展不均衡的陷阱等等，在第五章中已有說明。如果要論優先順序的話，內部問題第一，國際問題第二，兩岸問題第三，而且利用國際結構限制台灣，利用本身實力來壓制台灣。不過，一個和平穩定前進的兩岸關係，有利於大陸處理內部及國際問題，反之，一個製造麻煩的台灣，也會增加大陸處理其它問題的困擾。即使民進黨執政，大陸基本上仍然希望兩岸之間能在和平發展的道路上繼續前進；從另外一個角度來看，大陸之所以如此強調九二共識，以及所謂「地動山搖說」，其實也是期待延續二〇〇八年以後的兩岸關係。然而，台灣也不能因此誤以為可以再度一條尾巴搖兩隻狗，因為大陸的實力已非昔日吳下阿蒙。

6.大陸社會的轉變

從中共的角度來看，面臨各種內外挑戰，自然不希望台灣為其增加困擾。從改革開放以來，大陸社會一直在演變之中，雖然政治仍保有最後的控制力，但社會空間不斷在擴大。根據現代化理論，社會發展、民主化雖然不是線性發展，但彼此之間仍然是有關聯的。我們固然無法確知大陸民主化質變的時間點，但可以確信它必然到來。對台灣來說，一個由威權穩定過度到民主的大陸，將對兩岸關係有更正面的影響。

一個轉變中的社會，從微觀的角度來看，就是內部基因正在重組與轉變的過程。大陸一直擔心和平演變，我們相信，西方國家與中共交往，多多少少也希望大陸能夠發生和平演變，這個過程，其實就是基因改變或基因重組，固然外部與內部的政治力會有角力，但政治力無法完全控制過程。換言之，和平演變，未必是西方國家有意識操作的結果，也不是大陸可以全面阻攔，它是各種交流所必然衍生的現象。大陸社會演變事關台灣未來，在這個過程中，台灣又怎麼可以缺席！第二章中提到的基因改造策略，也就是從此一觀點出發，卻是站在更微觀的角度，也就是說，它需要時間，它需要量，它需要累積。就此而言，台灣應歡迎兩岸的各種人員交流，因爲人就是社會中的基因。

把優勢轉化爲實力

表7-1顯示台灣有七大優勢，而其中有些是與劣勢、威脅相關，如果劣勢不改善，優勢也無法發揮，例如政黨惡鬥、媒體與社會的意識型態化，會使台灣的民主政治優勢大打折扣；又例如台灣產業有競爭力，但如果不能化解紅色供應鍊的威脅，優勢也會消失。

1. 美國老大哥的支持

從過去到現在，美國對台灣的支持，一直是台海和平重要的保證，也是台灣發展的重要基礎。美國目前仍然是台海和平的重要因素，而且美國重返亞太的戰略，讓台灣的地位更形微妙。台海基本上是兩大一小的格局，美國的支持固然很重要，但如果台灣完全倒向美國，極易造成另一大的誤解，並不利於兩岸關係的發展。馬英九總統在二〇〇八年就職後採取「和中友日親美」的戰略，其中親美是三者的根本，因爲美國支持的重要性仍然高於大陸對台灣的善意，但因爲同時和中，促進兩岸之間的互信，創造了自一九九〇年代以來最具建設性的美中台三角關係。據傳馬英九的第二任期，曾有將「親美」改爲「重美」的說法，但畢竟這種改變極易引起誤解，並未實現。

蘇起稱台灣過去是一條尾巴搖兩條狗，包括李前總統、陳前總統、及馬前總統在內都是。所謂一條尾巴搖兩條狗，是指二大一小中，小的一方主動出招，然後二大再因應的現象。[20]這種說法，其實是因爲北京與華盛頓之間有矛盾，而台海問題又一時無解，因此給了台北操作的空間。但台北操作的空間大小，又決定於北京與華盛頓之間的關係與實力的變化。

美國重返亞太，台灣的戰略大環境發生變化，「過去美中日大國關係相對緩和的時候，台灣還比較容易『和中友日親美』。現在『三大』關係愈來愈緊張，台灣『難爲小』的困境就愈突出。最近全球爭議焦點的釣魚台及南海問題都與台灣直接相關。台灣因此更受到三方面的擠壓。」[21]對台灣而言，如何延長美國對台灣的支持時間，同時也延長兩岸和平的時間，不能有所偏廢，是最重要的戰略考量。從這個角度來檢驗，「和中友日親美」的戰略有其價值，也值得肯定。同樣的，如果此時台灣想再學陳前總統那樣的尾巴搖狗，恐怕結局會大不一樣。

這幾年來，歐巴馬政府在亞太地區表現得更爲積極，在東海強化與日本同盟，在南海與菲律賓、越南合作，在印度洋與印度展開國防合作。二〇一六年二月美國總統歐巴馬在加州和ASEAN領袖召開峰會，紐約時報認爲此次會議意在中國，該報引述美國東協商會總裁兼首席執行官費爾德曼（Alexander C. Feldman）的看法：「我認爲，歐巴馬政府的戰略是長期性的，該戰略體現了對亞洲的整體考慮，認識到東盟是亞洲的一個關鍵部分，而這往往沒有得到以前歷屆政府的足夠重視。自從歐巴馬組閣的第一天起，他們就在重視這個地區，他們認識到那裡才是爭奪亞洲未來的眞正戰場。」[22] 相信這也將是未來美國新政府的政策，而且美國學界也不少人認爲美國應加強在亞洲的存在。台灣總統候選人在選前都會跑美國一趟，媒體雖以「口試」或「面試」爲戲謔之詞，然雙方就兩岸政策坦誠交換意見，實爲建立互信的過程，也有利於美國對台灣繼續的支持（當然包括軍購在內）。然而，對台灣來說，問題比想像中複雜。

一般而言，美國愈重視亞太，台灣的籌碼價值就愈高，但中美關係才是關鍵。二〇一五年的巴黎峰會是自二〇〇九年哥本哈根會議失敗之後，再次召開的氣候峰會，這一次峰會總算達成協議。美國總統和國務卿都提到，北京願意與華盛頓建立工作夥伴是主要的關鍵。[23] 這也印證了學界一個普遍的看法，美國要處理一些全球性的問題，沒有中國的合作，幾乎不可能會有任何成果。對大陸來說，國內空氣污染問題嚴重，必須得積極處理，而藉這樣的機會，又可展示它在國際上負責任大國的形象，可謂一舉兩得。這一個趨勢，值得台灣警惕。換句話說，台灣籌碼價值增加，但不表示台灣可以像陳水扁執政時一樣，扮演麻煩製造者的角色，否則將成為美國或國際社會的負債。另一方面，台灣也必須小心如何避免中國大陸誤解台灣成為美國的馬前卒。這個尾巴，可不能任性搖擺了！

以當前情勢而言，東海及南海問題是對蔡英文政府的考驗，因為美中在兩個海域，尤其是南海，關係日趨緊，而雙方都對台灣有所期待。大選結束後，民進黨秘書長吳釗燮很快就赴美訪問，一月十九日並在CSIS演講，根據民進黨的新聞稿，他如此回答記者有關南海問題的提問：「民進黨政府不會放棄任何南海主權的主張，但呼籲所有聲索國皆應遵循《國際法》與《聯合國海洋法公約》來提出主張和立場，各方都有義務共同維護南海地區航行自由與飛越自由的權利，並以和平手段處理南海爭議。」[24]這個說法，反映了民進黨對已掌握這個問題的敏感度，但這只是剛開始而已，未來這將是決定兩岸關係的重要因素之一。

總而言之，蔡英文總統要如何處理美中台三角關係，其內外客觀環境比過去歷任總統都更為困難，挑戰更高，此外，在大陸實力不斷增強的情況下，美國老大哥支持的優勢能維持多久，更是台灣必須嚴肅思考的問題。

2.產業競爭力

台灣在這幾十年的經濟發展過程中，累積了不少老本，這些老本包括我們的財富，也包括我們的產業競爭力。[25]不過，這個優勢也正面臨來自大陸的威脅，因此戰略上必須一併思考。

兩岸經濟發展的過程，台灣比大陸早了三十年，因此當大陸改革開放時，剛好提供台灣傳統產業外移的契機，讓這些傳統產業在大陸找到了第二春。然而，大陸崛起的速度超乎預期，憑著市場優勢、後發優勢、體制優勢，已逐漸對台灣形成威脅。一方面，大陸內部正在進行結構調整或優化，台商面臨轉型升級的嚴峻挑戰。這幾年來，東莞的台商已減少了數千家，就是明證。另一方面，大陸在電子產業也開始挑戰台灣的地位，而且速度是愈來愈快。

對台灣最具優勢的電子產業來說，過去差不多五年的時間，可以用驚心動魄來形容，且舉幾個例子如下：

(1)**面板產業：**台灣的友達與奇美雙虎在發威時[26]，大陸的京東方才剛起步，還在慘淡經營，那時的京東方董事長對這個產業燒錢的速度都感到束手無策，一直想找策略夥伴合作，包括韓廠。如今京東方市值已超過一千億人民幣，而友達、群創兩個市值加起來，不到兩千億台幣，連京東方的一半都不到。在貨貿談判中，我方極力爭取將面板列入，但大陸始終不願開放面板產業，一方面大陸本身的產能已經過剩了，另一方面，恐怕也有逼壓友達、群創之意。

（2）**LED產業：**過去台灣晶電市值是大陸三安光電十倍大，如今反過來，三安光電市值五百九十億人民幣，晶電卻只剩下兩百四十五億台幣，不到三安光電的十分之一。二〇一五年四月初，中國金沙江創投砸下三十三億美元買下飛利浦旗下LED事業Lumileds與汽車照明事業，顯示大陸在這個產業布局的強烈企圖心。現在全球LED已出現產能過剩的現象，而台灣的市占率從二〇一三年開始已落後於大陸，而且差距在拉大之中。業界內人士估計，台廠未來兩年如果無法轉型成功，恐怕就得被淘汰。[27]

（3）**封測產業：**這是二〇一五年的產業大戲。大陸的封測產業隨著半導體產業的發展成長，但還在起步中。二〇一五年大陸的江蘇長電以小吃大，併購新加坡星科金朋，使其一躍成為第四大廠商。除此之外，大陸紫光亦在同一年底，計畫以總投資五百六十八億元取得台灣封測大廠矽品二四．九％股權，將日月光稀釋為第二大股東，另外又宣布以一百一十九點七億元取得台灣第四大封測廠南茂科技百分之二十五的股權。如果成功，紫光將成爲這兩個大廠的第一大股東，即使不參與經營，也必然能有所影響。

（4）觸控面板：截至二〇一六年初，大部分台灣上市的觸控面板企業每股市值已低於面值，TPK宸鴻曾是觸控板的閃亮巨星，股價也從千元跌至百元以下，如今市值已遠遠低於大陸的歐菲光電。

（5）IC設計：聯發科曾是兩岸IC設計的龍頭，然而，大陸展訊、銳迪科重組後，已成爲聯發科及高通之後，全球第三大手機晶片設計業者，而聯發科的股價似乎也回不去以前的榮景了。

（6）蘋果供應鏈：除了台積電、大立光尚未受到威脅外，大陸的瑞聲科技、歌爾聲學已打敗美律；觸控產業的歐菲光電已威脅宸鴻、洋華、介面，至於勝華，則已淘汰；包括電池模組在內，大陸也有競爭者，如德賽電池，已威脅到台灣的新普、順達科。十二月七日，台灣知名的電聲元件大廠美律發布重大訊息，宣布與中國大陸連接器大廠立訊精密簽訂認股協議書，增資後，立訊將成爲持股二五·四%的單一最大股東。而早在立訊入股美律之前，即以控股一〇〇%的香港聯滔電子名義拿到台灣上櫃公司宣德三〇·九五%的股權，讓一度陷入困境的宣德，股價上漲，公司也找到發展與出路。[28]

（7）品牌戰：宏碁（Acer）以及宏達電（HTC）曾經是台灣兩大全球性品牌：Acer

的筆電曾一度拿下全歐冠軍，二〇一〇年稅後淨利達一百五十一點一八億元，EPS五點五九元；宏達電股價曾在二〇一一年創下一千三百元天價。但幾年下來，大陸的聯想筆電以及華爲、小米手機已大幅超越，台灣這兩大品牌現在都爲生存而掙扎，失去了往日的光輝，何時再起，已成爲遙不可及的夢想。

中國大陸發展半導體產業，不論從產業發展、安全以及兩岸關係來看，皆有重大戰略意義。先看產業面，大陸已經是全球IC消費最大國，這也是張忠謀所說，台積電有很多客戶在大陸，所以不能不到大陸設廠服務當地的客戶。然而，「根據市調機構IC Insights預估，二〇一七年中國半導體市場將有七成至八成，仍仰賴進口。讓中國政府頭疼的是，前年，中國進口了兩千三百二十二億美元的IC。這金額，比中國購買石油的外匯還要高。」[29]另外，大陸也一直憂心進口的IC中晶片中被設置後門，藉此竊取機密數據、影響國家安全。再從兩岸關係來看，半導體產業在台灣已形成一個運作十分有效的聚落，具有很強的的競爭力，從這個角度來看，大陸的半導體產業並不足以威脅台灣。

這就是大陸不能不發展半導體的戰略原因。二〇一四年六月二十四日，北京政府發布〈國家積體電路產業發展推進綱要〉，設立領導小組、成立人民幣一千兩百億的國家產業基金、並加強金融支持，至於範圍，則涵蓋了整個半導體產業鍊，從IC設計—製造—封測—裝備／材料等。由此看來，大陸發展半導體產業或其它高科技產業，其實也像過去的台灣一樣，主要是由政府提供政策上的扶持，並引進外來的企業以及人才，才得以快速發展。不過，大陸政府的力道更爲強大，現在，爲了快速擴張，更積極推動全球併購或策略合作的策略。

大陸發展半導體產業的策略有三：(1)補貼：即透過政府政策以及財務上的支持，以提高其競爭力，過去的京東方即是藉此壯大；(2)併購：亦即透過股權收購來取得經營權、技術、或者是策略聯盟上的各種利益，清華紫光即是挾政府龐大資金來進行併購；(3)挖才：取得技術、管理能力，縮短學習曲線。這些策略，台灣感受深刻，才有所謂「紅潮來襲」之說，因爲台灣的半導體實力雄厚，人才多，而且就在大陸旁邊，對大陸最有吸引力。[30]

大陸最近這幾年積極以重金挖角台灣人才，例如聯發科手機部門的主管袁帝文、華亞科董事長高啓全等等，晶電高階技術人員更一口氣被挖角兩百多人。[31] 媒體報導，「過去五年來，台灣兩大面板廠友達、前奇美電子（現今爲群創）高階主管陸續到彼岸任職，有時甚至是一個拉一個，近幾年台廠到對岸工作的人數已高達數百人之譜。」[32]

最戲劇性的是奇美與群創合併時，原奇美電視事業部總處長陳宜立離職，卻被大陸TCL挖角，並在三個月內又找了近兩百人，到大陸開創了華星光電。[33]

大陸是一個龐大的經濟體，但又是發展中國家，和美國不一樣，她在發展的過程中，對台灣會構成很大的威脅。就像天下雜誌五五四期封面的標題所說：「複製你、超越你、取代你」，台灣會做的，大陸也幾乎都會做，有些甚至做得比台灣好。其實，產業競爭本來就是如此，重點根本不在於紅色供應鍊的崛起，而在於台灣有沒有因應之道。台灣應該利用大陸的成長，以合作的策略來創造價值，但同時也必須提昇自己的競爭力，讓自己能夠獲取較大的價值。個人認爲，優勢是有時間性的，效益隨著時間而遞減，當優勢不再是優勢，當然也沒有價值可言。台灣的電子產業，應當利用現在優勢，與大陸合作，同時也要在技術上不斷保持領先，才不致於落到被取代的命運。此外，像文創產業以及服務業，更需要大陸的市場，否則事倍功半，只會被淘汰而已。

面對來勢洶洶的大陸，有人曾嘆台灣陷入「一家公司在對抗一個政府的窘境」，[34]個人與創投及產業界一些人士討論台灣如何才能維持優勢，可以歸納出五個策略：

(1)領先策略：不論是科技產業或傳統產業，核心技術領先是關鍵中的關鍵。例如台灣某些紡織業者，以其技術仍能維持競爭優勢，無懼於大陸的成本優勢。台積電、大立光為什麼有信心，就是因為其技術大幅領先大陸，而且不斷地投入研發，以保持領先地位。日月光、矽品的高階封測技術，也是大陸覬覦的目標，然而就在二〇一五年十一月底，傳出了大陸半導體江蘇長電科技，已取得蘋果系統封裝（SiP）模組訂單的消息。最近，鴻海成功併購夏普，也有助於技術的領先。面對大陸的快馬加鞭，台灣應該將技術分級，與大陸採取不同的競合策略，才能維持台灣的競爭優勢，一味的封鎖，並非上策。

(2)關鍵策略：台灣應該將資源集中在一些高門檻的零組件生產上，做得比別人更好，甚至於做到別人做不到的特色，這樣的角色，放在全球供應鍊上，更能彰顯台灣之不可或缺。

(3)品牌策略：品牌策略適合在終端產品上。品牌的價值含量最高，但也最難創造，宏碁及宏達電的血淚歷程即是見證。但這也說明了，這並不是做不到的目標，韓國的三星、LG，已經成為全球品牌，大陸雖有國內品牌，但極少全球性的知名品牌。沒有好的品牌，就沒有吸引力，就是隨時可被取代，結果只能代工賺辛苦錢。在兩岸競爭中，台灣應思考創造品牌價值，尤其台灣製造在大陸仍有某種程度的信賴感，唯有如此，才有立於不敗之地的可能。

（4）新藍海策略，也可以說是創新策略：紅海是殺價市場，往往殺到血流成河，最後就是比口袋深，而台灣的口袋不見得比大陸深，比價格，那是自討苦吃。這也是早期到大陸投資的傳統產業的血淚史。台灣的電子產業曾經創造了台灣一段輝煌歲月，新的輝煌歲月，顯然需要新的產業來支撐，這需要戰略的眼光與規畫，就像當年推動半導體產業一樣。面對大陸，台灣需要聚焦在部分未來產業上，並且利用台灣創意人才，讓台灣經濟轉型，提升自己在供應鍊中的價值位置。

除了產業新藍海之外，台灣也必需開拓新的市場。以生技產業爲例，是面向全球的產業，就比較不受大陸市場的制約，值得台灣投入。此外，蔡英文所說的南向，亦是一個應該推動的方向，但這種策略並不容易在短期內見到效果，而且成功與否，與兩岸關係有密切關聯。

（5）結盟策略：台灣的半導體競爭優勢，除了個別企業之外，是一種整體的產業優勢，彼此不僅是聚落，更應是結盟的夥伴。[35]台灣半導體產業到大陸去投資，也應該有群聚效應的戰略布局，而非單打獨鬥。所謂結盟，除了台灣企業的結盟之外，對象更應擴及全球大企業或引進跨國投資者，換言之，台灣企業既是外國企業進入大陸的橋樑，同時本身也轉型爲跨國企業。

大陸是競爭對手，但從另一個角度來看，台灣也可以透過和大陸合作，彼此利用各自優勢，來共同創造新的產業契機。就如友達董事長彭雙浪所說，大陸面板業起步較台灣晚十年，很多技術專利並未掌握，因此，兩岸合作，亦即大陸電視品牌使用擁有多項專利的台灣面板，共同進軍全球市場，可避免電視外銷時遇到專利糾紛。[36]

這些策略並無太多新意，真正的問題是這些策略如何能夠落實，否則都只是紙上談兵。除了產業界自身外，政府又應該扮演什麼樣的角色？從過去台灣發展的經驗來看，人才與制度是兩個重要的因素，而制度更是根本。不論是要技術領先、保持關鍵地位、或尋找藍海，靠的都是人才。但日前產業界已指出台灣現在的五缺中，其中一項就是人才。

人才危機來自於兩方面：一是外部吸力大於內部拉力，也就是人才外流；一是人才培育與經濟戰略脫鉤。這兩方面都與制度有關。留不住人才，因爲誘因低，就這麼簡單。台灣還只是中高所得國家，如何追求公義而不喪失誘因，是制度上的大課題。過去的台灣經濟奇蹟，與強大的誘因體系有很大的關係。然而，過去幾年，社會爲了租稅公平，結果將員工分紅辦法、按照票面額課稅、鼓勵研發減稅、現金投資抵稅等等激勵措施完全改掉，其結果就是造成台灣失落的十五年。所謂「不患寡而患不均」，結果是薪資不成長，最後就可能走向均貧。

蔡英文當選總統後提到未來五大重點產業以及南向政策，但產業板塊的移動、新聚落的建構、新營運平台的成立、乃至新市場掠奪，都要靠人才去執行，這些都需要十年以上長時間的培養。尤其是教育體制，更要配合產業發展來布局。但我們看台灣這二十年來，普設大學，而社會科學竟然增加得比自然科學還要多，造成國家發展與教育的失衡現象。[37]

就像 Jim Collins 所說，先找到對的人，自然就會有好策略。對的人，就是人才，不論誰主政，都應把人才問題列為優先問題。

3.綿密的國際經貿網絡

台灣在一九七〇年代以後所創造的經濟奇蹟，除了耀眼的電子產業之外，在貿易上所發展出來的綿密經貿網絡，更是台灣重要的資產。台灣很早就融入世界資本主義的經濟體系，早期台商拿著〇〇七手提箱開拓全球市場的形象，說明台灣與世界的關係。大陸改革開放初期，對世界市場並不熟悉，台商的進入，多多少少幫助大陸的產業慢慢與國際接軌。

特別值得一提的是，台灣在開放的過程中，引進不少外資，很多著名企業，如台積電，雖然是台灣人在經營，但外資已占絕大多數，占了七成以上，又如聯發科，外資持股也超過五成，鴻海接近五成，友達接近四成。換句話說，這些企業設在台灣，但從所有權角度來看已是跨國企業。換言之，台灣透過貿易與外資，與全球緊密的聯結在一起，可以稱之爲網絡力。

網絡力的強弱，有兩個面向，一個面向是廣度，也就是看網絡線也有多少而定，另一個面向是強度，就是每一條網絡線所能創造的價值有多大。在台灣經濟發展過程中，網絡力不斷在強化，一直到中共也加入世界經濟體系之後，新增了一個重要的變數。個人認爲，台灣只有加強與大陸的網絡，才會同時強化台灣與世界的網絡，一旦台灣弱化與大陸的網絡，也會同時弱化台灣與世界的網絡。如果從FTA的角度來看，台灣也應該多管齊下，才能創造更高的價值。

再從另外一個角度來思考，蔡英文所說，台灣應該與世界一起走進大陸，也有其道理。台灣的優勢在於對兩個市場的熟悉度，不少外商都對大陸是既期待又怕受傷害；與台灣攜手一起進入大陸，應可降低風險。換言之，台灣應該自己變成一個高度開放的經濟體，此時大陸面對的台灣，將不是一個單純的台灣，而是有著千絲萬縷國際與兩岸網絡的台灣。

4.人民素質高

一個社會文明的改變，基本上就是人民素質的提升，而這不是短期可以達到的目標。人民素質是很抽象的概念，但在生活中，點點滴滴皆是，例如排隊有耐心、待人接物講禮貌、公共場合說話輕聲細語、路上不見垃圾與狗屎、熱心指引陌生人問路、拾金不昧等等。來台灣旅遊的大陸民眾對台灣最好的印象大概就是人了，因此有雜誌說，台灣最美的風景是人。這也是台灣幾代人的教育與開放，慢慢蛻變而成。

台灣人民素質高，但還未達到讓人羨慕甚至於尊敬的地步，不僅不值得我們驕傲，甚至於應該自我警惕。我們應該問一下自己，人民素質高究竟有多少反映在台灣的進步上呢？二〇一五年《遠見雜誌》與北京、香港、新加坡的合作者共同進行了一項「兩岸四地華人社會進步指標調查」，共九項指標：政府施政、國會效率、媒體可信度、人才供需、社會秩序、企業責任、世代信任、市場反應、及貧富分配。其中一個問題是「你認爲整體社會最進步、表現最好的是何地？」答案可能與大家所預期的不太一樣。由表7-3可看出，在四地民眾的回答中，新加坡都是表現最好的地方，而台灣除了自認爲比香港好之外，其餘都墊底。中國大陸都自認爲自己表現勝於台灣，而台灣自己給新加坡最高分數，也認爲中國大陸優於自己，而把香港排最後。

表 7-3　整體社會最進步、表現最好的是何地？

表現＼回答	新加坡	中國大陸	香港	台灣
新加坡	47.8%	43.5%	5.3%	2.7%
中國大陸	54.8%	13.5%	22.8%	8.9%
香港	59.2%	12.1%	9.2%	13.0%
台灣	67.8%	15.3%	4.0%	9.0%

資料來源：參考高宜凡，〈四地華人互評誰最進步？新加坡稱冠，大陸躍第二〉，《遠見雜誌》354 期，2015 年 12 月，頁 81。

至於九項指標，新加坡有五項第一，包括政府施政、國會效率、媒體可信度、人才供需、貧富分配；大陸有四項稱霸，包括企業責任、社會秩序、世代信任、市場反應；香港有兩項居末，包括社會秩序及世代信任，而台灣在其它七項則全部墊底。（參考表7-4）[38]

這個落差要如何解釋？尤其台灣竟然落後於大陸，實在令人感到驚訝。個人認爲，台灣人的素質仍優於大陸，但台灣這幾年來沒有讓人有進步的感覺，尤其相較於新加坡與大陸。這個落差一方面在於台灣人的素質無法反映到制度面上，而這正是帶動社會進步最重要的機制；另一方面則是台灣社會瀰漫著不滿的氣息，政治充滿了對立的氣氛，因此看自己是愈看愈不順眼，這一點從政府施政及貧富分配二者分數最低，可見一斑。這是一個「自怨自

表 7-4

A 中國大陸稱霸四項，企業責任、社會秩序拿高分

排名	評分指標	平均分數（0-10）
1	政府施政	7.24 分
2	**企業責任**	**6.79 分**
3	**社會秩序**	**6.57 分**
4	媒體可信度	6.57 分
5	**世代信任**	**6.54 分**
6	人才供需	6.39 分
7	國會效率	6.23 分
8	市場反應	6.19 分
9	貧富分配	5.07 分

B 新加坡五項第一，政府施政、國會效率獲好評

排名	評分指標	平均分數（0-10）
1	**政府施政**	**7.78 分**
2	**國會效率**	**7.26 分**
3	**媒體可信度**	**6.87 分**
4	**人才供需**	**6.57 分**
5	社會秩序	6.45 分
6	企業責任	6.44 分
7	世代信任	6.37 分
8	市場反應	6.14 分
9	貧富分配	6.11 分

C 香港兩項居末，社會秩序、世代信任受質疑

排名	評分指標	平均分數（0-10）
1	媒體可信度	5.29 分
2	市場反應	4.82 分
3	企業責任	4.65 分
4	**社會秩序**	**4.59 分**
5	**世代信任**	**4.57 分**
6	政府施政	4.37 分
7	貧富分配	4.22 分
8	人才供需	4.10 分
9	國會效率	3.87 分

D 台灣七項墊底，最不滿政府施政、貧富分配

排名	評分指標	平均分數（0-10）
1	社會秩序	4.90 分
2	世代信任	4.80 分
3	**市場反應**	**4.57 分**
4	**企業責任**	**4.39 分**
5	**媒體可信度**	**4.03 分**
6	**人才供需**	**3.78 分**
7	**國會效率**	**3.56 分**
8	**政府施政**	**3.52 分**
9	**貧富分配**	**3.18 分**

注：表 A 與表 B 粗體為四地華人調查中分數最高；表 C 與表 D 粗體為四地華人調查中分數最低

資料來源：同表 7-3

艾」的陷阱，台灣似已深陷其中而不知如何自拔。

台灣人的素質，這一項優勢，因爲少了制度機制，難以盡情展現其風華，更因爲「自怨自艾」陷阱，而在弱化之中。「個人才能在社會每個層面都很重要，但仍然需要一個制度架構來將它轉換成有用的力量。」[39]當然，台灣人的素質也有缺陷，例如台灣在發展的過程中，已養成了不自覺的看上不看下的歧視心理。台灣人也很容易走向集體主義，看每一個人，就先看他頭上那一頂帽子，他是西方人，他是中國人，他是外勞等等。金髮白皮膚，另眼相待；黑髮深皮膚，也是另眼相待。再加上，台灣對大陸的恐懼與仇恨，扭曲了台灣社會應有的樸質。其實，即使是美國社會，也難免有極右的力量，例如當巴黎恐怖事件發生後，爭取美國共和黨總統提名的參選人Donald Trump，竟然發言要限制穆斯林入境，這種思維，與台灣一些人對陸生或陸配的思維如出一轍。

台灣需要培養一種自我反省的文化與能力，這是知識分子、公民團體的責任，但台灣又有多少知識分子及公民團體能跳脫藍綠的染缸？

5.民主自由的社會

台灣與大陸最大的差別，恐怕就在於以民主自由制度爲核心的生活方式。在全世界華人社會中，台灣是最民主的地方，這一點，讓台灣站上了前所未有的道德高度。但民主畢竟是舶來品，中華文化中少了民主文化（包括哲學）的元素，台灣在移植的過程，很容易只看到花與葉，卻不知扎根護根更爲重要。民主不只是制度的形式面向而已，民主還有制度運作的品質面向，或者說，世界上有很多的民主國家，但民主的品質參差不一，何況民主本身也不是萬靈丹。

西方不少知識分子也批評西方民主的一些弊病，因此有學者把民主政治視爲一個沒有止境的，不斷追求完善的過程。以台灣而論，人民享有憲法保障的充分自由，包括言論、集會、結社、宗教等等，這些是民主政治的根本；此外，從地方到中央，行政首長及民意代表皆需經過定期選舉產生；當然，台灣有不少的政黨可供人民選擇。然而，台灣的民主品質如何？

檢驗民主的品質，有幾個標準：(1)民主制度是否能夠一方面容忍多元，另一方面又能解決衝突；(2)公民社會的強度；(3)政黨競爭；(4)媒體的角色。從這四個標準來看，台灣民主的品質是不及格的。

民主是台灣的驕傲，這句話大家常掛在嘴上，卻誤了台灣的未來。台灣民衆深陷兩岸陷阱，在恐懼感、失落感之下，特別喜歡拿台灣的民主和大陸的威權來對比。這種對比，把大陸視爲魔鬼的化身，並且讓台灣自我感覺良好，而忘了認眞反省自己民主的缺陷。台灣已具有民主的形式，但台灣的民主制度是否能夠一方面容忍多元，另一方面又能解決衝突呢？

個人觀察台灣民主化的過程，因爲權力的鬥爭，「正義」往往被絕對化，議題也被道德化，結果對於不同的意見，往往難以容忍，也使得彼此無法對話與溝通。國民黨執政這八年提供了最好的例子，在立法院擁有絕對的多數，卻無法推動重大的政策，甚至於出現太陽花、拆政府和反課綱運動。民主的形式與價值之間，似乎有著遙遠的距離，而這個距離註定了台灣民主難以展現它迷人的魅力。這種問題，不是政黨輪替就能解決，因爲政黨本身就是問題的來源。

其次，公民社會也關乎民主的品質。「公民社會」是最近幾年的流行語，尤其是洪仲丘事件後，公民社會之說更甚囂塵上。然而，我們只要問幾個問題，就可以了解台灣距離公民社會有多遠：(1)台灣有多少獨立於藍綠之外的空間？看看學界、媒體界、社團，非藍即綠，只是有些掩飾，有些不掩飾而已！公民社會的特徵在於其價值性與自主性，既不容政治之手干涉，也不會自甘墮落，淪爲政治的旗手或打手，從這個角度來看，至少我個人認爲，台灣是不及格的。(2)民主價值受到多少重視？有民主，不一定有公民社會，而對民主的價值認識有多深，有多重視，則是公民社會誕生的一個要件。理盲而濫情的民粹，是公民社會的殺手，而台灣似乎不缺這些殺手。

民主政治是政黨政治，政黨怎麼競爭，乃至於政黨的結構，與民主的品質是連體嬰。在台灣經常聽到「政黨惡鬥」這四個字，也就是說為反對而反對，甚至為達目的不擇手段的意思。其實，政黨之間本來就是以競爭為主，但競爭和惡鬥有什麼差別？第一個差別，競爭是依據遊戲規則，惡鬥是不遵守遊戲規則，要小動作。第二個差別，競爭是內部矛盾，惡鬥是敵我矛盾，那是要鬥臭鬥垮。例如「外來政權」、「流亡政府」、「國民黨不倒，台灣不會好」這樣的話，其實帶有強烈的敵我色彩，等於是欲除之而後快，這種心態下的競爭，沒有道德可言，自然就淪為惡鬥了。

媒體是民主的第四權，它不只是監督政府，它更是民眾資訊的來源，也引導民眾對事件的看法。民主品質的好壞，媒體的角色可能影響最大，因為連政黨都對之敬畏三分。台灣媒體因為兩個「過度」，不僅自陷泥淖，也讓民主沉淪：一是過度意識型態，一是過度競爭。過度意識型態，於是將媒體視為工具，或者將評論夾雜於新聞之中，或者偏頗報導，又或者製造假新聞。過度競爭，於是走向低俗化、瑣碎化、廉價化。在台灣，最多的是監視器新聞、街道新聞、抄襲新聞，而且不斷重播。最近有一些新興媒體誕生，像風傳媒、端傳媒、報導者等等，主要是由一些不滿媒體現狀的資深媒體人負責經營，不論他們是否能刺激現有媒體，是否能帶來質的提升，但至少提供了閱聽大衆一個不一樣的選擇。

當初報導美國水門案而讓尼克森下台的《華盛頓郵報》記者，現在卻說：「傳統的新聞讀者期望報紙帶給他們正確的報導，但我想如今這種期望和需要已經愈來愈少了。太多的讀者、評論者想要的並不是最好版本的眞相，而只是想要強化他們自己的認知、偏見與意識形態，只是想要爽。」[40]由此看來，媒體的變化，美國與台灣只是五十步與百步之差而已。但這不是藉口，幸好我們已看到一些新媒體的努力，但這些努力如果沒有與民衆形成良性循環，終究還是要付諸流水，徒留嘆息而已！

6. 創意無窮

在自由多元的社會中，創意更有發揮的天地。一般人在比較兩岸的差異時，總認爲台灣的環境讓年輕人更有創意，一些朋友在比較陸生與台生時，往往也有類似的印象。這種說法大體而言是正確的，在媒體上經常可以看到台灣在國際各種創意以及發明的競賽上有非常耀眼的表現。老實說，這或多或少是台灣人對於在國際上出人頭地的心理期望的反射。但我們只要問幾個問題，就可以了解台灣或許有創意上的優勢，卻幾乎沒有發揮：(1)爲什麼台灣的產業還是以代工爲主，沒有什麼自主品牌？(2)爲什麼大部分是外國公司告台灣侵權，而很少台灣公司告外國侵權？（3）有多少的台灣創意或發明轉變爲大商機？

以個別公司在美國申請專利數來看，排名前五十名的公司中，台灣只有兩家，鴻海排第十八名，台積電排第二十三名，而南韓就有五家，其中三星就排第二，至於美國和日本，各有十九家和十八家，大陸則只有一家，排第四十八。[41] 根據聯合國的世界智財權組織（World Intellectual Property Organization）在二〇一五年底出版的世界智財權指標，中國大陸在二〇一四年申請的專利件數，有九十二萬八千一百七十七件，超過美國與日本的總和，顯然大陸在這方面的努力，也不容我們等閒視之。[42]

北美智權公司有一份報告指出：「在高科技產業，專利是少數可靠及一般常被用來衡量國家整體競爭力的指標之一，而且也是問題的關鍵。隨著高科技製造業和創新移向中國，台灣必須開拓它在全球經濟中的利基角色。台灣能否成爲一個金融貿易中心，如香港一樣嗎？還是一個研發創新智囊團，如日本？或是發展經濟服務，如新加坡？還是台灣應該繼續在高科技產業發展？根據這些數據資料，如果情況得不到改善或改變，長遠來看，繼續在高科技產業發展，未必是最好的決定。」[43]

台灣的條件比新加坡和香港好，本來就可以兼而有之，更何況台灣還有他們所沒有的高科技產業基礎。台灣有很好的環境，讓創意發揮，但不論是在高科技產業或者是其它產業，這些創意或發明，最終還是要仰賴市場，而大陸不僅是一個我們不能忽略的市場，更是我們應該善加利用的市場。台灣在專利上雖還領先於大陸，但已經遠遠落後於南韓。台灣已經有很好的電子產業基礎，不可能放棄這一個產業，但如果不急起直追，只怕都會被大陸趕上了。

除此之外，台灣在文創以及生物科技的領域也有優勢，但這兩個產業的發展，市場大小是關鍵因素，台灣如果不結合這個優勢，文創產業就只能是小雜貨店式的規模而已！

7.公益文化

要說台灣風景之美，少不了公益文化。從早期一些行善團的造橋鋪路，到現在形形色色的公益團體，可以說遍布全台灣，成爲台灣的一個特色。每逢兩岸有災難時，台灣人與台灣企業的捐款總讓人動容，甚至於大陸人都受到感動。曾有幾次接待幾位大陸人士，他們特地專程來參訪台灣某佛教界的法師，我問他們爲什麼，大陸不是也有很多寺廟嗎？他們說曾看到台灣法師講經的節目，感覺不一樣，所以特別來台灣參訪。他們話說得含蓄，但聽得出來其中含義。大陸人常說，在台灣讓人感受到眞正的中華文化，佛教也是一樣。個人雖然也參訪了不少大陸名寺，但多數只聞到商業味，甚至於有招搖撞騙之徒。

公益社會的根源在於人與人之間的信任與關懷，這是台灣最寶貴的社會資本。公益社會多多少少可以彌補政府之不足以及救資本主義之弊，公益社會愈強，代表這個社會的關懷指數愈高，生活在這樣的社會，當然也比較幸福。關懷，本來是沒有界線的，但在台灣，只要碰到兩岸，即使是關懷，也會扭曲。這種扭曲，或許只是小部分人的心理障礙，但透過媒體的報導，反而造成不合比例的效果。一群來台灣短期參訪的學生對我說，他們來台灣的第一印象就是人與人之間的信任程度高，不冷漠，樂於幫助他人，這是他們在大陸感受不到的社會特質。這樣的印象，相信不會只存在他們的心理而已，必然會不斷發酵，進而產生更大的效果。其實，不管兩岸如何，不斷提高台灣的關懷指數、信任指數、幸福指數，讓台灣成爲人人嚮往的生活勝地，不就是我們自己應該追求的目標嗎！

三、結語：台灣可以更好！

大陸的實力，不論是軍事實力、經濟實力、以及形勢實力，都在增強之中，第五章以及第六章已有詳細說明。兩岸實力差距愈大，台灣選擇空間就愈小，這是台灣最大的挑戰。台灣和大陸不能比軍事、經濟及形勢實力，只能從軟實力、關鍵力、網絡力來著手，最後產生綜合的吸引力，這就是兩岸的吸引力賽局。然而，無論如何，實力的前提來自於團結，以色列是台灣最好的一面鏡子。「『眞正的敵人』並不是在台灣……如果『僅僅兩千三百萬人』的國民無法團結一心，台灣將不會有未來」[44]。這是日本人給我們的忠告，或許逆耳，卻一針見血。

走筆至此，該論述的已論述。一位好友看了初稿，笑說這是一本藍綠紅都不討喜的書。如果眞是這樣，心中倒是放下一塊石頭。寫這本書時，心中本來就沒有顏色，因爲有了顏色，就會失眞，甚至於扭曲，這是個人極力避免的事。沒有顏色並不難，因爲顏色不是我的終極關懷，我相信，人文的精神不僅可以消弭界線，也可以超越顏色。下筆時，我常提醒自己不要筆端常帶感情，因爲心中本來就期待讀者能用冷靜的眼光來看問題。

這幾年的時間，一眼看著台灣，一眼看著大陸，心中充滿著憂慮。台灣，就像一個叛逆的青春少年，很浪漫，卻又徬徨，也不知天高地厚，總想證明自己的存在。而大陸，就像一個沒有信心的暴發戶，它害怕失去，擔心被人瞧不起，同樣也想證明自己的存在。這樣的兩岸，暗藏危機。然而，台灣和大陸都忘了，自己可以更好，也都不知道怎麼讓自己更好。

台灣可以更好，但要變得更好，只有一條路。這一條路要用三個元素來鋪造：團結、大格局、大戰略，而團結是根本。沒有團結的台灣，不可能形成大格局，也不可能有大戰略，結果只能注重當下，短線操作，大家走一步算一步。

常有人稱台灣經濟為「淺碟經濟」，很容易受到外界影響而波動。但台灣何止經濟淺碟，政治與社會又何嘗不是！淺碟經濟只是表象，眞正淺碟的是人心。淺碟，它的眞正意義在於斷裂，只有現在，沒有過去，也沒有未來，因此很容易浮動，沒有信心，易受影響。台灣好像融會了各國文化的特色，但好像都沒有學到精髓。就以民主而言，似乎只學到了「用」，沒學到「體」，因此難免荒腔走板。不過，只要有統獨爭議的一天，台灣就難有團結的一天；一個被統獨綁架的台灣，如何回頭看看自己，問問自己，到底我們要追求什麼樣的社會。沒有深刻地進行哲學的探討，台灣就找不到自己的安身立命之基。綠社盟和時代力量同為最近崛起的團體，但在二〇一六年大選，綠社盟的得票率卻遠遠不如時代力量，這個結果，反映的就是台灣社會的淺碟性。

團結，不是只有一種聲音，而是能夠「尊重」不同的意見，因為這是對話的第一步，是深刻哲學探討的基礎。再說下去，就是囉嗦了。我不會說天佑台灣，因爲只有台灣才能保佑自己，一切就看有多少人覺醒了。

1 Thomas J. Christensen, The China Challenge, p. 288.

2 吳介民、廖美，〈被統一的張力〉，《自由時報》電子報，二〇一五年十月十九日。http://talk.ltn.com.tw/article/paper/924910

3 賴昭穎、郭瓊俐，〈蔡英文：中華民國憲政體制下推動兩岸關係〉，聯合新聞網，二〇一五年六月五日。

4 夏黎明，〈一刀兩刃：台灣民族主義的確立與危機〉，《文化研究月報》，二〇〇四年四月十五日。http://in.ncu.edu.tw/csa/oldjournal/37/journal_park310.htm

5 Thomas J. Christensen, The China Challenge, p.40.

6 白馥萍，〈圖說「中國製造二〇二五」——不可不知的十年製造業轉型大計〉，風傳媒，二〇一五年五月三十日。http://www.storm.mg/article/51258

7 國務院，〈國務院關於印發「中國製造二〇二五」的通知〉，《國發》二十八號，二〇一五年五月八日。

8 譚瑾瑜，〈台灣工業四·〇因應「中國製造二〇二五」的關鍵〉，國政評論，二〇一五年五月二十八日。http://www.npf.org.tw/1/15075

9 趙曉慧，〈馬凱語出驚人：「台灣經濟不是悲觀而已　而是崩潰！」〉鉅亨網，二〇一五年十一月二十三日。http://news.cnyes.com/20151123/20151123101139457692310.shtml

10 張建中，〈台積電送件申請赴南京設十二吋廠〉，中央社，二〇一五年十二月七日。http://www.cna.com.tw/news/firstnews/201512070192-1.aspx

11 白馥萍，〈圖說「中國製造二〇二五」——不可不知的十年製造業轉型大計〉。

12 "Lu Urges Close Scrutiny of China's Political Motives," Taipei Times, July 15, 2010.

13 《商業周刊》，二〇一四年六月。

14 Lyle J. Goldstein, How China Sees the Risky Path Ahead With Taiwan, The National Interest, December 28, 2015. http://nationalinterest.org/feature/how-china-sees-the-risky-path-ahead-taiwan-14739

15 Erik Roth, Jeongmin Seong, and Jonathan Woetzel, Gauging the strength of Chinese innovation, Mckinsey Quarterly, Oct, 2015. http://www.mckinsey.com/business-functions/strategy-and-corporate-finance/our-insights/gauging-the-strength-of-chinese-innovation

16 安德森，〈跨國企業在中國的真正目的〉，《天下雜誌》三五八期，二〇一一年四月十四日。

17 顏丹，〈跨國公司有多依賴中國?〉，《大紀元》，二〇一二年五月十七日。

18 趙磊、周洲，〈外企掀起退出中國潮　業內稱企業高利潤日子不復返〉，原載《中國經濟周刊》，引自搜狐財經，二〇一二年二月七日。

19 中評社，〈王毅：在台灣問題上我們具備決心信心和耐心〉，二〇一二年十月二十四日。http://chinatw.tw/doc/1022/7/8/5/102278507.html?coluid=145&kindid=5332&docid=102278507

20 蘇起，〈馬政府時期兩岸關係的概況與展望〉，見蘇起、童振源主編，《兩岸關係的機遇與挑戰》，台北：五南，二〇一三年，頁一九。

21 蘇起，〈不知不覺的台灣〉，聯合新聞網，二〇一三年十二月十三日。http://paper.udn.com/

udnpaper/PID0030/249692/web/

22 Joe Cochrane，〈美國主辦峰會，拉攏東盟與中國抗衡〉，《紐約時報》中文網，二〇一六年二月十四日。http://cn.nytimes.com/usa/20160214/c14asean/zh-hant

23 Julie Makinen, Chris Megerian, China, U.S. relationship key in climate agreement, Los Angeles Times, Dec. 14, 2015.

24〈吳釗燮秘書長選後赴美演說，分析勝選因素並展望執政藍圖〉，民進黨二〇一六年一月二十日新聞稿。

25 再怎麼說，台灣的競爭力仍然不錯，IMD 2014 年評比為第十三名，WEF 2014-2015 排名為第十四名。

26 奇美後來與群創於二〇〇九年合併，以群創為存續公司。

27 韓婷婷，〈紅潮狂襲ＬＥＤ　台廠奮戰紅海求生〉，中央社，二〇一五年六月二十一日。http://www.cna.com.tw/topic/newstopic/628-1/201506215010-1.aspx

28 謝金河，〈宏達電崩壞是台灣產業縮影〉，《蘋果日報》，二〇一五年六月十三日。

29 王曉玟，〈狠砸千億　中國扶植「陸版台積電」〉，《天下雜誌》，二〇一四年八月十九日。http://www.cw.com.tw/article/article.action?id=5060461

30 謝金河，〈謎樣紫光集團　董監事竟零持股〉，聯合新聞網，二〇一五年十二月十六日。

31 謝金河，〈中國買台灣真的很便宜〉，《蘋果日報》，二〇一五年十月十七日。

32 潘智義、張均懋，〈面板不怕紅潮來擋 技術專利是利器〉，中央社，二〇一五年六月二十九日。http://www.cna.com.tw/news/ait/201506270028-1.aspx

33〈深入兩岸現場，剖析面板、太陽能、ＬＥＤ三大產業的致命搏鬥〉，《商業周刊》，二〇一二年五月三十一日。

http://bw.businessweekly.com.tw/press/content.php?id=17052

34 謝金河，〈宏達電崩壞是台灣產業縮影〉，《蘋果日報》，二〇一五年六月十三日。

35 同注27。

36 同注32。

37 林庭瑤，〈薛承泰：台灣未來十年迴避不了四大危機〉，《聯合報》，二〇一五年九月三日。

38 高宜凡，〈四地華人互評誰最進步？新加坡稱冠，大陸躍第二〉，《遠見雜誌》三五四期，二〇一五年十二月，頁八二—八三。

39 戴倫．艾塞默魯（Daron Acemoglu）、詹姆斯．羅賓森（James. A. Robinson）著，《國家為什麼會失敗》（*Why Nations Fail*），吳國卿、鄧伯宸譯，新北市：衛城，二〇一三年，頁六七。

40 引自張士達，〈真相演化論：相隔三十九年的兩個勞勃瑞福〉，報導者，二〇一五年十二月二十八日。https://www.twreporter.org/a/opinion-movie-truth

41 IFI CLAIMS® 2014 Top 50 US Patent Assignees. http://www.ificlaims.com/index.php?page=misc_top_50_2014

42 WIPO, Global Patent Filings Rise in 2014 for Fifth Straight Year; China Driving Growth, Press Release, Geneva, December 14, 2015. http://www.wipo.int/pressroom/en/articles/2015/article_0016.html

43 張杰夫，〈從台灣的美國專利表現看台灣競爭力〉。http://tw.naipo.com/Portals/1/web_tw/Knowledge_Center/Application/publish-60.htm

44 近藤大介，《台灣的兩面鏡子》，頁二九一。

社會人文 BGB432

走兩岸鋼索

國家圖書館出版品預行編目 (CIP) 資料

走兩岸鋼索 / 馬紹章著 . -- 第一版 .
-- 臺北市 : 遠見天下文化 , 2016.06
面 ;　公分 . -- (社會人文 ;
BGB432)
ISBN 978-986-479-022-7(精裝)

1. 兩岸關係 2. 臺灣政治 3. 文集

573.09　　105010388

作者——馬紹章

事業群發行人／CEO／總編輯——王力行
資深行政副總編輯——吳佩穎
責任編輯——黃怡瑗（特約）、陳宣妙
封面設計——江孟達

出版者——遠見天下文化出版股份有限公司
創辦人——高希均、王力行
遠見．天下文化．事業群　董事長——高希均
事業群發行人／CEO——王力行
天下文化社長／總經理——林天來
國際事務開發部兼版權中心總監——潘欣
法律顧問——理律法律事務所陳長文律師
著作權顧問——魏啟翔律師
地址——台北市 104 松江路 93 巷 1 號 2 樓

讀者服務專線——（02）2662-0012
傳真——（02）2662-0007；2662-0009
電子信箱——cwpc@cwgv.com.tw
直接郵撥帳號——1326703-6 號　遠見天下文化出版股份有限公司

電腦排版／製版——中原電腦印前排版有限公司
印刷廠——祥峰印刷股份有限公司
裝訂廠——精益裝訂股份有限公司
登記證——局版台業字第 2517 號
總經銷——大和書報圖書股份有限公司 電話／（02）8990-2588
出版日期——2016 年 6 月 30 日第一版第一次印行
　　　　　2019 年 9 月 10 日第一版第三次印行

定價——550 元
ISBN　978-986-479-022-7
書號——BGB432

天下文化官網——bookzone.cwgv.com.tw